吴中超 —— 著

技术经济与创新丛书

产学研协同创新与区域创新绩效研究

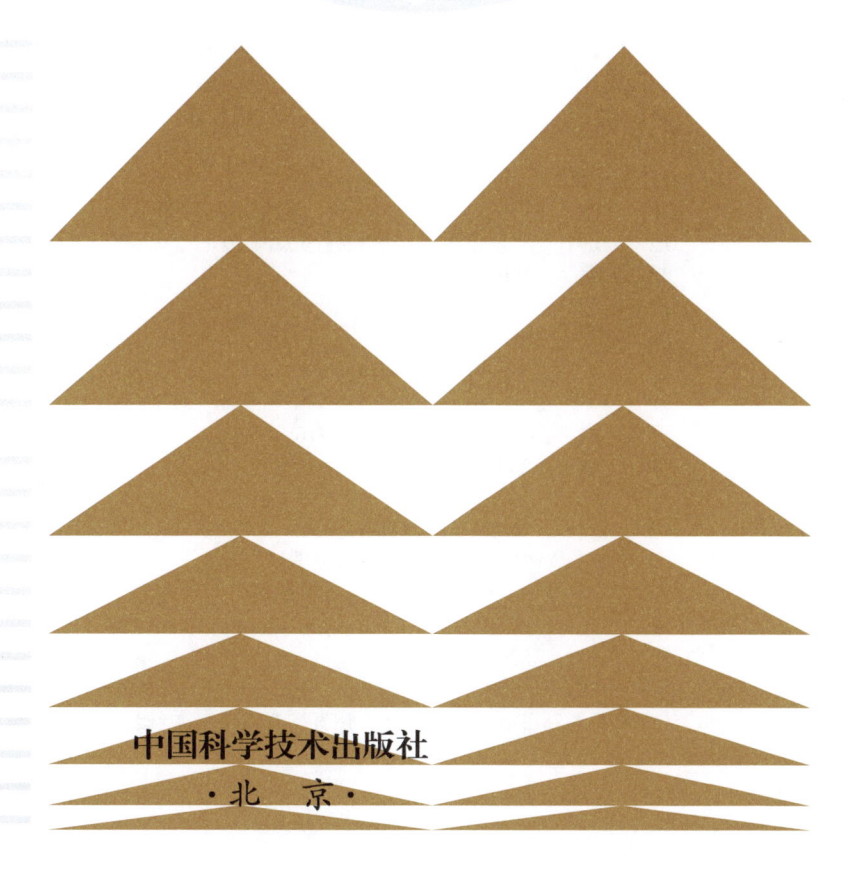

中国科学技术出版社
·北京·

图书在版编目（CIP）数据

产学研协同创新与区域创新绩效研究 / 吴中超著 . — 北京：中国科学技术出版社，2022.10
（技术经济与创新丛书）
ISBN 978-7-5046-9726-4

Ⅰ.①产⋯ Ⅱ.①吴⋯ Ⅲ.①产学研一体化—研究—中国 Ⅳ.① G640

中国版本图书馆 CIP 数据核字（2022）第 134194 号

策划编辑	申永刚　陈　思	责任编辑	杜凡如　申永刚
封面设计	马筱琨	版式设计	蚂蚁设计
责任校对	张晓莉	责任印制	李晓霖

出　　版	中国科学技术出版社
发　　行	中国科学技术出版社有限公司发行部
地　　址	北京市海淀区中关村南大街 16 号
邮　　编	100081
发行电话	010-62173865
传　　真	010-62173081
网　　址	http://www.cspbooks.com.cn

开　　本	710mm×1000mm　1/16
字　　数	238 千字
印　　张	17.5
版　　次	2022 年 10 月第 1 版
印　　次	2022 年 10 月第 1 次印刷
印　　刷	北京盛通印刷股份有限公司
书　　号	ISBN 978-7-5046-9726-4/G・967
定　　价	89.00 元

（凡购买本社图书，如有缺页、倒页、脱页者，本社发行部负责调换）

"技术经济与创新丛书"编委会

名誉主任： 孙晓郁　罗冰生
主　任： 李　平
副主任： 李志军
编　委： 王宏伟　王宗军　王祥明　王昌林　王稼琼　牛东晓
　　　　　田杰棠　邢小强　吕　薇　任福君　买忆媛　李开孟
　　　　　吴　滨　吴贵生　张米尔　张宗益　杨德林　胡志坚
　　　　　胥和平　徐成彬　黄检良　黄群慧　蔡　莉　穆荣平
学术秘书： 何　冰

序言

习近平总书记强调，我们要"以关键共性技术、前沿引领技术、现代工程技术、颠覆性技术创新为突破口，敢于走前人没走过的路，努力实现关键核心技术自主可控，把创新主动权、发展主动权牢牢掌握在自己手中"。技术和科学事关经济增长和人类长期福祉，创新则是科技不断进步的推动器，在当今异常激烈的国际竞争面前，在单边主义、保护主义上升的大背景下，我们必须走适合我国国情的创新之路，特别是要把提升原始创新能力摆在更加突出的位置，努力实现更多"从0到1"的突破。深入研究与分析国家创新体系建设工作的开展情况，对"十四五"时期强化战略科技力量，加快从要素驱动发展向创新驱动发展的转变，助力实现高水平科技自立自强具有重要意义。

中国科学技术出版社以申报国家"十四五"重点图书出版规划项目为契机，邀请中国技术经济学会组织专家团队在充分调研的基础上推出了以"技术经济与创新"为主题的系列丛书，这套丛书从产学研协同创新与区域创新绩效研究、颠覆性技术创新生态路径研究、多边平台视角下的技术转移与技术交易、市场导向的绿色技术创新体系研究四个维度对国家创新体系建设进行了深入剖析，通过丰富的技术创新理论、政策与案例，既体现了国家把创新置于现代化建设全局核心位置的重要导向，又为培育壮大经济发展新动能打下了坚实的理论与实践基础。

《产学研协同创新与区域创新绩效研究》以异质性创新网络结构视角下我国区域产学研协同创新与区域创新绩效关系为研究对象，通过全面分析产学研协同创新网络结构对区域创新绩效的影响机制及区域创新绩效影响因素的实证分析，为我国区域创新绩效的提升与对应的政策制定提供了可靠依据；同时也为加强我国区域产学研协同创新与网络结构优化提供了理论依据与政策建议。

《颠覆性技术创新生态路径研究》以颠覆性技术创新生态路径作为研究对象，从创新生态系统的角度，研究在颠覆性技术创新的不同阶段，在科学突破–技术选择–技术锁定的不同时期，创新生态系统中的创新主体、创新要素、创新环境、创新机制等的演化特点和规律，并对其整体演化路径和规律进行总结，提出了颠覆性创新发展的相应政策建议。

《多边平台视角下的技术转移与技术交易》从多边平台的视角，围绕技术转移和技术交易，系统梳理了技术研发、技术市场、技术定价、相关政策以及多边平台等领域的研究进展，分析了技术市场和技术交易的基本内容，梳理了技术成果的评估和评价方法，对技术交易价格的形成机制进行了探索，对技术交易平台的业务功能和商业模式进行了研究，并讨论了技术转移和技术交易中的知识产权等问题。

《市场导向的绿色技术创新体系研究》立足于绿色技术、市场导向和创新体系三个层面，尝试对以市场为导向的绿色技术创新体系进行理论分析，同时介绍了国内外绿色技术创新体系建设的宝贵经验，以期加快构建适合我国国情的市场导向绿色技术创新体系从而强化科技创新引领，并成为推进经济可持续发展和实现生态文明建设要求的重要支撑。

在编写本丛书的过程中，中国技术经济学会李平理事长、中国社会科学院数量经济与技术经济研究所吴滨研究员、四川大学颜锦江教授和吴鹏教授、成都大学吴中超教授以及他们的研究团队付出了极大的努力，编写组研究过程中，也得到了众多专家的大力支持，在此一并表示感谢！

中国技术经济学会
2022年8月

前言
本书的缘起、宗旨与体系

一、缘起：从创新驱动到我国区域发展转型

技术和科学推动着经济增长和人类长期福祉，创新则是科技不断进步的推动器。在当前技术经济范式下，区域创新能力是构建区域竞争优势的关键因素，那么定义和促进形成区域创新体系的多方创新网络至关重要。国内外大量研究表明，稳定的"创新网络"是技术和科学进步累积过程的管道。作为整个国家创新体系——区域创新体系的重要组成部分，区域创新网络要素的组织和协调是创新系统提高创新效率的重要因素。其中最重要的一个方面是区域创新体系内资源的利用，包括政府、产业和大学及研究机构的合作，我们称之为"产学研协同创新"（Industry-university-research Collaborative Innovation，ICI）。产学研协同创新目前已成为区域创新发展的新范式。在当前"提高自主创新能力，建设创新型国家"的主旋律下，探讨产学研协同创新如何推动区域经济发展具有十分重要的意义。如何促进产学研之间的有效协同，以及产学研协同创新与区域创新绩效的关系是值得进一步研究的重要课题。

发展中国家的产业集聚现象已经非常普遍，这也是许多发展中国家区域经济发展的动力所在。但是研究发现，集群中近距离的产业联系并不能保障技术创新，产业集聚机制在于经济外部性而非技术外部性（技术与知识溢出效应），我国过去几十年的经济高速增长很大一部分来自外贸导

向的制造业加工集群的推动，这离不开全球生产网络的大背景和发达国家制造业分化与转移到我国的历史机遇。外贸导向的产业集群在工业化浪潮中应运而生，其供应链为国内外大企业的采购和生产提供了降低成本的优势，也为我国改革开放后经济几十年的高速增长做出了巨大贡献。与发达国家区域发展注重构建区域创新基础设施、打造区域创新网络这一新的区域业务发展方法相比，这类区域产业集群虽有降低成本并利于跨国采购和合作制造的优点，但是它对构建国家和区域的竞争优势的作用很有限。在当前国际政治经济剧变的大背景以及我国"构建国内国际双循环相互促进的新发展格局"下，过去以外贸导向为主的外贸加工集群发展区域经济模式亟须向内需导向的创新集群转变。我国区域经济发展也由生产要素成本驱动阶段向创新驱动阶段转型。这就需要学习和借鉴发达国家区域创新网络的发展模式，注重区域经济技术外部性即集群的技术与知识溢出。产学研各主体的联系合作与协同是产生知识溢出效应、提高知识创造、流动扩散和吸收的关键，有利于促进区域集群内企业的创新，将通过创新驱动区域经济发展。

国内外研究文献表明，关于产学研协同创新与区域创新绩效的关系研究目前已经进入产学研协同创新网络新范式阶段。首先，网络范式的出现导致学者对理解与知识流动和区域创新模式有关的创新网络结构特征的探讨成为研究热点，但是目前关于产学研协同系统的复杂机理研究存在不足。其次，相较于公共组织网络绩效的众多文献，以区域创新网络为对象的实际测度研究比较缺乏。最后，关于中国区域创新系统的网络结构特征对区域创新绩效的影响的实证研究尚属于空白。鉴于以上原因，笔者于2018年申请了2018年度教育部人文社会科学研究规划基金项目"产学研协同创新与区域创新绩效研究：基于创新网络结构的视角"，并成功获得立项（立项编号：18YJA630115）。本著作的主体写作正是在这一项目的研究基础上构思完成的。

2018年以后，笔者又围绕区域创新和产学研合作这两个主线进行了更深入的研究，并将两条主线结合进行交叉研究。2019年又成功立项四川省社会科学研究"十三五"规划2019年度项目"四川省应用型高校产学研协同创新与区域产业对接机制研究"（SC19B007）。有了这些研究基础，我们对于区域创新和产学研协同创新的主题研究就有了更深入的把握。2021年初我就有了写作本书的想法，随后开始写作并完成了一些本书内容。2021年底正好赶上中国科学技术出版社准备申请国家"十四五"重点图书出版规划项目，申报项目主题为"技术经济与创新丛书"，本书有幸入选此丛书。好的作品也需要好的出版社和专业机构推荐才能有机会与读者见面。在此，我对中国科学技术出版社和中国技术经济学会表示衷心感谢。

相较于国外，目前国内对于区域创新与产学研合作方面的研究才刚刚起步，这方面的研究对于创新驱动我国区域发展转型与我国产学研各方的角色重新定位都有极其重要的理论及实践意义。本书的写作目的不仅仅是笔者自身近年来相关研究的总结，更希望能对这方面的主题研究起到抛砖引玉的作用，引起学术界、企业和政府相关部门的重视，为学界同行理论交流和为决策部门提供借鉴，起到参考作用。

二、宗旨："照着干"与"学中干"

对于现代科学理论，无论是自然科学还是社会科学，中国的知识界大都参照学习西方发达国家的理论，似乎中国的知识界只有"照着干"的资格，只能照着国外学者的经典教本研究来做。这一点在管理学界更加明显，因为现代管理学理论就是从美欧等提前进入现代工业化的国家产生与发展来的。关于产学研与区域创新系统方面的管理研究，最早也是由美欧等发达国家的学者开始研究并创立了一套理论体系。

实际上，产学研理论与区域创新理论都有着很强的国家或区域特征的阶段性理论，没有所谓"放之四海而皆准"的普遍真理。一个中国学者，尤其是管理学者，在管理学的研究上应该抱着"学中干"的精神结合本土实际情况进行研究，并提出具有实践参考价值的指导建议。

尽管越来越多的研究者承认创新是区域经济增长的重要驱动力，但网络在这些过程中的作用尚未得到充分研究。产学研协同创新（网络）对区域创新绩效的相关研究需要更深入的理论和实证研究。希望通过本书可以构建一个关于产学研协同创新（网络）对区域创新绩效影响效应的理论框架，本书的目标是希望建立一个逻辑上自洽的，又能被中国产学研合作与区域创新的实践所印证的理论与实证框架。更重要的是，希望能够给中国产学研合作的各主体以及区域创新的践行者们提供一些有重要参考价值的指导策略或建议。

三、体系：以产学研协同创新为核心的理论框架

为使读者对本书全貌有一个总体认识，兹将本书各章内容概述如下：

第一章"绪论"，本章主要对本书的研究背景与意义、国内外相关学术史及研究趋势、研究对象及内容、研究思路与方法、创新与不足等方面进行介绍。本书的研究是在当今世界区域发展与竞争已经进入创新引领时代的大背景下展开的。目前中国经济正处于美国战略管理大师迈克尔·波特的国家竞争优势理论（这一理论论述了一国经济发展的四个阶段：生产要素导向阶段、投资导向阶段、创新导向阶段和富裕导向阶段）中的第一与第二阶段向第三阶段转型的时期。当前科技创新范式也经历了技术创新线性范式（创新1.0）、创新系统范式（创新2.0）、创新生态系统范式（创新3.0）的演进，已经从线性创新发展到创新3.0（创新生态系统）阶段。国际区域发展与竞争也已经以产学研协同创新为主体的开放式创新网络体系作为重要的推动器及促进区域创新绩效提升的重要手段。结合我国"加快

建设创新型国家"、加快从要素驱动发展向创新驱动发展的转变以及推动我国区域创新体系建设的中国时代背景，本书的研究内容对深化产学研协同创新与区域创新绩效的关系研究、为我国区域产学研协同创新网络结构的优化设计和区域创新绩效提升提供建议依据，以及对在我国全面创新改革驱动转型发展战略要求下，区域产学研协同创新不足带来的挑战与提升区域动态竞争优势都具有重要研究意义。本书以异质性创新网络结构视角下我国区域产学研协同创新与区域创新绩效关系为研究对象，通过全面分析产学研协同创新网络结构对区域创新绩效的影响机制及区域创新绩效影响因素的实证分析，为我国区域创新绩效的提升与对应的政策制定提供可靠依据；同时也为加强我国区域产学研协同创新与网络结构优化提供理论依据与政策建议。

第二章"区域产学研协同创新网络及对区域创新绩效的影响"，第一节先对区域协同创新网络概念及网络流程进行了理论介绍；第二节对创新网络结构特征与创新绩效驱动机制进行了理论分析；第三节分析了创新网络结构对知识转移的影响作用。本章提出创新绩效研究一直是区域创新系统研究的一项重要课题，该类研究可以为区域创新政策的判断、制定和修正提供科学依据。区域创新系统可以看成一个具有一定网络结构属性的知识创新"投入–产出"知识网络生产系统。区域知识创新活动是一个复杂网络系统行为，可以视为高校（或科研机构）与企业等异质性组织之间知识流动的过程，可以将知识创新活动分为知识共享、知识创造和知识优势三个阶段。区域产学研协同创新水平是影响区域创新绩效的重要影响因素，而产学研协同创新网络结构是反映与影响产学研协同创新水平的重要因素，借鉴产业组织理论中"结构–行为–绩效"分析范式，选取产学研创新网络结构指标作为区域创新绩效的结构影响因素。构建了产学研协同创新网络结构下区域创新绩效的理论分析框架。认为区域产学研创新网络结构与区域环境基础设施共同作用于区域创新绩效，对区域知识创新活动起到影响作用。影响区域创新网络中信息和知识交流的关键因素包括创新网络结构特征（网络结构的效果、参与者在网络中的位置以及关系的强度等），创新网络的参与者能力的异质性，网络参与主体吸收外部信息和知识的能力（吸收能力）与协同能力。

第三章"产学研协同创新网络结构下区域创新绩效的一个分析框架"，第一节对区域创新系统理论、区域创新网络理论、三重螺旋理论等本书研究涉及的相关理论进行了较为详细的介绍与评价；第二节构建了产学研协同创新网络结构下区域创新绩效的理论分析框架。本章通过系统梳理区域创新系统理论、创新网络理论和三重螺旋产学研理论的核心观点与研究结论，指出网络规模、网络强度、网络开放性等创新网络结构特征和组织绩效之间存在显著关系，强调了网络结构在各种网络中的核心作用。但学术界对于区域产学研协同创新网络结构的深入研究，特别是其对区域创新绩效的影响效应研究目前基本处于空白状态。笔者认为，区域产学研协同创新水平是影响区域创新绩效的重要影响因素，而产学研协同创新网络结构是反映与影响产学研协同创新水平的重要因素；创新网络结构机制对区域创新绩效具有影响效应。在借鉴产业组织理论"结构-行为-绩效"分析范式基础上，笔者选取产学研创新网络结构指标作为区域创新绩效的结构影响因素。构建了产学研协同创新网络结构下区域创新绩效的一个理论分析框架。在这个理论分析框架中，区域创新环境也是区域创新绩效的一个重要影响因素。

第四章"区域创新绩效的影响因素"，分别对区域创新绩效的环境影响因素和产学研协同创新网络结构影响因素进行了详细分析。本章将区域创新绩效的一些主要环境影响因素定义为区域创新环境基础设施。区域创新环境基础设施是指能够促进区域创新活动和提高区域创新绩效的区域环境保障因素。它能为区域创新活动开展提供良好平台，能够对区域创新水平的提升产生积极作用。主要包括经济增长水平、信息基础设施、研发投入强度、地理区位、政府支持强度、企业创新活力、市场开放程度和产业结构等方面因素。本书把这些因素归纳为经济环境基础设施、产学研各主体地位和社会文化环境三个方面。选取地区经济发展水平、信息基础设施、产业结构、区域研发投入强度、地方政府对创新活动的支持力度（政府支持强度）、地理区域和市场开放度一共六个分项指标构建了创新环境因素的指标体系。另一方面，本章还分析了影响区域创新绩效的产学研协同创新网络结构因素，对区域产学研协同创新网络结构变量进行测度指标体系的构建，创新网络结构指标体系包含网络规模、网络开放性、网络结构洞、网络密度（网络联系强度）四个项目分类，一共选取六个指标进行测度，并对各结构测度指标进行了解析。

第五章"产学研协同创新网络结构对区域创新绩效的影响效应分析"，在产学研协同创新网络结构视角下对区域创新绩效进行了实证研究。本章一方面采用随机前沿分析（Stochastic Frontier Analysis，SFA）对区域创新绩效进行了实证分析。以中国30个省、市及自治区的区域创新绩效为研究对象[①]，运用各区域的科技统计数据从区域产学研协同创新网络结构特征角度，采用随机前沿分析方法，测算各区域的创新效率，并分析影响其技术效率的主要影响因素。本章另一方面采用两阶段网络数据包络分析（Data Envelopment Analysis，DEA）乘法模型，测算中国30个省、市及自治区的创新效率，并分析影响其各阶段创新效率的变化原因。在实证研究的基础上，本章得出研究结论并对区域科技政策提出了相关建议：认为地区创新环境基础设施水平的提升对区域创新绩效具有正向影响作用，区域产学研协同创新网络系统开放程度与产学研各方相互加强协同创新在区域创新绩效方面发挥重要作用，它们均对区域创新绩效提升有明显促进作用。

---

① 本书中区域创新相关全国数据因数据缺乏原因未包含西藏自治区、台湾地区、香港特别行政区及澳门特别行政区。

对决策者来说，注重创造更先进的地区信息基础设施水平，促进地区产业结构优化升级，打造更开放的市场环境等更有利于产学研协同创新的区域创新环境是至关重要的。实证研究结果强烈表明，产学研协同创新网络结构因素的作用和影响具有重要意义。这为产学研各创新主体今后开展产学研创新活动给出了一定的指导方向，比如，通过加强协同创新网络开放度与密度等创新网络结构优化措施促进区域创新绩效的提升。

第六章"区域产学研协同创新的应用——应用型高校视角"，从应用型高校的视角对区域产学研协同创新的应用进行了一些探索性分析。考虑到更详细地分析不同类型的参与者（政府、大学、其他公共研究机构、小型和大型公司）在区域创新网络中的作用是深化区域创新网络研究的必然。这将对相应区域创新政策措施的设计起到更多的参考。本章从应用型高校视角对应用型高校产学研协同创新与区域产业对接机制进行了系统的论述。从应用型高校"双链融合"（产业链与创新链的深度融合对接）实施基础与参与模式、应用型高校产学研协同创新运行机制、应用型高校产学研协同创新实施路径等几方面进行了深入的分析。本章还对美国高校产学研协同创新实践情况进行了介绍，针对我国应用型高校在产学研协同创新过程中存在的问题进行了剖析。分析指出，高校产学研协同创新动力不足，模式单一，区域中介服务体系不够完善等存在的若干不足。本章认为，根据美国高校产学研协同创新的实践情况，我国应用型高校可以从丰富并探索高校参与产学研协同创新的新模式、促进高校科研活动与科研成果转化、创新教学科研机制与方法，探索学科专业与区域产业协同发展、设置应用型专业产学联合培养应用型人才等方面进行借鉴。本章最后也分析借鉴了英国的"三明治"教育模式和德国的"双元制"职业教育模式。总结归纳了学生"关键能力"培养、创新科研教学体制机制、产学协同育人模式、地方政府支持、改革职业资格证书制度、加强院校协同等多方面创新教育模式。重点在产学双方合作培养人才长效机制、协同育人机制等多方面进行创新,为迅速提升国家与区域创新能力与绩效发挥重要作用。

第七章"区域产学研协同创新网络结构优化及区域创新绩效提升策略",这一章在前文章节的研究基础上提出较为完整的区域创新网络结构优化措施,以及加强区域产学研协同创新活动促进创新绩效提升的完整政策建议。本章就我国区域产学研协同创新网络的结构优化措施提出了加强区域创新网络规模、创新网络开放性、创新网络密度和创新网络结构洞的政策建议。本章提出,通过增加区域高校、研究机构和高新技术企业数量、加强产业集群的区域分布密度,形成多个交叉的产业集群,从多个产业集群发展过渡到多个知识集群,在多个知识集群的基础上进一步构建形成完整的区域创新网络等多项具体建议;各区域需要更大力度吸引区域外人才、资金,构建完整的产业链或产业集群,通过产业集群的虹吸效应,吸引区外企业、大学、研究院所、中介机构等加入区域产学研协同创新网络,逐渐打造区域外向型经济,鼓励开放式创新。本章还特别指出,需要充分利用信息技术和数据的作用来提升区域数字化水平来加强创新网络的开放性,鼓励产权形式多样的科技创新中介组织的设立,并利用电子商务等手段推动科技服务的数字化平台建设,充分发挥区域创新网络"中间人"角色定位,促进产学研各类异质性知识主体的协同创新活动。本章最后从政府、高等院校和企业的不同视角,分别提出如何加强我国区域产学研协同创新活动促进区域创新绩效提升的一整套政策建议。

目录
CONTENTS

第一章 绪论

第一节 研究背景及意义 003

　　一、研究背景 003

　　二、研究意义 012

第二节 国内外相关研究的学术史梳理及研究趋势 014

　　一、国外产学研创新网络研究进展与前瞻 014

　　二、区域创新绩效与产学研协同创新述评 025

　　三、区域产学研协同创新网络结构视角的创新绩效研究述评 028

第三节 研究对象、目标和内容 030

　　一、研究对象 030

　　二、研究目标 030

　　三、总体框架与主要内容 031

　　四、拟突破的重点和难点 033

第四节 研究思路和方法 035

　　一、研究思路 035

　　二、研究方法 035

第五节　创新和不足　037

　　一、创新点　037

　　二、存在的不足　038

本章参考文献　040

第二章　区域产学研协同创新网络及对区域创新绩效的影响

第一节　协同创新网络及网络流程　049

　　一、区域协同创新网络　049

　　二、协同创新的网络流程　052

第二节　创新网络结构特征与创新绩效驱动机制　058

　　一、引言　058

　　二、文献回顾　059

　　三、区域产学研协同创新网络结构特征　064

　　四、区域产学研创新网络作用机理与绩效驱动机制　068

　　五、结论　072

第三节　创新网络结构对知识转移的影响　073

　　一、引言　073

　　二、区域创新网络内的信息和知识交流　074

本章参考文献　078

第三章　产学研协同创新网络结构下区域创新绩效的一个分析框架

第一节　相关理论分析　085

　　一、区域创新系统理论　085

　　二、区域创新网络理论　096

　　三、三螺旋理论　104

第二节　构建产学研协同创新网络结构下区域创新绩效的一个分析框架　111

　　一、区域创新网络的有关概念　111

　　二、产学研协同创新网络作用分析　114

本章参考文献　122

第四章　区域创新绩效的影响因素

第一节　区域创新绩效的环境因素　127

　　一、区域创新环境基础设施　127

　　二、创新环境　128

　　三、环境因素的测度指标体系　131

第二节　区域创新绩效的产学研协同创新网络结构因素　133

　　一、创新网络结构测度指标体系　133

　　二、网络结构指标解析　135

本章参考文献　138

第五章　产学研协同创新网络结构对区域创新绩效的影响效应分析

第一节　基于随机前沿方法的区域创新绩效研究　141

一、引言　141

二、研究假设　142

三、研究设计　143

四、实证结果与分析　149

五、结论及政策含义　158

第二节　基于网络数据包络分析模型的区域创新绩效研究　161

一、文献回顾　161

二、模型介绍与数据说明　163

三、实证结果分析　168

四、结论与政策建议　176

本章参考文献　178

第六章　区域产学研协同创新的应用——应用型高校视角

第一节　应用型高校产学研协同创新与区域产业对接机制　188

一、应用型高校界定及使命　189

二、应用型高校"双链融合"实施基础与参与模式　192

三、应用型高校产学研协同创新与区域产业对接机制分析框架　194

四、应用型高校产学研协同创新运行机制　195

五、应用型高校产学研协同创新实施路径　199

六、结论及启示　202

第二节　美国高校产学研协同创新实践对我国应用型高校的借鉴　204

一、目前我国应用型高校在产学研协同创新中的主要问题　205

二、美国高校在产学研协同创新上的实践经验　207

三、美国高校产学研协同创新对我国应用型高校的借鉴　210

第三节　应用型高校产学协同育人模式创新——基于"双元制"与"三明治"模式的借鉴　214

一、德国"双元制"模式的成功因素　214

二、英国"三明治"模式的成功因素　216

三、"双元制"与"三明治"对中国应用型高校教育模式的借鉴思考　218

四、结论　223

本章参考文献　224

第七章　区域产学研协同创新网络结构优化及区域创新绩效提升策略

第一节　区域产学研协同创新网络结构优化措施　231

一、加强区域网络规模　232

二、加强区域网络开放性　234

三、加强区域网络密度　236

四、加强区域网络结构洞　237

第二节　加强我国区域产学研协同创新的政策建议　238

一、政府的参与　238

二、高等教育和企业的参与　249

三、结论　256

第一章

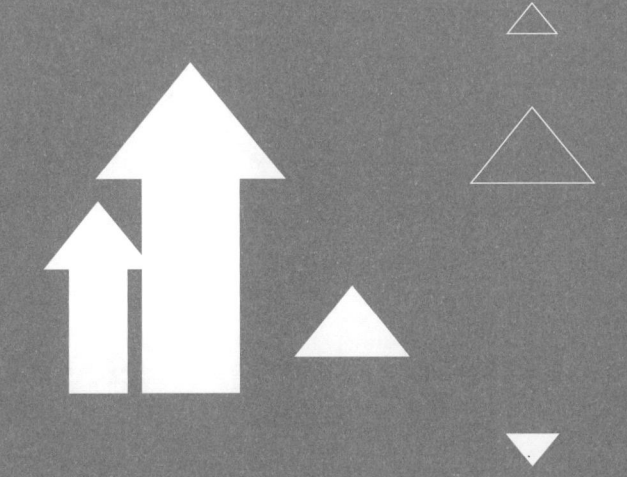

绪论

第一节
研究背景及意义

一、研究背景

（一）创新 3.0 与我国创新模式选择

知识经济时代，一国竞争力的关键源自新知识的创造与吸收能力，而新知识的创造往往来自原始创新。经验研究表明，世界范围的现代技术革命成果90%源自原始创新。先进国家的科技发展史表明，一国的科技创新得益于国家系统的助推，这其中科技创新政策的作用不可忽视，而创新政策的出台与变化依靠创新范式的演进。如前言中所述，当前科技创新经历了创新1.0、创新2.0、创新3.0的演进，如今，创新3.0即创新生态系统已成为21世纪科技创新新范式。创新生态系统的培育与构建对于创新型国家（区域、城市）建设意义重大。

创新生态系统这一概念来自生物学的类比，是强调政府、企业、高校与研究院所、中介服务机构、用户等创新主体整合创新资源协同创新并与创新环境演化共生发展的创新网络系统。是一个区间内共同"栖居"的所有创新主体与创新环境之间通过物质流、资金流、信息流不断交换而形成的共生竞合、动态演化的开放、复杂系统。理论界认为，日本作为20世纪60年代至80年代后发国家学习的典范，和美国在20世纪末期的衰退与再度崛起背后的原因正是因为采用了一种新的创新范式——创新生态系统，并以此提出了一系列使得美国科技持续领先的政策建议。目前，美欧等发达国家和地区已进入创新3.0时代，将创新生态系统上升为国家战略层面，并采取新一轮的科技领先计划。越来越多的国家和地区开始意识到，为了形成以创新为聚焦的国家竞争战略而培育与构建创新生态系统的重要性。例如，2012—2013年，美国国家科学院发布《崛起的挑战：美国应对全球经济的创新政策》与《国家与区域创新系统的最佳实践：在21世纪的竞争》报告，提出构筑国家竞争力应将创新政策聚焦于创新生态系统。

　　后发国家与先进国家的差距虽主要表现在经济指标上，但其根源差距在于科学技术与文化的差距，即存在所谓的"科技劣势"与"文化劣势"。经济学有所谓的"后发劣势"与"后发优势"理论之争。"后发优势"理论认为，欠发达国家对经济发达国家的追赶过程中有某种后发优势，这种后发优势主要体现在，后发国家可以通过模仿、引进、创新能比发达国家有更快的经济增长速度。这种势能优势可以通过利用技术溢出效应、知识扩散使得后发国家以更快的速度达到技术前沿。"后发劣势"理论则认为，后发国家在追赶发达国家的引进技术与工业化过程中，容易忽视建立在知识吸收能力基础上的再创新与创新制度土壤，使得后发国家在追赶到一定程度后缺乏可持续发展能力，陷入"赶超陷阱"，20世纪的日本经济衰落和"拉美陷阱"就是典型例子。根据比较优势理论，后发国家的劳动力成本低廉是其主要比较后发优势，而技术低下与资本匮乏则是其主要比较后发劣势。自然资源、制度等其他要素因各国国情不同存在优劣势不确定性。按照比较优势理论的国际分工，虽然后发国家可以通过自身的比较优势得到经济增长，但本质上是服务于发达国家主导国际分工下的被动增长，其理论出发点也是维护世界经济现有格局。后发国家如果实施"赶超战略"，仅仅依靠比较优势来发展本国经济与建立产业体系就显得落伍了。

　　实际上，无论是"后发优势"还是"后发劣势"都是在一定前提条件下成立的，追赶可能相对容易，但是超越就应该建立在可持续发展前提下，而可持续发展的核心来源则是后发国家具备持续创新能力，持续创新能力则要求科技和文化上都具有建立在知识吸收能力之上的原始创新能力与国家创新系统。如何实现从"后发劣势"到"后发优势"再到"先发优势"成为后发国家应该深刻思考的问题。我们认为，成为科技与文化的前沿创新领导者是解决后发国家避免陷入"赶超陷阱"进而可持续发展的最佳路径选择。实现"先发优势"并保持这种优势也是靠科技与文化的原始创新并持续扮演创新领导者来实现的，例如美国模式。

世界经济体系结构呈现的状态是掌握核心资源与科技的先发国家为中心，依附先发国家经济与技术的后发国家为边缘。"依附型"的经济发展模式使得后发国家被锁定在国家分工的低端，并在社会经济转型中陷入"追赶陷阱"（如"日本陷阱"和"拉美陷阱"）。与此同时，世界经济发展过程中也呈现出兴衰更替。历史的实践证明，世界经济发展轨迹在不同的历史阶段呈现出动态性的兴衰更迭，现代世界经济发展史先后有四次后发国家赶超先发国家的成功典范，创造性学习与科技创新则是其演化的根本原因。

后发国家的创新模式一般有技术引进、模仿创新、集成创新与自主创新。后发国家解决科技劣势的途径不再局限于引进模仿，而是"引进模仿创新—自主研发创新"的演化路径。国内外诸多研究表明，自主研发与技术引进两种后发国家追赶模式虽都对后发国家技术追赶起到了正向作用，但是前者对一国经济增长的持续推动作用更为显著。从过去日韩等国家的经济发展经验表明，引进—模仿—吸收—消化—原始创新是后发国家的一条有效的追赶路径。中国过去几十年的改革开放正是沿着这条路径取得了震惊世界的经济增长成就的。但是同时也存在一些问题，其中主要是国内原始创新活动在过去几十年还远远不够，其更多精力放在了发达国家的技术转移与引进上，更重视技术与外商直接投资（FDI）溢出效应。在当前知识经济背景下，世界经济与商业竞争的特征是更加不确定与复杂，国家分工的新趋势促使科技学习、交流与溢出模式发生改变,发达国家思考如何持续保持国家竞争优势。在此基础上,国家创新系统应运而生,以美国为首的发达国家开始依靠创新生态系统作为持续原始创新的国家系统保障。实际上,也正得益于国家创新生态系统,美国的技术创新有近80%是原始创新,这正是美国经济持续繁荣的核心动力所在。原始创新给发达经济体带来持续经济增长动力,也给后发国家的创新模式选择与经济赶超战略提供了理论启发。后发国家可以利用把握突破性新技术的机会,赶上甚至超越发达国家,实现"蛙跳"式的跨越增长。要实现这一目标,就要求后发国家为摆脱传统国际分工锁定地位,与发达国家展开科技与文化创新领导权争夺。具体做法可以是集中优势创新资源在一些高新科技产业与文化领域实现技术赶超,最终实现整体的超越。实际上,现在的一些发达国家当年正是采用这一战略取得了今天的国际地位,18世纪的英国超越荷兰,19世纪、20世纪的美德超越英法,20世纪中后期日韩的崛起都是明证。后发国家实现如上"蛙跳式"增长,机理是实现了资本积累—效率提高—技术创新的升级路径,需要依靠原始创新能力的提升与成长来实现。目前的中国已经逐渐过渡到上述升级路径的第三阶段。

根据德国古典经济学家弗里德里希·李斯特（Friedrich List）的理论,后进国家赶超先进国家的关键在于发展国家的综合生产力,为了发展生产力,后发国家必须善于从先进国家吸收先进技术与经验,并在国内鼓励竞争心和进取精神。我国过去几十年的改革开放与现在提出的"创新与创业"战略举措正符合这一思想。李斯特还认为发展后进国家的教育事业、培养出色人才以提高一国的科技文化水平是发展国家生产力的必要举措,这一思想在日本的崛起过程中得到很好的体现与印证。李斯特也强调发展综合生产力过程中的国家力量,而非听任经济自发的实现增长与转变。这一思想为后发国家创新生态系统的培育与构建提供了理论支持。同时,综合生产力理论也强调,各部门、各地区的生产力要组织起来,形成整体的力量大于单独个体力量相加总和,这也为现在"政产学研用"协同创新的发展奠定了理论基石。

波特的国家竞争优势理论带给我们新的思考,即一国的竞争优势主要取决于国家的创新机制与模式,而这又取决于一国的进取精神与后天努力。以20世纪的日本奇迹为例,有学者指出日本战后的经济腾飞带来的国家竞争优势的背后动因是日本的创新模式(创新2.0),后来"衰退的20年"也是由于创新模式的落后导致。而美国经济的长期繁荣,甚至经历2008年国际金融危机后也能迅速恢复,主要得益于美国采用了所谓创新3.0范式的国家创新生态系统模式。由此我们得到一些理论启示:一个后进国家,可以通过创新机制与模式的改变成为有竞争优势的国家。

现代国家竞争优势理论认为,一个国家的贸易优势并非传统国家贸易理论认为的,简单取决于一个国家的自然资源、劳动力、资本、利率、汇率等,而是更大程度上取决于一个国家的产业创新与升级换代能力。知识经济时代,国家竞争力更多来源于新知识的吸收与创造能力,而竞争优势的形成则是国家文化、价值观、经济产业结构等综合因素作用的结果。

以2018年由美国挑起的中美贸易战为例,中美过去的贸易结构是建立在传统比较优势理论基础上的国家分工贸易,一国比较优势主要取决于一国的先天初始条件。中国由于历史原因与资源禀赋,在与美国的双边贸易与国际分工中曾处于相对较低层次与相对被动位置。但是,随着中国制造业的产业升级与科技进步,中美贸易结构逐渐产生一些变化。

从历史经验看,大国崛起的原因虽然很多,但制度层面的影响是其中一个主导因素,其中经济制度与社会法律制度具有适合创新产生的优势与示范效应。我国过去原始创新不足的一个根本原因是,制度系统上缺乏一种鼓励原始创新、保护原始创新的创新系统,而在这一点上,美国则做得很好,值得我们学习。所以我国应该尽快建立起创新3.0范式的国家及产业层面的创新生态系统,保护战略性新兴产业的发展及原始创新。坚持走自主创新道路，在内涵式增长中培育大国的国家竞争优势，特别是高新技术领域的竞争优势。

新经济时代需要新的技术创新模式，中国经济的持续发展与转型也需要选择以新的创新模式为动力。从中美贸易战可以看出，中国这样的后发大国要想在以美国为首的先发大国为中心主导的世界体系中崛起，仅仅依靠以前的引进吸收和简单复制先发国家崛起之路肯定是行不通的。

"依附发展"应该为"创新发展"所取代，改革开放以来的中国依靠以市场换技术，通过"干中学"走模仿创新之路，带来了经济一段时间的高速增长。但是这样的增长是不可持续的，因为这种创新模式逻辑上无法从本质上激发以人力资本为核心的自主原始创新，从而导致中国成为"世界工厂"，进而形成了在世界分工中的中低端锁定效应。

我们应该认识到，中美贸易的基础是经济产业结构与核心技术。我们应该以此为鉴，尽快实现战略转型，从严重依赖西方先进国家核心技术的依附关系升级为拥有原始创新能力强、独立自主的创新型经济体，也应该从中美贸易战中反思我国未来的创新模式选择问题。要想走大国崛起之路，应坚持走以培育与构建创新生态系统为基础的原始创新战略之路，而且也不同于过去我国长期以来形成的以政府主导为主的"强制性创新"与产业发展，改之以创新生态系统自主演化的"主动创新"为主。政府作为创新生态系统的一环，起引导与调节作用。中国作为一个后发大国，坚持走大国崛起之路必须通过选择先进的创新模式，加强自己的科技文化基础，构建创新生态系统，开发"政产学研用"相结合的创新网络，利用突破性创新技术带来的世界经济与结构调整的契机，坚持提升内涵式自身国家竞争优势，实现后发逆袭，并走上社会经济可持续发展之路。

目前中国正走在民族复兴的道路上，正努力实施创新发展战略，建设创新型国家。未来10年，我国需要从国家到区域乃至产业层面全面培育与构建创新生态系统，并积极部署第三代创新政策，为我国的创新发展战略与中华民族伟大复兴的中国梦提供先进的制度系统保障与政策支持。当然，我们在强调科技创新的同时不能忽视文化、思想创新的作用。如何打造一个思想自由与学术独立的创新文化氛围也是建设创新生态系统的一项重要课题。

（二）产学研协同创新与区域创新绩效

熊彼特提出创新理论以后，创新学派重构经济理论，创新研究不断丰富和完善。20世纪70年代，美国学者尼尔森（Nelson）和温特（Winter）在生物进化理论的启示和借鉴下，创立了创新的演化经济理论，推动了技术创新和制度创新理论发展。

最近关于创新的研究指出，外部创新来源的相关性日益增强，组织越来越多地参与"开放式创新"，而不是依靠内部研发［切斯伯勒（Chesbrough），2006］。这意味着创新可以被看作分布式组织间网络的结果，而不是来自单个公司［库姆斯（Coombs）等，2003；鲍威尔（Powell）等，1996］。同样，人们提出了各种"互动"创新的概念，以理解创新过程的非线性、迭代性和多主体特征［克莱恩（Kline），1985；隆德瓦尔（Lundvall），1988；冯·希佩尔（Von Hippel），1987］。相关研究表明，组织之间与创新相关的联系表现为网络关系，而不是"保持距离"的交易市场联系［德布雷逊和艾姆塞（DeBresson and Amesse），1991；弗里曼（Freeman），1991；利贝斯金德（Liebeskind）等，1996；鲍威尔，1990］。其中许多关系是作为正式建立的组织间安排开始和维持的，例如，研究和开发联盟［哈格多伦（Hagedoorn）等，2000］或供应链上以创新为中心的协作［哈拉比（Harabi），1998］。其他原因是不同组织成员之间的非正式社会关系［古拉蒂（Gulati），1998；奥利弗（Oliver）和利贝斯金德，1998］。组织间和社会网络的相关性与创新相关的过程植根于知识创造作为一种社会嵌入过程的本质［布朗和杜吉德（Brown & Duguid），

1991；2002]。如果这些考虑适用于一般与创新相关的组织间联系，那么公共研究组织（PROs）和工业组织之间的联系就是一个特殊的例子。大学的一般经济和社会效益，如培养大批毕业生、产生科学知识和创造仪器基础设施，长期以来一直被认为是工业创新的重要来源，特别是在一些行业[科恩（Cohen）等，2002；曼斯菲尔德（Mansfield），1991；帕维特（Pavitt），1991；索尔特和马丁（Salter & Martin），2001]。然而，开放、网络化和互动创新的概念表明，大学与行业之间的实际关系不是一般的联系，而是在产生创新方面可以发挥更大的作用。

大学、研究院所与产业的联系及其对创新过程的影响一直是管理研究、创新经济学、产业组织、科学社会学和科学研究以及科学与技术政策等各个学术领域的长期分析对象[阿格拉瓦尔（Agrawal），2001；哈尔（Hall），2004；麦克米兰和汉密尔顿（McMillan & Hamilton），2003；莫厄里和尼尔森（Mowery & Nelson），2004；OECD，2002；波亚哥-色欧特克（Poyago-Theotoky）等，2002]。诸如立法环境的变化等因素（莫厄里和尼尔森，2004），政府推动"转化研究"[泽霍尼（Zerhouni），2003]和公私合作研究伙伴关系[斯蒂格利茨和沃尔斯滕（Stiglitz & Wallsten），1999]的举措越来越多，以及要求大学帮助提高国家经济竞争力的政策压力越来越大[格林纳威和海恩斯（Greenaway & Haynes），2000]，这些都促使大学越来越多地参与到工业中来。越来越多专利由大学创造的倾向[尼尔森，2001]，越来越多的大学许可收入[瑟斯比（Thursby）等，2001]，越来越多的大学的研究人员从事学术创业[谢恩（Shane），2005]，越来越多的行业资助大学的收入份额[哈尔，2004]，和技术转让办公室的扩散、产业协作支持办公室和科技园区[西格尔（Siegel）等，2003]。

已有大量研究讨论了基于知识创新的重要性，而知识创新总是在大学、行业和政府研究与发展（R&D）机构互动以找到解决共同问题的方案时发生。随着中国创新驱动发展战略的确定,产学研协同创新日益成为中国关注的热点。作为整个国家创新体系——区域创新体系的重要组成部分,区域创新要素的组织和协调可以从两个方面来考虑。一是创新要素流,包括研发人员流和资金流,反映了创新活动的空间相关性,我们称之为空间相关性。二是区域创新体系内资源的利用,包括政府、产业、高校(包括大学等研究型)和研究机构的合作,我们称之为产学研协同创新。产学研协同创新是指行业企业、高校、科研院所三个基本主体分别投入各自优势资源与能力,在地方政府、科技服务中介机构、金融服务机构等政府与市场其他主体协同支撑下,共同进行以技术创新活动为主的全面协同创新行为。在经济全球化和开放式创新背景下,产学研协同创新对构建国家创新系统与建设创新型国家起关键作用,它促进了科技发展与创新成果产业化,对经济增长的作用日益关键,目前已成为创新研究领域的重要细分领域。自2015年以来,国务院突出强调构建产学研的技术转移机制,改革体制机制加快创新驱动发展,产学研协同创新被提到国家战略高度。

中国共产党第十九次全国代表大会报告(简称"十九大报告")提出:加快建设创新型国家。我们必须加强国家创新体系建设,强化战略科技力量。加快从要素驱动发展向创新驱动发展的转变是我国"十四五"时期所面临的一个紧迫任务。推动区域创新体系建设是深入实施国家重大区域发展战略、建设创新型国家的重要支撑。"十四五"时期,我国区域创新体系建设的总体方向是要建设一种高水平开放式区域协同创新体系,要突破跨部门、跨区域的体制机制障碍,更有效降低知识流动以及技术能力积累、获取和转化的成本,形成跨部门跨区域不同创新主体的协同行动能力,打破产业发展路径依赖的瓶颈,增强区域自主创新能力,更好地支持区域产业链与创新链的协同升级。所以,发展基于协同创新的区域创新系统无疑是非常重要的。本书从区域创新绩效角度切入,深入开展产学研协同创新对我国区域创新绩效的影响机制及实证分析,并就如何提升我国区域创新水平给出若干较为具体的对策建议，助力提升我国自主创新能力和迈向创新型国家前列目标的实现。

区域创新是国家创新的基础，是建设创新国家的增长点和动力源；产学研合作则是推进区域和企业创新的重要途径。随着协同创新范式的兴起，区域产学研协同创新成为近年区域创新系统理论研究的热点与前沿，国内外学术界开始探索将产学研协同创新作为促进区域创新绩效提升的手段。国外学者研究表明，在现代开放式的创新体系中，三重螺旋结构中的三个主体：大学、企业与政府三方在发挥各自独特作用时能够产生多重的互动效应，这被认为是提高一个国家或地区整体创新绩效的重要条件。国内外产学研协同创新相关研究一般在区域创新系统的研究框架下展开，其中区域创新绩效研究是学者集中研究的主线之一，可以为区域创新政策的判断、制定和修正提供科学的实证依据。目前最新的研究趋势是从创新网络的视角开展相关研究，但产学研协同创新与区域创新绩效的研究文献仍然严重不足。在创新范式3.0背景下，亟须从产学研协同创新和创新网络的视角深入区域创新生态系统的研究，尤其是创新绩效的相关研究。

二、研究意义

本书研究对于我国区域创新战略的顶层设计具有重要的理论价值和实践意义，其主要意义与价值如下：

（1）基于区域创新网络的结构视角，在多学科交叉的基础上，深化产学研协同创新与区域创新绩效的关系研究。国内外对于区域产学研协同创新网络与区域整体创新绩效影响关系的实证研究并不系统与充分，因此，本课题运用产学研协同理论、社会网络理论、复杂网络结构理论和效率测评的参数与非参数方法，系统地分析产学研协同创新网络结构的异质性对于区域创新绩效的影响效应，有助于深化产学研协同创新与区域创新绩效的关系研究。

（2）为我国区域产学研协同创新网络结构的优化设计和区域创新绩效提升提供依据和建议。建构"结构-绩效"分析框架，实证分析区域产学研协同创新网络结构视角下的区域创新绩效及影响因素，为各区域产学研协同创新网络结构优化分析提供依据，也为各区域创新绩效的提升提出切实可行的建议。

（3）有助于应对我国全面创新改革驱动转型发展战略要求下区域产学研协同创新不足带来的挑战，保障区域经济的持续健康发展与提升区域动态竞争优势。深入研究产学研协同创新对区域创新绩效的影响作用，对于应对区域产学研协同创新不足下创新成果转化率低、创新资源分布不均、创新网络结构不合理等问题具有重要的意义，从而对于提升区域持续的创新能力与动态竞争优势、维持区域经济持续发展具有重要意义。

第二节

国内外相关研究的学术史梳理及研究趋势

本书的主要研究逻辑思路是，从异质性创新网络结构视角研究区域产学研协同创新行为对区域创新绩效的影响效应，借鉴产业经济学"结构-行为-绩效"的研究框架（SCP范式）在区域创新系统领域的一次创新研究尝试。研究直接涉及领域有三个：产学研创新网络研究、区域创新绩效研究以及产学研协同创新研究。

一、国外产学研创新网络研究进展与前瞻

产学研理论是指高校（此处的探讨中包括研究机构）[1]与产业之间的相互作用在高等教育体系以及以鼓励知识和技术交流为主要目标的产业之间进行交流［贝克尔斯和博达斯-弗雷塔斯（Bekkers & Bodas-Freitas）］，作为构建组织知识库的一种手段［克里切利和格里马尔迪（Cricelli & Grimaldi）］。产学研合作一直被广泛认为是一个有前途的提高开放式创新组织能力的工具——组织使用外部网络发展创新和知识，作为传统内部研发的补充选择。

近年来这方面的研究逐步从最初的产学研合作深入到产学研协同创新研究，创新过程的复杂性导致研究思路与方法从最初的产学研个体之间的单点合作到目前的产学研协同创新网络研究，产学研协同创新网络逐渐成

---

[1] 考虑到研究机构与大学的特点相似，根据国外文献的惯例，把产学研各方简化为产业与高校两方进行阐述（例如把产学研简称产学）。

为国外产学研理论的前沿热点。然而，这方面的知识体系描述仍然显得比较零散，缺乏有效的全面观点和视角归纳。产学研协同创新网络研究产生于国外发达国家的创新实践，对于国内而言，无论是实践还是理论层面都属于新兴领域，系统梳理国外产学研协同创新网络理论研究成果，有助于帮助国内学术界跟踪国际产学研理论研究新范式。为了解决这一差距，针对零散无序的产学研网络研究文献，论文在回顾介绍国外有关产学研合作与产学研协同创新的文献基础上，针对产学研协同创新网络的前沿研究进行了一定梳理，旨在达成以下目标：①把握产学研理论研究的大致进程，厘清当前热点的理论研究源点；②归纳国外产学研协同创新网络的主要细分研究领域。③对产学研协同创新网络的未来研究方向进行一定的前瞻性识别。

为系统把握产学研协同创新网络研究的发展脉络，本书选取EBSCO商管财经类全文数据库（EBSCO-Business Search Complete）等主要外文数据库进行文献搜索，时间范围从1995年至2019年。考虑到梳理文献的权威性，最终将范围主要限定在国外战略管理、创新管理的二十几种权威期刊以及国外一些重要出版社出版的相关专业书籍，并最终确定，"产学合作创新"（universities-industry collaboration innovation）、"创新网络"（innovation networks）、"结构网络"（network structure）、"网络性能"（network performance）为关键词。由于产学研协同创新网络研究是近年来关于产学研协同创新研究的新范式，国外文献并不是很多，且比较零散，本书力求从产学研理论的研究发展脉络中归纳这一新兴主题的研究成果并给出未来展望。本书的研究可以作为一种在回顾国外学者关于产学研创新理论基础上的产学研协同创新网络研究方面的一种边际贡献。

本节的其余部分安排如下：一是对产学研相关理论回顾介绍；二是回顾了产学研协同创新网络研究的现有进展与核心内容；最后在前文回顾的基础上提出了产学研协同创新网络的概念流程框架，进行总结并对新研究方向进行前瞻。

（一）产学研相关理论研究进程回顾

1. 产学合作到产学研协同创新

根据塞缪尔·安克拉（Samuel Ankrah）和奥马尔·塔巴（Omar Al-Tabbaa）在1990年到2014年1500多个相关研究中选择了109个国外文献的综述成果，国外产学合作（Universities Industry Collabortion，UIC）的研究成果主要涵盖五个关键方面的理论成果：产学合作的组织形式、产学合作的动机、产学合作的形成和运作机理、促进或抑制产学合作运作的影响因素、产学合作的结果，指出了需要进一步深入研究的领域应集中在产学合作的成果（绩效）的定量测度、政府在发达经济体与新兴经济体及发展中国家的产学合作中的作用比较、不同国家就产学合作进行比较研究等。目前，越来越多的组织开始意识到，在可预见的未来，创新是它们及其业务保持竞争力和相关性的关键。它们意识到，实现这一目标的责任不仅取决于它们自己的员工，还取决于它们如何利用外部环境的创新。学者们认为，答案在于合作。随着创新在经济领域中愈来愈占主导作用，大学和工业之间的合作在很大程度上被看作通过促进与技术有关的知识和经验跨部门流动和利用来改进经济创新的一种方法。

近年来，产学合作逐步发展到产学研协同创新阶段。相较于产学合作阶段更多关注产学各方汇集和交换各种异质性资源的知识转移而言，产学研协同创新阶段更关注于产学研各方利用彼此异质性资源共同进行知识创造的过程。因此，国外有学者指出，在研究产学研协作结果时，应区分知识转移和知识创造。前者认为组织间关系是一个理性的过程，它预先规定了这种关系的目标以及每个组织参与的规模和范围。在后者中，协作被认为是一个非理性的、非正式的和非结构化的过程，两个组织之间的关系由来自两个组织的参与者之间无计划和持续的交互而自然地发展。根据这个观点，产学合作到产学研协同创新可以被看作一个理性的（侧重于资源计划和知识转移）或非理性的（知识创造位于组织之间的非正式社会互动）过程。而产学研协同创新将协作视为一个政治和社会交互过程，对于理解来自异质部门（即大学、政府和企业）的合作伙伴协作时如何创建知识至关重要。因此，研究组织间非正式关系和社会互动的影响，与正式关系的影响一样，对于理解产学研协同的创新过程是至关重要的，因为这个过程植根于知识创造的本质，是一个社会嵌入的过程。

2. 产学研协同创新相关研究

产学研协同创新的研究成果主要涵盖五个关键方面的理论成果：产学研协同创新的概念、内涵与特点，产学研协同创新的动机与影响因素，产学研协同创新的模式与机制，产学研协同创新能力，产学研协同创新绩效。如表1-1所示。

表 1-1 产学研协同创新研究相关文献

研究视角	界定/目标	研究者/年份
产学研协同创新的概念、内涵	协同创新需要主体之间形成网络互动，为实现最终目标进行信息、思想和技术等方面的交流。三重螺旋理论阐述产学研协同创新，指出产学研各方应不仅各自发挥独特作用，还应不断地加强多重互动，以确保知识转化效率和创新持续性	赛尔特等，1997；夏廷格等，2003；埃茨科维茨，2003；彼得·格洛尔，2006；塞拉诺等，2007
产学研协同创新的动机与影响因素	关于产学研协同创新动机的研究，国外学者一般主要从政府、大学、产业不同视角分析	巴恩斯等，2002；西格尔等，2003；舍伍德等，2004；珀克曼等，2011；珀克曼等，2013；洪伟等，2013
产学研协同创新的模式与机制	归纳了合同研究、合作教育、合作研发、技术产业化4种产学研协同创新模式。从合作的方式角度把ICI的模式分为正式的合作形式和非正式的合作形式。提出了基于组织过程管理的产学研协同创新核心机理	卡拉扬尼斯等，2000；科沙茨基等，2002；丰塔纳等，2006；德斯特等，2007；珀克曼等，2007

续表

研究视角	界定/目标	研究者/年份
产学研协同创新能力、产学研协同创新绩效	从知识角度，提出可以从各主体合作中的知识特性、知识结构、知识共享程度、知识转移渠道及效率等方面提升产学研协同创新能力。三重螺旋结构中大学、产业与政府三方在发挥各自独特作用时候能够产生多重的互动效应，被认为是提高一个国家或地区整体创新绩效的重要条件	埃茨科维茨，2003；雷考克等，2009；珀克曼等，2011

来源：根据文献资料整理

彼得·格洛尔（Peter A. Gloor）提出"协同创新"需要主体之间形成网络互动，为实现最终目标进行信息、思想和技术等方面的交流。塞拉诺（Serrano）和菲舍尔（Fischer）认为，协同创新即各创新主体在创新过程中运用协同思想，通过协同将知识与技术进行跨界共享，实现提升效率和创造价值。产学研协同创新内涵与特点方面，埃茨科维茨（Etzkowitz）利用三重螺旋理论阐述产学研协同创新，指出产学研各方应不仅各自发挥独特作用，还应不断地加强多重互动，以确保知识转化效率和创新持续性。夏廷格（Schartinger）等从知识协同的视角对多种产学研知识协同形式加以区分整理。赛尔特（Cyert）和古德曼（Goodman）从组织学习与协同的视角认为，产学研协同创新是一种特殊的跨组织混合型关系，研究了通过建立稳定的产学联盟提高协同效率的可能性。

关于产学研协同创新动机的研究，国外学者一般主要从政府、大学、产业等不同视角分析。在日益国际化的背景下，政府有动机把积极鼓励大学和企业之间协同创新作为提高创新效率的手段，从而促进财富创造。政府另一个动机来自相信大学通过与行业相关的企业建立伙伴关系，传播它们的专业知识可以帮助经济再生。大学的注意力正日益转向鼓励产学研协同创新是响应政府政策的机构战略政策。此外，大学有激励去建设利用与行业的关系优势互补的动机。例如，可以为学生们提供研究专长和研究基础设施在产品开发和商业化、市场知识等方面的接触机会。西格尔、沃尔德曼和林克（Waldman & Link，2003）指出，在产业中，企业的主要动机将基于大学的技术商业化以获取经济利益。此外，企业可以通过经常与著名高校或研究机构合作提升自己的形象进而获得声誉。建立声誉良好的科研组织（比如一流的研究型大学）可以提高公司在其他利益相关者眼中的合法性。

关于产学研协同创新的模式与机制，丰塔纳（Fontana）等归纳了合作研发、技术产业化等四种产学研协同创新模式。德斯特和帕特尔（D'Este & Patel，2007）则从合作的角度把产学研协同创新的模式分为正式的合作形式（技术转让、合作开发等）和非正式的合作形式（信息沟通、人才交流等）。珀克曼（Perkmann）提出了基于组织过程管理的产学研协同创新核心机理。关于产学研协同创新能力，卡拉扬尼斯（Carayannis）和科沙茨基（Koschatzky）分别从知识角度提出，可以从各主体合作中的知识特性、知识结构、知识共享程度、知识转移渠道及效率等方面提升产学研协同创新能力。

产学研协同创新成为近年区域创新系统理论研究热点与前沿之后，国内外学术界开始探索将产学研协同创新作为促进区域创新绩效提升的手段。埃茨科维茨发现，由企业、大学和政府三方构成的三重螺旋结构在开放式创新体系各方能够产生多重的互动效应，这是提高地区或国家创新绩效的重要因素。不同的国外学者针对产学研协同影响创新绩效的研究角度不同，莱科克（Lecocq）等考察了欧洲地区的产学协同与区域创新绩效的关系。研究发现，在一定时期内，产学协同对区域创新绩效有正向促进作用。珀克曼等从企业角度出发，对产学研协同创新绩效测算进行了研究。目前来看，学术界尚没有建构一套有效的产学研协同测度指标体系，且对创新绩效的标准存在一定分歧。因此，针对产学研协同如何影响区域创新绩效方面的研究进展不大。分析其根本原因，主要在于产学研协同创新行为是一种复杂的网络行为，其影响区域创新绩效的机理并不清楚。近几年，学者也开始关注到产学研协同创新网络与区域创新绩效的关系，试图从创新网络视角打开产学研协同创新与区域创新系统的"黑箱"。

（二）产学研协同创新网络研究

1. 创新网络概念、机制与分类研究

创新网络的概念出现在20世纪80年代末到90年代初（弗里曼，1991），但是直到近年这个概念才开始被广泛研究。罗斯韦尔在其关于创新模型的著作中指出了一个事实，即创新过程的本质是向要求高的复杂模型发展整合的层次，包括组织内和组织间的层次。切斯伯勒（2003）提出了"开放式创新"一词，以描述创新过程中不同阶段外部投入的系统集成。虽然关于创新网络的研究目前尚未取得一致公认的参考框架，但描述网络创新过程的特征已经取得了重要的进展，强调了它的非正式性质，并将其描述为多维和多层次的。塔蒂拉（Taatila）等学者形成一定共识，即创新网络有助于促进创造力，提高发明能力，并作为创新的催化剂［哈格多伦，普拉哈拉德和拉马斯瓦米（Prahalad & Ramaswamy）］。

社会网络研究范式的兴起对创新研究起到了新的推动作用，从社会网络的视角出发的学者们把创新系统看成一种创新社会网络。在创新网络机制与机理研究方面，艾坦·穆勒（Eitan Muller）和雷纳纳·佩雷斯（Renana Peres）从意识、学习、规范压力和网络外部性等方面分析创新网络的传染机制，把传染机制分为信息型机制与说服机制。

对创新网络进行分类方面（如图1-1所示），蒂德（Tidd）提出，根据两个中心来识别不同类型的创新网络：创新的激进主义和合作伙伴的相似性。最新的、最能揭示网络创新模式发展的分类是基于与创新来源相关的标准的分类。从这个角度来看，文献区分了三种类型的协作：①与其他机

构的外部合作；②通过客户协同创新；③通过创新主体—创新市场平台进行合作。

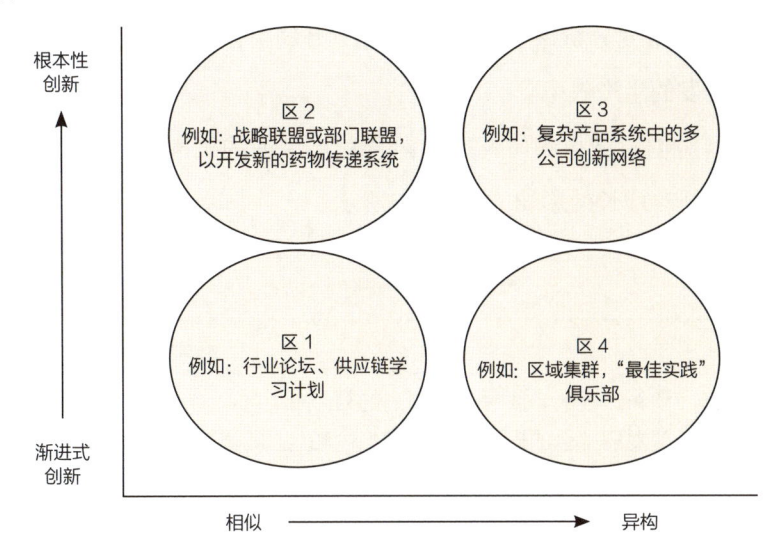

```
根本性创新 ↑
         区2                      区3
    例如：战略联盟或部门联盟，    例如：复杂产品系统中的多
    以开发新的药物传递系统        公司创新网络

         区1                      区4
    例如：行业论坛、供应链学       例如：区域集群，"最佳实践"
    习计划                       俱乐部
渐进式创新
         相似 ————————————————→ 异构
```

图 1-1　创新网络的不同类型

来源：根据蒂德、贝桑特和帕维特（Bessant and Pavitt），2005

产学研协同创新网络作为其中一个主要创新网络类型目前得到学者的更多关注。产学研协同创新网络是由企业、大学、科研机构和政府等服务机构等多种异质性知识主体协同创新的新型组织形式。关于产学研协同创新网络的定义虽然有多种，但更多的研究一般把产学研协同创新网络界定在"区域创新网络"[①]。产学研协同创新网络的研究借鉴了区域创新系统的研究框架与方法，把创新网络绩效研究作为一个重要方向。

2. 产学研协同创新网络结构视角的创新绩效研究

创新绩效研究一直是区域创新系统研究的一项重要课题，该类研究可以为区域创新政策的判断、制定和修正提供科学依据。目前国外主流研

---

① 当然，限制于区域地理空间范围有一定局限性，最新的一些研究已从跨区域的角度研究协同创新网络。

究范式是用系统论考察区域创新系统综合绩效，把区域创新系统看成一个"投入—产出"的生产系统，把区域创新活动看成一种知识研发生产活动，从生产率角度分析系统的综合投入产出效率，则区域创新系统的绩效可以看成研发的生产效率。

近年，对创新增长的研究已逐渐从总体层面的扩散转向探索特定社会网络结构特征对增长的影响。如表1-2所示。

表1-2　产学研协同创新网络研究相关文献

研究视角	界定/目标	研究者/年份
创新网络概念	创新过程的本质是向要求高的复杂模型发展整合的层次，包括组织内和组织间的层次。创新网络有助于促进创造力，提高发明能力，并作为创新的催化剂	隆德瓦尔，1988；弗里曼，1991；吉尔辛等，2005；宋等，2007
创新网络机制与机理	从意识、学习、规范压力和网络外部性等方面分析创新网络的传染机制，把传染机制分为信息型机制与说服机制	米勒，雷南佩雷斯，2019
创新网络分类	根据两个中心来识别不同类型的创新网络：创新的激进主义和合作伙伴的相似性。最新、最能揭示网络创新模式发展的分类是基于与创新来源相关的标准的分类	缇德，2006；唐·塔普斯科特等，2007；克里斯多夫·迪尔克等，2008；弗兰克·皮勒等，2014
创新网络绩效	产学研协同创新网络相关研究中有关绩效的衡量主要是从微观的组织、中观的集群和宏观的区域三个层面进行测度，更多研究主要从网络结构视角进行绩效研究	普罗万等，2001；李弗莱明等，2007；肯尼斯等，2009；斯蒂芬，2010；安德烈亚斯等，2010

来源：根据文献资料整理

艾坦穆勒和雷纳纳·佩雷斯（2019）认为，社会创新网络的成长是由社会网络的结构决定的，并借用经济学中的产业组织领域研究市场结构对市场绩效的影响，将这一研究创新增长的新浪潮描述为社会网络结构对创新绩效的影响。因此，网络结构特征应该纳入创新绩效增长的研究。

弗莱明（Fleming）等研究发现，专利合作网络的小世界结构对区域创新绩效有正向作用。斯特凡·克拉特克（Stefan Krätke）利用网络中心势、网络密度、网络强度等指标考察了德国都市圈地区的专利网络结构特征。艾辛格里奇（Eisingerich）等把网络结构归纳为网络开放度和网络强度两大类指标，并认为两类指标都对创新绩效有正向效应，但由于环境的不确定性导致两类指标的影响效应不同。国外学者也对基于网络整体行为的网络绩效测度问题进行了广泛的研究［普罗万（Provan）等；肯尼斯（Kenis）］等，但这些研究多以公共组织为研究对象。目前国外学者已形成共识：区域创新系统的核心要素是区域产学研协同创新网络，创新网络具有协同特征，创新网络结构是创新网络的核心内容，区域产学研协同创新网络结构由于地域差异等诸多因素具有异质性特征。创新网络的结构研究尚处于发展阶段，创新网络结构与创新绩效的研究目前处于起步阶段，迫切需要进一步深入的、定量的研究。此外，创新网络结构对创新增长的影响机理与机制研究还需要深入探讨。

国外对区域创新绩效研究目前已经进入产学研协同创新网络范式阶段。网络范式的出现，导致学者对理解与知识流动和区域创新模式有关的网络结构越来越感兴趣，虽然已经取得不少成果，但仍有以下不足：第一，产学研协同创新与区域创新绩效关系研究更多的是针对产学研协同行为如何直接测量进行研究，但由于产学研协同系统的复杂机理，直接测量有难度且容易产生分歧。第二，国外关于网络绩效的相关研究主要面向公共组织网络，以企业创新网络和区域产学研协同创新网络为对象的研究比较少。第三，学者们认为创新网络结构对创新绩效有较大影响，但深入系统的实证研究尚缺乏，导致影响效应存在较大分歧，特别是以区域整体创新网络结构特征为分析框架的研究鲜见。如图1-2所示。

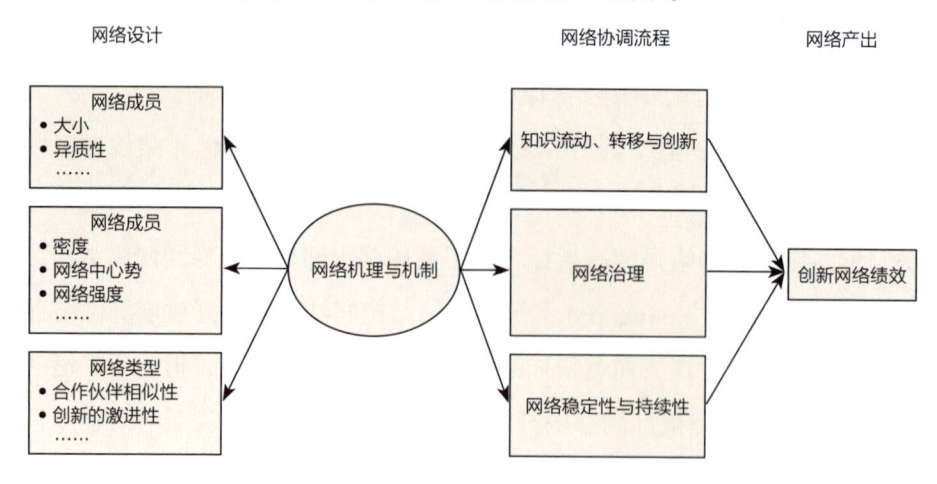

图 1-2　产学研协同创新网络的概念流程框架

来源：根据文献资料归纳总结

（三）结论与研究前瞻

正如国外学者对创新管理的历史观所认为的那样，创新过程本质的研究已经从简单线性模型发展到日益复杂的交互模型——"第五代创新"的网络模型，关于产学研相关理论进展，国外研究从产学研合作到产学研协同创新，目前已进展到产学研协同创新网络的研究阶段。如文中所述，国外学者认为，创新网络有助于促进创造力，提高发明能力，并作为创新的催化剂。虽然关于创新网络的研究目前尚未取得一致公认的参考框架，但通过描述网络创新过程的特征已经取得了重要的进展，强调了它的非正式性质，并将其描述为多维和多层次的，或研究其社会方面。这方面主要以创新网络结构视角的研究为核心内容与突破口。另一方面，就创新网络文献研究方法而言，更多的还处于概念性和描述性的研究阶段，而不是基于经验或实证研究。同时，关于产学研协同创新网络整体、系统和集成模型的文献严重缺乏，欠缺整体统一的分析框架。

在创新网络的核心内容——创新网络结构研究方面，目前关于创新网络结构对创新增长的研究缺乏实证研究的支持，特别是产学研协同创新网络结构对区域创新绩效的实证研究，主要原因在于，当前学者关于创新网络结构的分析框架仍然不统一，研究往往集中在单一类型的网络，并采用单一的网络结构性能指标。我们认为，为了提供有意义的概括，今后研究需要走向标准化和集成化。标准化意味着能提供一套公认的性能度量和结构达成一致需要测量的特性，即要求能有一套统一的绩效指标和一套统一的网络结构特征指标。在此基础上，今后应该进行更多的实证研究；集成化意味着测试多个因素的影响，衡量它们的相对影响和协同效应。此外，创新网络结构对创新增长的影响机理与机制研究也处于探索阶段。

从更广范畴来看，学者们也需要更多运用组织理论、动态能力理论、系统论等理论与方法对产学研协同创新进行更深入与细致的研究。近年来，学者已经运用社会网络分析方法研究产学研协同创新网络系统的自组织特征、演化和绩效等。未来，可预见的有两个方面：一是在规范当前理论研究框架的基础上，进行范围更广的实证研究，尤其是创新网络结构对产学研协同创新网络绩效的研究将会更加深入。二是关于产学研协同创新网络的机制与机理研究将是深化产学研创新理论的研究重点，其中网络创新知识流动与转移、网络治理等相关机理研究还需更多探讨。总体而言，多方法交叉研究应受到鼓励，因为他们可以提供更丰富的见解并支持产学研协同创新网络作为创新加速器的作用。

二、区域创新绩效与产学研协同创新述评

区域创新绩效研究一直是区域创新系统研究的一项重要课题，该类研究可以为区域创新政策的判断、制定和修正提供科学依据。目前国内外主流研究范式是用系统论考察区域创新系统综合绩效，把区域创新系统看成

一个"投入-产出"的生产系统。把区域创新活动看成一种知识研发生产活动，从生产率角度分析系统的综合投入产出效率，则区域创新系统的绩效可以看成研发的生产效率。根据关注程度与讨论的视角，国内研究可分为三个阶段：

第一阶段，提出问题。柳卸林（2002）、刘顺忠（2002）、官建成（2003、2005）提出与建立了区域创新能力与绩效的分析框架，对我国区域创新能力成因与区域创新效率做了分析与评价。

第二阶段，深入讨论。随着中国政府"提高自主创新能力，建立创新型国家"的国家创新发展战略的确立，学者开始从研究方法与绩效影响因素等方面广泛深入研究区域创新绩效这一主题，取得了不少成果（池仁勇，2004；何枫，2004；虞晓芬，2005；王海盛，2005；张宗益，2006；李习保，2007；吴和成，2007；刘玲利，2007；林云，2008；岳书敬，2008；李靖，2008、2009、2011；谢丽娟，2009；史修松，2009；白俊红，2009、2011；王家庭，2009；于明超，2010；余泳泽，2011；刘和东，2011；苏屹，2013；左铠瑞，2016）。此阶段虽然延续第一阶段把区域创新系统看作投入产出"黑箱"的研究框架，但是学者们从实证方法与影响因素等方面有了较为系统与规范的研究进展。基本观点是：①实证研究方法主要分为参数法与非参数法两类，前者以随机前沿方法（SFA）为代表，后者以数据包络分析（DEA）为代表。②实证研究上达成以各省级行政区域划分为基础确定我国的区域创新系统的共识，结果显示中国东中西部区域创新绩效存在较大差异。③区域创新绩效除去创新资源禀赋，还与区域创新环境等诸多因素有关，但各因素影响效应存在一定研究分歧。

第三阶段，新的视角。随着创新网络与协同创新范式的兴起，区域产学研协同创新成为近年区域创新系统理论的研究热点与前沿，国内外学术界开始探索将产学研协同创新作为促进区域创新绩效提升的手段。国外学者研究表明，在现代开放式的创新体系中，三重螺旋结构中的大学、产业与政府三方在发挥各自独特作用时能够产生多重的互动效应,这被认为是提高一个国家或地区整体创新绩效的重要条件[切斯伯勒,2003;埃茨科维塔,2008]。莱科克等(2009)从技术生命周期的角度,考察了欧洲地区的产学合作对区域创新产出的影响。研究表明,在技术萌芽期以及技术成长期,产学合作都对区域绩效有积极的促进作用。白俊红(2015)实证考察了协同创新对区域创新绩效的影响,认为产学研协同创新是影响区域创新绩效的重要影响因素。蒋伏心(2015)从产学研协同度实证研究了产学研协同创新对区域创新绩效的影响,认为产学研协同创新对区域创新绩效的影响短期有正向作用,长期表现出不稳定特征。在过往的一系列研究中,针对产学研协同如何影响创新绩效的角度各异:有从企业角度出发对产学研协同创新绩效测算进行的研究[格里马尔迪(Grimaldi)等,2002;珀克曼等,2011],有利用联合专利衡量产学研协同对创新绩效产生的作用(高等人,2010),以及产学研协同创新对整个创新体系的影响(卡拉扬尼斯,2000;珀克曼等,2007)和产学研协同促进社会创新能力进步的动力与路径[桑托罗(Santoro),2001;巴勃罗(Pablo)和珀克曼,2011]。

针对产学研协同如何测量的研究主要分为主观与客观两种:客观方面主要使用数学模型(曹静等,2010;樊霞等,2013)与统计方法构建产学研协同指标(郭斌,2007;塞波等,2012),进而测算出产学研联系的强度(李柏洲、朱晓霞,2008);主观方面则是通过问卷调查等方式设计操作性比较强的指标(邓颖翔、朱桂龙,2009)。也有研究从理论(何郁冰,2012)及实证层面(卡拉扬尼斯,2000;科沙茨基,2002)分析了产学研协同创新的途径不同对创新绩效的影响。纵观这些研究,如何设计有效的产学研协同测度指标一直没有得到很好的解决,且创新绩效的动态性导致其对实证模型的甄别使用能力要求较高。因此,针对产学研协同如何影响区域创新绩效方面的研究进展不大。分析其根本原因,主要在于产学研协同创新行为是一种复杂网络行为［科莱瓦（Colyva），2002；尼尔森，2005；普罗万和肯尼斯，2008］，其影响区域创新绩效的机理并不清楚。近几年，国内学者也开始关注到产学研协同创新网络与区域创新绩效的关系，试图从创新网络视角打开产学研协同创新与区域创新系统的"黑箱"，于明洁等（2013）认为区域创新效率是影响区域创新能力的关键因素，而区域创新网络直接影响了区域创新效率的高低。刘丹等（2013）对协同创新网络结构与机理进行了理论分析。马捷等（2017）研究了欠发达地区产学研的区域创新网络结构。

三、区域产学研协同创新网络结构视角的创新绩效研究述评

区域创新网络是由政府、企业、大学、科研机构和金融机构等多种主体协同创新的组织形式，具有内部协作性、根植性、开放性和稳定性及其与环境的依存性等共同特征。目前，区域产学研协同创新网络相关研究中有关绩效的衡量主要是从微观的组织、中观的集群和宏观的区域三个层面进行测度，相应地，网络结构与绩效关系的研究也从这三个层面展开。在区域层面，专利指标越来越多地被学者们用来衡量区域创新产出，进而考察创新网络结构与区域绩效之间的关系。弗莱明等（2007）、陈子凤等（2009）侧重考察专利合作网络的小世界特征对区域创新绩效的影响。研究发现，较短的路径长度会促进网络成员的创新产出，网络的小世界结构对创新绩效有积极作用。布洛克等（Broekel，2008）发现，区域内与区域间专利合作对区域创新效率具有非线性影响，太低或太高水平的合作都不利于区域创新效率。克拉特克（2010）利用网络密度、网络凝聚性、网络中心势、区域内企业联系、区域外关联度等指标考察了德国典型都市圈地区专利合作网络结构特征。艾辛格里奇等（2010）把网络结构指标分为网络强度与网络开放度两类，认为网络强度对创新绩效的正向效应会随着环

境不确定性的增加而降低，网络开放度对创新绩效的正向效应会随着环境不确定性的增加而增强。国外学者也对基于网络整体行为的网络绩效测度问题进行了广泛的研究（普罗万等，1995、2001；肯尼斯等，2009），但这些研究多以公共组织为研究对象。目前国内外学者已形成共识：区域创新系统的核心要素是区域创新网络，创新网络具有协同特征，创新网络结构是创新网络的核心内容，区域创新网络结构由于地域差异等诸多因素具有异质性特征。创新网络的结构研究尚处于发展阶段，创新网络结构与创新绩效的研究目前还处于起步阶段，迫切需要进一步深入、定量的研究。

综上，国内外对区域创新绩效研究目前已经进入产学研创新网络范式阶段。网络范式的出现，导致学者对理解与知识流动和区域创新模式有关的网络结构越来越感兴趣。虽然在这方面已经取得不少成果，但仍有以下不足：第一，产学研协同创新与区域创新绩效关系研究更多是针对产学研协同行为如何直接测量进行研究，但由于产学研协同系统的复杂机理，直接测量有难度且容易产生分歧。第二，关于网络整体绩效的测度研究以国外研究为主，且基本都是针对公共组织网络，对企业创新网络的研究较少，以区域创新网络为对象的实际测度更是鲜见。第三，虽大多学者认为创新网络结构对创新绩效有较大影响，但深入系统的实证研究尚缺乏，导致影响效应存在较大分歧，特别是以区域整体创新网络结构特征为分析框架的研究鲜见。鉴此，本课题拟从以下几方面进行完善：第一，从区域创新网络结构视角进行产学研协同创新与区域创新绩效关系研究，按"结构—行为—绩效"范式间接测量产学研协同创新与区域创新绩效关系。第二，把区域创新系统视为一个网络系统，以区域创新网络为研究对象整体测度区域创新绩效。第三，采用我国各省、市及自治区近年的科技统计数据从区域创新网络结构特征对区域创新绩效的影响作用进行最新的实证研究。

第三节
研究对象、目标和内容

一、研究对象

本书以异质性创新网络结构视角下我国区域产学研协同创新与区域创新绩效关系为研究对象。首先，根据区域产学研协同创新网络的国内外研究，分析我国区域产学研协同创新网络结构特征，以确定本课题研究的网络结构视角。其次，基于产学研协同创新网络结构与区域创新绩效的国内外文献述评，分析基础理论，以识别和分类区域创新绩效的各种影响因素，构建一个分析框架。再次，以我国三十个省、自治区及直辖市的科技创新有关数据实证分析我国区域产学研协同创新网络结构特征对区域创新绩效的影响及其他影响因素作用。最后，根据实证结论针对我国各省的区域产学研协同创新网络结构提出优化的政策建议，以提升各省区域创新能力与绩效。

二、研究目标

本书的研究目标主要为以下两点：

（1）全面分析异质性产学研协同创新网络结构对区域创新绩效的影响及作用，为我国区域创新绩效的提升与对应的政策制定提供可靠依据。根据"结构-绩效"分析逻辑及区域创新绩效影响因素的实证分析，为我国各省区域创新绩效的提升提供对策建议。

（2）根据研究分析，为我国区域产学研协同创新提供网络结构视角的优化建议。从区域产学研协同创新网络结构视角，为加强我国区域产学研协同创新与网络结构优化提供理论依据与政策建议。

三、总体框架与主要内容

本课题的总体框架与逻辑脉络见图1-3：

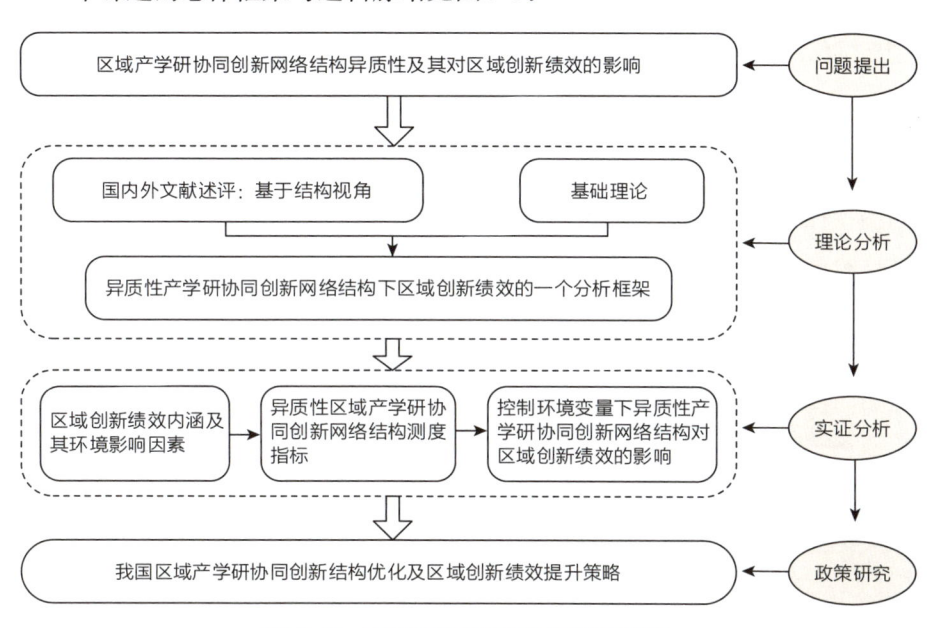

图 1-3　本课题的总体框架与逻辑脉络

第一部分，区域产学研协同创新网络结构异质性及其对区域创新绩效的影响。本部分根据我国区域产学研协同创新现实背景和国内外研究，分析区域产学研协同创新网络结构的异质性特征及对区域创新系统绩效的影响，以确定本课题研究的结构视角。①梳理和评价国内外区域产学研协同创新研究以及区域创新绩效测评的研究。②分析我国区域产学研协同创新主体（政府、高校与研究机构、企业、金融机构等中介组织）之间的协同作用机理、我国区域产学研协同创新网络发展演变以及区域产学研协同创新网络结构特征。③分析区域产学研协同创新网络结构的异质性特征及对区域创新系统绩效的影响，说明从结构的视角进行研究的必要性和价值。

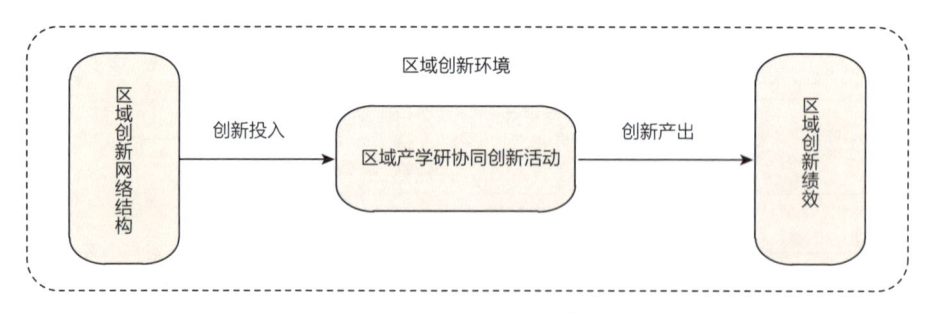

第二部分，异质性产学研协同创新网络结构下区域创新绩效的一个分析框架。本部分基于创新网络结构的视角对国内外文献述评，并分析基础理论，以构建产学研协同创新网络结构下区域创新绩效的分析框架，提出研究假设。①基于网络结构的视角梳理与评价国内外研究区域产学研协同创新网络结构、区域创新绩效以及二者关系的相关文献。②分析区域创新系统理论、创新网络理论、协同创新理论、效率测评理论等基础理论。③综合国内外文献述评和基础理论分析，识别与分类区域产学研协同创新网络结构特征，构建产学研协同创新网络结构下区域创新绩效的一个分析框架（见图1-4）。

图 1-4 产学研协同创新网络结构下区域创新绩效的一个分析框架

第三部分，区域创新绩效内涵及其环境影响因素。本部分在定义区域创新绩效及内涵的基础上，分析导致我国区域创新绩效差异的一般影响因素，评估其主要影响因素。本部分还对区域创新的环境影响因素进行分析，并建立环境因素的测度指标体系并且将区域创新环境影响因素作为本研究实证模型的控制变量。

第四部分，异质性区域产学研协同创新网络结构测度指标。本部分在区域创新绩效一般影响因素分析基础上，根据前面部分的理论分析和文献述评确定区域产学研协同创新水平是影响区域创新绩效的重要影响因素，而产学研协同创新网络结构是反映与影响产学研协同创新水平的重要因素，借鉴组织理论中"结构–行为–绩效"分析范式，选取产学研创新网络结构指标作为区域创新绩效的结构影响因素。把区域产学研协同创新网络结构分为网络规模、网络开放、结构洞、网络连接等要素，分别选择相应测度指标来建立结构测度指标体系。

第五部分，控制环境变量下异质性产学研协同创新网络结构对区域创新绩效的影响。本部分通过数据包络分析与随机前沿分析两种效率测度方法，采用2008—2018年我国三十个省、市及自治区有关创新指标统计数据进行区域创新绩效实证分析。①把区域产学研协同创新活动分解为两个阶段的知识创新行为，利用二阶段数据包络分析模型对我国三十个省、市及自治区区域创新效率进行测度与排名。②构建区域产学研协同创新知识生产函数，利用随机前沿分析模型测度我国各省、市及自治区区域创新效率，分析各类绩效影响因素，并重点研究产学研协同创新网络结构异质性带来的效率差异。

第六部分，区域产学研协同创新网络结构优化及区域创新绩效提升策略。

结合上述理论与实证分析的结论，从区域创新环境、区域产学研协同创新网络结构两方面提出区域创新绩效提升策略；同时对加强我国区域产学研协同创新进行政策建议。

四、拟突破的重点和难点

本书拟突破的重点和难点为：

（1）控制环境变量下异质性产学研协同创新网络结构对区域创新绩效的影响实证分析是重点。区域创新绩效实证测评是本研究的重点，在理论分析框架的基础上，区域产学研协同创新网络结构异质性对区域创新绩效的影响研究是本课题的主要任务。

（2）异质性产学研协同创新网络结构下区域创新绩效分析框架的建构是重点。异质性产学研协同创新网络结构下区域创新绩效分析框架的建构是绩效测评实证分析的理论逻辑基础，合理科学的理论分析框架为后面的实证分析模型建构做准备，需要多学科的理论与系统的文献储备，这是本研究的重点之一。

（3）异质性区域产学研协同创新网络结构测度指标体系构建是难点。区域创新网络理论还不成熟，国内外关于区域创新网络结构的研究也存在差异，区域产学研协同创新网络作为区域创新网络的一种重要表现形式，在学术界研究也属于起步阶段，所以本课题在确定产学研协同创新网络结构要素及各要素测量指标方面需要理论探索创新，这是本课题的难点。

第四节
研究思路和方法

一、研究思路

本课题研究的基本思路（见图1-5）。

提出问题	分析问题	解决问题
分析产学研协同创新网络结构特征的异质性及其对区域创新绩效的影响，确定"创新结构—创新绩效"的视角	◇理论分析：基于文献和基本理论分析，建构"结构—绩效"分析框架 ◇实证分析：构建产学研协同创新网络结构测度指标、区域创新投入产出指标与环境控制指标，采用参数法与非参数两类方法测评区域产学研创新网络结构对区域创新绩效的影响作用	◇区域产学研协同创新网络结构优化建议 ◇区域创新绩效提升的政策建议

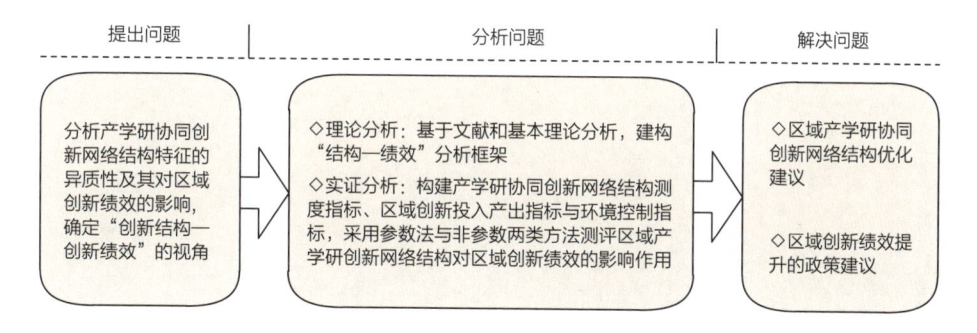

图 1-5　本课题研究的基本思路

二、研究方法

由于研究的学科交叉性，本课题将采用理论与实证分析方法结合、实证部分将结合效率评估方法的非参数与参数方法进行研究。参数法采用随机前沿分析，非参数法采用二阶段数据包络分析。理论分析部分主要采用产学研协同理论、社会网络分析法和复杂网络结构分析法。①产学研协同理论、社会网络分析和复杂网络结构分析法主要在理论分析部分，用于识别与分类区域产学研协同创新网络的各种结构要素，以构建"结构—绩效"分析框架以及构建区域协同创新网络结构测度指标。②数据包络分析方法用于测度我国各省、市及自治区区域创新系统效率及排名。③随机前沿分析方法用于着重分析产学研协同创新网络结构因素对区域创新绩效的影响作用。

第五节

创新和不足

一、创新点

（1）通过识别和分类区域产学研协同创新网络结构要素，建构异质性产学研协同创新网络结构下区域创新绩效的分析框架，并构建区域产学研协同创新网络结构测度指标体系。基于结构的视角对国内外文献述评，并分析理论基础，把握结构—绩效间的逻辑联系，识别区域产学研协同创新网络的结构要素，据此建构分析框架。确定区域产学研协同创新网络结构要素和各要素测度指标，建立创新网络结构指标体系。

（2）全面系统实证分析产学研协同创新网络结构对区域创新绩效影响作用。根据分析框架，采用参数与非参数两类效率实证研究方法与最近十年我国省级区域数据，分析我国区域创新绩效及其一般影响因素，特别分析产学研协同创新网络结构的异质性对于区域创新绩效的影响效应。采用动静态结合的研究方法全面系统地实证分析了异质性产学研协同创新结构特征对区域创新绩效的影响。

（3）切合实际地分析我国区域产学研协同创新网络结构特征及各区域创新绩效的提升策略。在结构—绩效分析中，充分考虑产学研协同创新网络结构异质性对于区域创新绩效的影响作用，切合实际地针对各区域产学研创新网络结构特点进行切实可行的结构优化与创新绩效提升分析。

（4）本书第六章关于应用型高校在区域产学研协同创新的应用研究，从应用型高校视角分析了高等教育机构在产学研三螺旋关系的作用以及对区域创新绩效的提升价值。该视角的研究在国内研究中属于创新性研究。该类研究对于我国地方应用型大学制定发展战略具有相当参考价值，也为我国区域创新政策的制定与完善提供了新的补充视角。

二、存在的不足

（1）影响区域创新绩效的影响因素很多，本书在研究产学研协同创新对区域创新绩效的影响时，主要从创新网络结构视角展开，并对创新基础设施等诸多变量作为控制变量进行了理论和实证分析。实际上，一个区域的创新绩效还与该地区的区域吸收能力有关，许多学者一致认为，区域吸收能力的差异可能导致技术创新的扩散过程不同。另一方面，知识转移的地理维度是影响区域创新绩效的关键变量。不同区域系统间研发要素流动造成的空间相关性也是区域创新绩效的一个重要因素，创新要素在区域间的流动会导致知识溢出与转移，最终推动区域创新绩效。本书的研究并没有涉及以上两个方面，这也为未来的相关研究留出了空间。

（2）本书虽然较为全面系统地研究了产学研协同创新与区域创新绩效的关系，但是由于研究的时限以及数据获取限制等方面的制约，本书实证研究数据的实效性有一定不足。未来可以在更新更全的统计数据基础上进一步完善相关研究。另一方面，本书是沿袭学术界"结构决定绩效"的经典思路进行的研究，实际上结构与绩效两者存在双向互动的影响关系，今后的研究改进还可以从区域产学研网络演化的过程考察结构与绩效的相互作用关系这一方面出发。

（3）本书基于产学研协同创新视角对我国各区域创新绩效的提升策略方面提出了一些建议，并针对各区域产学研创新网络结构特点提出了切实可行的结构优化建议，最后也对产学研协同的重要各方——政府、高校与科研机构和企业，如何开展产学研协同创新及高校相关人才培养等方面提出了一些政策建议。但由于篇幅及研究周期等因素，本书对于政府、企业和研究机构的具体作用还尚欠缺更加深入的分析，这也为今后产学研协同的相关研究留出了拓展空间。

本章参考文献

[1] BEKKERS R, BODAS FREITAS I. Analysing knowledge transfer channels between universities and industry: To what degree do sectors also matter? [J]. Research Policy, 2008 (37): 1837-1853.

[2] CRICELLI L, GRIMALDI M. Knowledge-based inter-organizational collaborations [J]. Journal of Knowledge Management, 2010 (14): 348-358.

[3] DESS G G, SHAW J D. Voluntary turnover, social capital, and organizational performance [J]. Academy of Management Review, 2001 (26): 446-456.

[4] HARVEY M, TETHER B S. Analysing distributed processes of provision and innovation [J]. Industrial & Corporate Change, 2003 (12): 1125-1155.

[5] SAMUEL ANKRAH, OMAR AL-TABBAA. Universities-industry collaboration: A systematic review [J]. Scandinavian Journal of Management, 2015 (31): 387-408.

[6] PERKMANN M, NEELY A, WALSH K. How should firms evaluate success in university-industry alliances? A performance measurement system [J]. R&D Management, 2011 (41): 202-216.

[7] POWELL W W, KOPUT, K W, SMITHDOERR L. Interorganizational collaboration and the locus of innovation: networks of learning in biotechnology [J]. Administrative Science Quarterly, 1996, 41 (1): 116-145.

[8] DESS G G, SHAW J D. Voluntary turnover, social capital, and organizational performance [J]. Academy of Management Review, 2001 (26): 446-456.

[9] SIRMON D, HITT M A, IRELAND R. Managing firm resources in dynamic environments to create value: Looking inside the black box [J]. Academy of Management Review, 2007 (32): 273-292.

[10] PETER A GlOOR. *Swarm creativity: Competitive advantage through collaborative innovation networks* [M]. Oxford University Press, 2006.

[11] SERRANO V, FISCHER T. Collaborative Innovation in Ubiquitous Systems [J].

Journal of Intelligent Manufacturing, 2007, 18 (5) : 599-615.

[12] ETZKOWITZ H. The Triple Helix of university-Industry-government relations [J]. Social Science information, 2003, 42 (3) : 293-337.

[13] SCHARTINGER D, RAMMER C, FISCHER M. Knowledge interactions between universities and industry in Austria: sectoral patterns and determinant [J]. Research Policy, 2002, 31 (3) : 303-328.

[14] CYERT R M, GOODMAN P S. Creating effective university-industry alliances: An organizational learning perspective [J]. Organizational Dynamics, 1997, 25 (4) : 45-57.

[15] BARNES T, PASHBY I, GIBBONS A. Effective university-industry interaction: A multi-case evaluation of collaborative R&D projects [J]. European Management Journal, 2002 (20) : 272-285.

[16] PERKMANN M, TARTARI V, MCKELVEY M, AUTIO E, BROSTRO ¨ M A, D'ESTE P. Academic engagement and commercialization : A review of the literature on university-industry relations [J]. Research Policy, 2013 (42) : 423-442.

[17] PERKMANN M, KING Z, PAVELIN S. Engaging excellence? Effects of faculty quality on university engagement with industry [J]. Research Policy, 2011 (40) : 539-552.

[18] SHERWOOD A L, BUTTS S B, KACAR S L. Partnering for knowledge: A learning framework for university-industry collaboration Midwest Academy of Management [C]. 2004 Annual Meeting, 2004: 1-17.

[19] SIEGEL D, WALDMAN D, LINK A. Assessing the impact of organizational practices on the relative productivity of university technology transfer offices: An exploratory study [J]. Research Policy, 2003 (32) : 27-48.

[20] HONG W, SU. The effect of institutional proximity in non-local university-industry collaborations: An analysis based on Chinese patent data [J]. Research Policy, 2013 (42) : 454-464.

[21] FONTANA R, GEUNA A, MATT M. Factors affecting university-industry R&D projects: the importance of searching, screening and signaling [J]. Research Policy, 2006, 35 (2) : 309-323.

[22] D'ESTE P, P PATEL. University-industry linkages in the UK: What are the factors

underlying the variety of interactions with industry? Research Policy [J]. 2007 (36): 1295-1313.

[23] PERKMANN, MARKUS, PERKMANNT, KATHRYN WALSH. University-industry relationships and open innovation: Towards are search agenda [J]. International Journal of Management Reviews, 2007, 9 (4): 259-280.

[24] CARAYANNIS E, ALEXANDE J, IOANNIDIS A. Leveraging knowledge learning and innovation in forming strategic GUI R&D partnerships in the US, Germany and France [J]. Technovation, 2000 (20): 477-488.

[25] KOSCHATZKY K. Networking and knowledge transfer between research and industry in transition countries: empirical evidence from the Slovenian innovation system [J]. Journal of Technology Transfer, 2002, 27 (1): 27-38.

[26] CATHERINE LECOCQ, BART VAN LOOY. The impact of collaboration on the technological performance of regions: time invariant or driven by life cycle dynamics? An explorative investigation of European regions in the field of Biotechnology [J]. Scientometrics, 2009, 80 (3): 845-865.

[27] MARKUS PERKMANN, ANDY NEELYE, KATHRYN WALSH. How Should Firms Evaluate Success in University-Industry Alliances? A Performance Measurement System [J]. R&D Management, 2011, 41 (2): 202-216.

[28] KEITH G PROVAN, PATRICK KENIS. Modes of Network Governance: Structure, Management, and Effectiveness [J]. Journal of Public Administration Research and Theory, 2008, 18 (2): 229-252.

[29] LUNDVALL B A. *Innovation as an interactive process: from user-producer interaction to national systems of innovation. Technical change and economic theory* [M]. London & New York: 1988: 349-369.

[30] FREEMAN C. Networks of innovators: a synthesis of research issue [J]. Research Policy, 1991, 20 (5): 499-514.

[31] ROTHWELL R. Successful industrial innovation: critical factors for the 1990s [J]. R&D Management, 1992, 22 (3): 221-239.

[32] CHESBROUGH H. *Open innovation: the new impeerative for creating and profiting for technology* [M]. Cambridge, M A: Harvard Business School Press, 2003.

[33] OLIVER A L, EBERS M. Networking network studies: an analysis of conceptual configurations in the study of inter-organizational relationships [J]. Organization Studies, 1998, 19 (4): 549−586.

[34] TAATILA V P. Framework to study the social innovation networks [J]. European Journal of Innovation Management, 2006, 9 (3): 312−326.

[35] HAGEDOORN J. Inter-firm R&D partnerships: an overview of major trends and patterns since 1960 [J]. Research Policy, 2002 (31): 477−492.

[36] PRAHALAD C K, RAMASWAMY V. *The future of competition: co-creating unique value with customers* [M]. Boston, MA: Harvard Business School Press, 2004.

[37] EITAN MULLER, RENANA PERES The effect of social networks structure on innovation performance: A review and directions for research [J]. International Journal of Research in Marketing, 2019 (36): 3−19.

[38] TIDD J. A review of innovation models [EB/OL]. [2006]. http://www.emotools.com/static/upload/files/innovation_models.pdf.

[39] CHRISTOPH DILK, RONALD GLEICH, ANDREAS WALD, JAIDEEP MOTWAN I. State and development of innovation networks: evidence from the European vehicle sector [J]. Management Decision, 2008, 46 (05): 691−701.

[40] DON TAPSCOTT, ANTHONY D WILLIAMS. *Wikinomics-How Mass Collaboration changes everything* [M]. Atlantic Books, 2007.

[41] FRANK PILLER, JOEL WEST. *New Frontiers in Open Innovation* [M]. Oxford: Oxford University Press, 2014: 29−49.

[42] SONG S, NERUR S, TENG J TC. An exploratory study on the roles of network structure and knowledge processing orientation in work unit knowledge management [J]. Date base, 2007, 38 (2): 8−26.

[43] GILSING V, NOOTEBOOM B. Density and strength of ties in innovation networks: an analysis of multimedia and biotechnology [J]. European Management Review, 2005 (2): 179−197.

[44] LEE FlEMING, SANTIAGO MINGO, DAVID CHEN. Collaborative Brokerage, Generative Creativity, and Creative Success [J]. Administrative Science Quarterly,

2007, 52 (03) : 443-475.

[45] STEFAN KRAKE. Regional knowledge networks: A network analysis approach to the interlinking of knowledge resources [J]. European Urban and Regional Studies. 2010, 17 (01) : 83-97.

[46] ANDREAS B, EISINGERICH, SIMON J BELL, PAUL TRACEY. How can clusters sustain performance? The role of network strength, network openness, and environmental uncertainty [J]. Research policy, 2010, 39 (02) : 239-253.

[47] KG PROVAN, HB MILWARD. Do networks really work? A framework for evaluating public-sector organizational networks [J]. Public administration review, 2001, 61 (04) : 414-423.

[48] KENIS P N, PROVAN K G. Towards an exogenous theory of public network performance [J]. Public Administration, 2009, 87 (03) : 440-456.

[49] TIDD J, BESSANT J, PAVITT K. *Managing Innovation: Integrating technological: market and organizational change* [M]. Third edition. Wiley, 2005.

[50] 迈克尔·波特. 国家竞争优势 [M]. 北京：华夏出版社，2002 : 45-67.

[51] 李万等. 创新3.0与创新生态系统 [J]. 科学学研究，2014 (12) : 1761-1770.

[52] 梅亮，陈劲，刘洋. 创新生态系统：源起、知识演进和理论框架 [J]. 科学学研究，2014 (12) : 1771-1780.

[53] 候高岚. 比较优势、后发优势与后进国家产业升级 [J]. 开发研究，2006 (02) : 1-5.

[54] 刘钒，吴晓烨. 国外创新生态系统的研究进展与理论反思 [J]. 自然辩证法研究，2017 (11) : 47-52.

[55] 洪勇，苏敬勤. 后发国家产业技术追赶模式研究 [J]. 科学学与科学技术管理，2008 (12) : 18-23.

[56] 涂舒. 后发国家创新模式选择：一个综述性理论框架 [J]. 商业研究，2013 (11) : 169-176.

[57] 马腾. 后发国家的追赶型经济发展理论——以李斯特经济思想为中心的考察 [J]. 经济问题探索，2015 (05) : 138-143.

[58] 袁礼，王林辉. 后发国家适宜性技术选择的研究述评［J］. 中南财经政法大学学报，2016 (02)：11-20.

[59] 徐示波，仲伟俊，黄超. 后发国家战略性新兴产业技术创新及其挑战研究［J］. 科技管理研究，2015 (20)：16-20.

[60] 孙来斌，李敏. 后发优势研究述评［J］. 经济社会体制比较，2006 (04)：134-138.

[61] 王文龙，金丽馥. 后发劣势的理论分析及其意义［J］. 南京师大学报（社会科学版），2009 (02)：51-58.

第二章
区域产学研协同创新网络及对区域创新绩效的影响

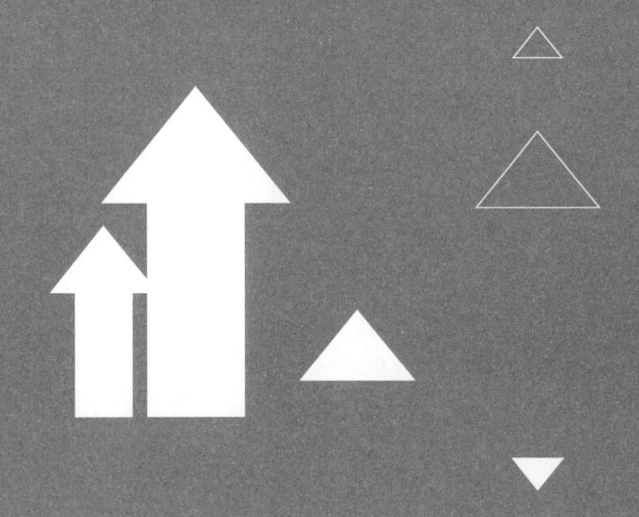

第一节
协同创新网络及网络流程

一、区域协同创新网络

区域发展正面临着新的挑战，它们旨在在全球竞争中创造竞争优势。今天，竞争优势的第一要务是创新。欧洲和美国开创了一种新的区域业务发展方法，这涉及建立区域创新基础设施与区域创新网络。在德国巴登—符腾堡州和意大利的艾米利亚—罗马涅大区等欧洲一些更具活力的区域经济中，通过"网络"学习已被证明是一种成功的方法，这涉及最大化区域创新资产的完整范围。美国宾夕法尼亚州和其他较老的工业中心表明，这种方法可以从欧洲转移到美国。

区域创新网络可以定义为一种在地理上嵌入的组织间关系模式，围绕创新活动的某个特定领域汇聚。区域创新网络对创新和经济绩效以及政策制定的内容和成功产生了影响。展示组织间协作重要性的一个重要步骤是区分不同类型的网络。在经济分析中，这种区分通常基于网络执行的内容或涉及的对象：如生产网络、供应商网络、客户网络等。由于技术创新活动的复杂性和不确定性，单一企业仅仅依靠自身拥有的人才、技术、知识和信息等资源难以满足技术创新的需求，通过与政府、大学、科研院所、中介机构、供应商、客户等相关组织的广泛合作，融合异质性外部资源，可以取得更佳的创新绩效。这类产学研异质性组织联合形成的地方合作网络即区域产学研协同创新网络（简称"区域协同创新网络"）是一种创新集群，也是一种新型区域治理模式。这类模式通过产学研组织之间的知识外溢，产业集聚以及集体行动，可以促进区域相关企业和支持性机构紧密互动，从而加速创新，维持区域的持续竞争能力。国内对区域协同创新网络的研究始于20世纪90年代中期，如中关村区域创新能力课题组从创新网络视角对中关村的发展进行了相关研究，魏江（2007）研究了集群创新网络化程度对集群创新绩效的影响。后来学者对这一领域展开了更广泛深入的研究，这里不一一赘述。

竞争优势的因素与地区在快速变化的环境中创造和处理知识的能力密切相关，在这种环境中，竞争力应该在由许多不同类型的参与者组成的网络中实现。集聚与集聚带来区域发展的优势，导致交互式学习过程的局部知识溢出。集群和网络是创造区域竞争优势的重要因素。美国战略管理学家波特认为，产业集群可以提升企业、区域和国家的竞争力。目前，新一轮的产业集群热正在各地兴起。尽管政府在推动集群发展上发挥着重要作用，但是目前政府单方面的推动效果并不明显。创新是集群发展的第一要义，国家和区域的竞争优势却蕴藏在地方创新集群之中。集群促进经济发展和科技创新的功效，使其受到各国决策者的青睐和国际机构的提倡。在世界知识产权组织、康奈尔大学、欧洲工商管理学院共同发布的2018年《全球创新指数》中，我国"产业集群发展"排名第26；"融合创新"排名第58；"产学合作研发"排名第27。可见，集群发展是国家创新的重要标志，而融合创新和产学合作研发的水平与集群发展水平密切相关。区域协同创新网络构成的创新集群是促进创新的产业社区。产业创新既取决于创新型的企业家和科技人才，也取决于知识学习过程中企业之间、产学研之间关系的质量、强度及其网络结构。

当前的技术经济格局、区域创新能力是建立区域竞争优势的决定性因素，定义和促进构成区域创新体系的多方创新网络至关重要。区域创新系统由不同的创新网络组成，旨在提高系统的创新能力。区域创新网络通常是由企业、大学、技术中心和开发组织代表在内的各种行为者的团体组成的，在这些网络中进行交互的能力成为促进创新能力的决定性成功因素。这些网络有许多不同的形式，例如由网络的起源、规模、结构和目标定义，然而，大多数区域创新网络都具有某些典型特征。它们通常由不同类型的参与者组成，包括企业、大学、技术中心和开发组织的代表。与单个企业内部的创新网络相比，区域组成的创新网络存在一定的差异。区域创新网络比一家企业的创新网络，甚至比几家企业合作形成的创新网络更松散，但参与这些区域创新网络的发明者和创新企业比不参与网络的更有可能向商业化产品迈进。构成区域创新系统的创新网络的意义在于：一是促进区域创新。重要的创新信息来源于企业外部，如高校、政府、供应商、客户和竞争对手。企业之间的信任、共享的规则和互惠能够有效促进知识的流动，促进创新网络内企业的创新。二是知识溢出。企业之间的合作和产学研组织之间的联系是产生知识溢出效应、提高知识创造、扩散和吸收能力的关键。

  创新网络中的集体学习过程被视为重要的成功因素，协同的作用在创新网络流程中尤为重要。虽然集群和网络是创造区域竞争优势的重要因素，但区域创新网络的真正竞争优势是基于它们在集体和互动学习过程中创造知识的能力。集体学习的先决条件——区域性，基于文化的。必须依此建立行为、参与和协作规则，以建立区域集体学习能力。然而，学习过程很少是完全自发的，需要区域政策措施的帮助。区域产学研协同创新网络作为区域创新系统竞争优势最主要的理论基础正是基于此。提高创新能力是建立区域竞争优势的关键因素。区域创新能力是由区域主体的创新能力及其在创新过程中的合作形成的，由此产生了产学研协同创新网络，它强调创新过程的交互性和非线性。创新的创造被视为发生在正常的社会和经济活动中的一个深深植根于社会的过程，其中集体学习被认为是最重要的成功因素之一。将创新描述为一种社会的、非线性的和互动的学习过程，重视网络结构在创新过程中的作用。发生创新的社会制度环境在成功的创新过程中起着至关重要的作用。区域创新体系由不同的创新网络组成，旨在提高环境的创新能力。通常由不同的参与者组成，包括公司、高校、技术中心和开发组织的成员。区域创新网络以区域资产为基础，形成集聚经济在区域层面发生的结构。目前在关于以创新为导向的区域发展辩论中存在一个普遍共识，那就是政府、企业、高校和研究机构之间的创新合作对于一个地区的商业成功和经济表现来说越来越重要，以产学研协同创新网络为导向的区域创新正在成为区域竞争优势研究的主题之一。

二、协同创新的网络流程

协同创新网络代表了适当的结构，在该网络中可以培养成员互动和合作的能力，以提高知识水平并促进获得创新的机会。这些系统显示出作为推动创新最佳引擎的巨大潜力。假设成员在执行某些深思熟虑和有目的的行为时，可以通过创造和提取价值来利用他们参与这些网络的优势。

近年来，创新已经超越了单一企业的界限，朝着更加基于网络的方法发展。在知识经济的框架内，企业加入创新网络，使他们能够与其他合作伙伴分享知识，并提供对新技术和资源的访问。创新网络随着经济环境的变化而发展。它们不是坚持塑造创新传播的简单关系纽带，而是"构成了增加企业价值的能力"。事实上这样的系统构成了有效的结构，以培养成员互动和合作的能力，以减少环境不确定性并应对经济变化带来的挑战。这些网络是按照两种不同的方式建立的，也就是自发系统和计划网络，其中一个使能者采取主动并形成响应某些见解的网络；另一个推动者可以是个人（即在科学网络中）、企业（即在工业研发网络）、公共行为或政府机构（即创新系统）。

由于商业活动面临不断的变化和挑战，近年来出现了协同创新网络。它们通过结合思想和实践，共享资源、技能和技术以及各种协同作用来创造新的价值。这些系统已经以不同的方式进行了描述。特别是，格洛尔（2006）定义了协同创新网络是由具有集体愿景的自我激励成员组成的团队，这些成员在技术的支持下通过共享想法、信息、资源和在共同的道德准则下工作来实现共同目标。在协同创新网络中，成员在内部透明的情况下协作和分享知识，而不是通过层级进行交流，并在自组织的系统中朝着共同目标努力。

尽管文献探讨了网络成员之间的关系如何帮助实现创新成果，但关于成员如何利用和管理网络的具体流程还需深入探讨。事实上，网络成员对必须执行的以控制、协调、影响和监控其活动的过程仍然知之甚少。我们这里讨论的网络流程可以定义为一种网络过程。换句话说，网络过程是一系列有目的的因果行动，它们有助于系统的发展。此类行为符合网络规则和目的，并允许从系统中创造价值。因此，我们指的是允许成员获得创新的网络过程。格洛尔（2006）将此类活动定义为"发现—开发—传播"或"创建—协作—交流"的三步过程，分别对应于各个成员所扮演的角色。网络过程则又根据底层网络的结构而有所不同，成员之间的创新过程以不同的方式发展。流程使网络能够获得有助于提高其市场竞争力的关键能力。

根据对网络类型的研究，学者一般将网络组织分为两种类型：分层组织和异质性组织。分层网络组织一般有一个中心参与者作为创新集成者，主要来定义创新的基本框架，而其他成员则开发由中心集成和协调的不同组件。这一类型的典型例子是波音飞机的制造过程。波音公司与多个合作伙伴一起生产飞机的不同部件。它要求所有成员直接参与该项目，同时投资于设计和开发。波音公司仍是中央决策者，而每个合作伙伴在不同组件的设计方面都保持着相当大的自主权。因此，波音作为系统的集成商定义了创新架构，从而支持和管理合作伙伴的创新活动以及集成组件，并最终将成品推向市场。通过这种方式，该中心允许其他合作伙伴从它们的创新贡献所产生的价值中受益。作为平台领导者，中心描绘创新框架，并允许其他网络成员实现互补创新，从而扩展基本框架的范围。所有网络活动和关键决策都由作为领导组织的单个成员进行协调。网络管理是集中的，并以不对称的权力进行协调。协调者决定网络进程，并促进成员的活动以实现网络目标，该类网络流程是根据成员在系统中的角色来实现的，并通过相应的网络组合模式进行约束。成员之间的关系通常较弱，其特点是中心与单一合作伙伴之间的双边联系。

异质性网络组织则与分层组织不同，它考虑了网络的所有成员，而不依赖于一个核心参与者。它们构成了一个有吸引力的环境，可以在不同部门内创造创新。此类网络表现出充当枢纽的成员的存在，即与大多数其他成员相关联的成员，半外围通过将网络联系而做出相关贡献的成员，以及作为系统连接器或本地部分的外围成员。在这种情况下，网络成员参与了一个自组织过程。在这个过程中，由于合作伙伴之间的相互作用而产生了秩序［威尔金森和杨（Wilkinson & Young），1994］。所有成员同时参与网络的持续管理，由此产生的结构和性能是由它们的行动共同产生的［里特（Ritter）等，2004］。在协同网络的情况下，治理是高度分散的，并且所有成员都在平等的基础上进行交互。成员负责管理内部关系和流程以及外部关系。在这种情况下，网络成员致力于实现网络结果。在业务中，共享治理被用于多家企业在没有大企业参与的情况下建立战略联盟和合作伙伴关系，其目的是开发新产品或吸引新业务，这是通过网络成员的独立努力无法实现的［文卡特拉曼（Venkatraman）和李（Lee），2004年］。当网络治理被共享时，所有成员都参与决策和管理网络流程。尽管成员规模、资源能力和绩效可能存在差异，但系统中的权力是对等的。在这类网络中，领导力是分散的，而不同的成员是在没有层次结构的情况下组织起来的，它们自发地结合自己的资源和技能从网络中提取附加值，好处是根据其努力在成员之间分配。由于稳固的多边关系，成员之间的互动非常紧密，合作伙伴之间的联系允许建立本地集群。本书研究的区域产学研协同创新网络即具有该类型网络特征，具有异质性组织特征。其创新网络可以被视为结合来自不同企业、高校、政府等机构及其边界的现有和新知识的结果，以便根据当前市场需求创造独特的产品、服务和流程。

创新对企业的长期成功至关重要，即使是大企业有时也无法独立承担创新。因此，创新的协作方法不仅是一种机会，更是一种需要，因为当实现创新目标时，企业的边界会变得模糊。企业出于不同的原因加入或形成创新网络，获得合法性，吸引更多资源或为客户提供广泛服务的需求。这些系统有助于实现资源的优化分配和提高知识转移的有效性。成员通过在执行某些操作时可以创造和提取价值，来利用其对网络的参与进行有目的的活动。企业一旦意识到自己的网络需求，就应该根据自己的具体要求来决定哪种网络组织更合适。

因此，当网络具有异构组织时，网络过程是有目的的序列，是一种有助于系统演进的因果行动，可以由任何网络成员执行。协作创新网络更加注重外部，这种创新方法是共享的，并专注于解决问题，成员依靠使用共同资源来实现创新成果并提高其质量。网络参与机制由本体建立，将成员聚集在一起并引导他们的资源、技能和活动。相关的信任和合作伙伴的声誉促进了开放的文化和成员之间的互动，从而促进了新知识的创造和流动。在协同创新网络中执行的过程发生在共享创新环境中，其中成员由于多边和对称关系而相互作用。治理是高度分散的，涉及所有成员，他们在管理过程中平等合作，这样的网络更加灵活。事实上，会员能够根据技术和市场的变化更快地重新定位自己。在这个框架下，成员将分散的资源、知识和技能汇集在一起，这意味着他们将分担风险并分摊成本，最终加快进入市场的速度。如此一来，所有网络利益可以分配给每个成员。

图2-1描述了协同创新的异质性网络流程模型。

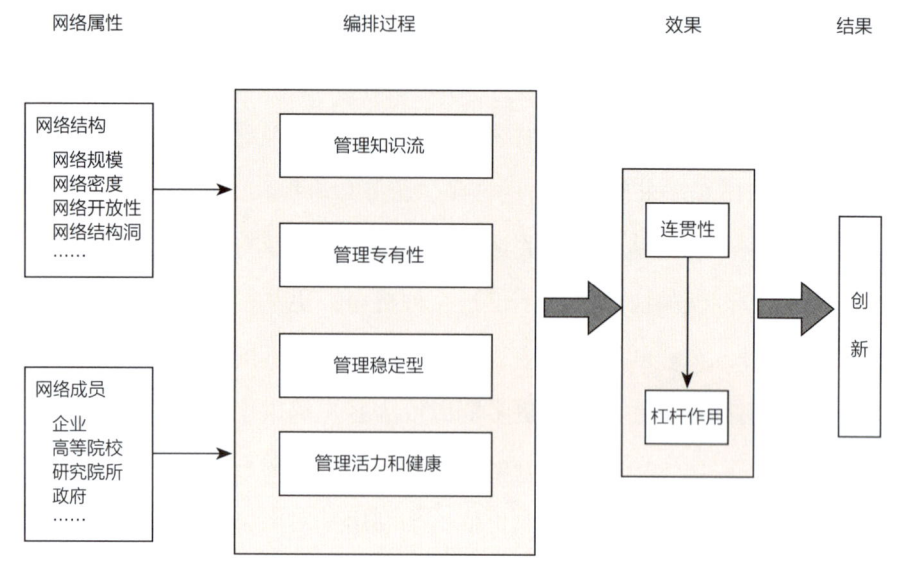

图 2-1 协同创新的异质性网络流程模型

网络合作伙伴之间的协作联系加强了系统的好处。它们增强了资源共享，允许成员结合知识、技能和实物资产。此外，结合的纽带可以获取知识溢出，充当信息渠道，通过这些渠道获得有关技术突破、对问题的新见解，或不成功的方法可以在不断变化的环境中流动和运行。这些系统可以自发地组织自己，以便更好地应对各种内部和外部因素，这使他们能够发展并适应不断变化的环境。

通常，创新被认为是过程的结果，而创新管理是指对其控制的管理活动。在这项工作中，我们对将创新作为网络的最终结果感兴趣，因此，我们对其成员所执行的系统创新过程感兴趣，我们关注他们促进创新的能力，而不是单一的产品、服务、市场和创新过程。创新网络可以由网络中的所有成员或单个成员管理。在第一种情况下，每个成员都与其他成员交互以管理系统，从而形成密集、共享和去中心化的治理。另一方面，一个单一的组织，作为一个高度集中的成员，可以领导整个网络。在现实世界中，每种组织形式都被利用，并且都有其特定的优势和劣势。产学研协同创新网络属于第一种情况，即政府、企业、高校、研究机构、中介组织等异质性成员交互管理网络，形成共享的去中心化治理。这也可以由某一成员（比如企业或者政府）来领导整个网络。

第二节

创新网络结构特征与创新绩效驱动机制

一、引言

区域创新系统（Regional Innovation Systems, RIS）框架是用于分析区域创新过程中最常见和科学上被接受的框架之一［多洛勒和帕托（Doloreux & Parto），2005］。其核心是：区域参与者的创新不是孤立的，而是嵌入相互关联和相互作用的区域创新过程中。这种相互联系和相互作用要求将区域视为"创新系统"，并意味着它们的创新成功与否取决于区域参与者的创新能力及其相互作用的结构。然而，区域创新系统理论关于区域创新系统组织之间交互结构的讨论和分析仍然很少，在许多情况下，概念以一种相当隐喻的方式使用。因此，对区域创新系统的研究通常缺乏关于组织间相互作用和知识交换关系的结构和特征的理论精确和定量可测的表述［特沃尔和博施马（Terwal & Boschma），2009］。最终，这种模糊性阻碍了区域创新系统研究对创新者互动学习与组织间关系形成明确的科学假设和政策建议。

当今，在日益受到创新驱动的经济中，知识已经成为国家和地区竞争力的关键因素。当代创新研究得出的核心发现之一表明，创新主要来自企业之间以及企业与科学机构之间的互动，而且知识资源的互联性同时发生在不同的空间尺度上［库克（Cooke），2002］。简单地说，区域主要的创新动力来自企业、高校、科研机构等各种异质性知识资源体的相互联系。区域产学研协同创新网络是由政府、企业、高校、科研机构和金融机构等多种主体协同创新的组织形式，具有内部协作性、根植性、开放性和稳定性及其与环境的依存性等共同特征，这种形式可以促进知识网络特定区域各种异质性知识资源的优化配置并创造新知识，从而成为区域经济竞争力与发展潜力的重要相关因素，这也是形成区位优势的关键因素。遗憾的是，目前已有的文献对区域产学研协同创新网络如何影响区域创新，尤其是创新网络的结构特征对区域创新增长与绩效的影响机理与驱动机制并没有给出过多解释，相关的研究非常稀缺。

二、文献回顾

（一）区域创新体系框架

区域创新系统框架根植于对国家创新系统（National Innovation Systems，NIS）的讨论，其理论基础基于异质性研究领域（演化经济学、制度经济学、产业集群、新区域经济学、创新经济学、网络理论等）。区域创新系统框架突出了创新过程的区域范围，并强调了地理位置相近对于区域的创新和经济竞争优势带来的好处，参与者和机构在空间上的相互联系方式以及如何根据组织和社会制度框架条件来构成区域创新系统。图2-2是区域创新系统示意图。

如图2-2所示，区域创新系统构成了一个由相互作用的参与者（亮框）和子系统（暗框）组成的系统，通常参与者被理解为组织。从理论的角度来看，区域创新系统中的组织属于知识应用和利用（即企业和客户），或者属于知识生成和传播子系统（即支持组织、公共管理、教育组织）。前子系统的参与者是区域创新系统中商业创新活动的主要驱动力。后一个子系统的参与者进行商业部门的支持活动，并从事知识和技能的生产和传播。根据此描述，区域创新系统通常被描述为"与全球国家和其他区域系

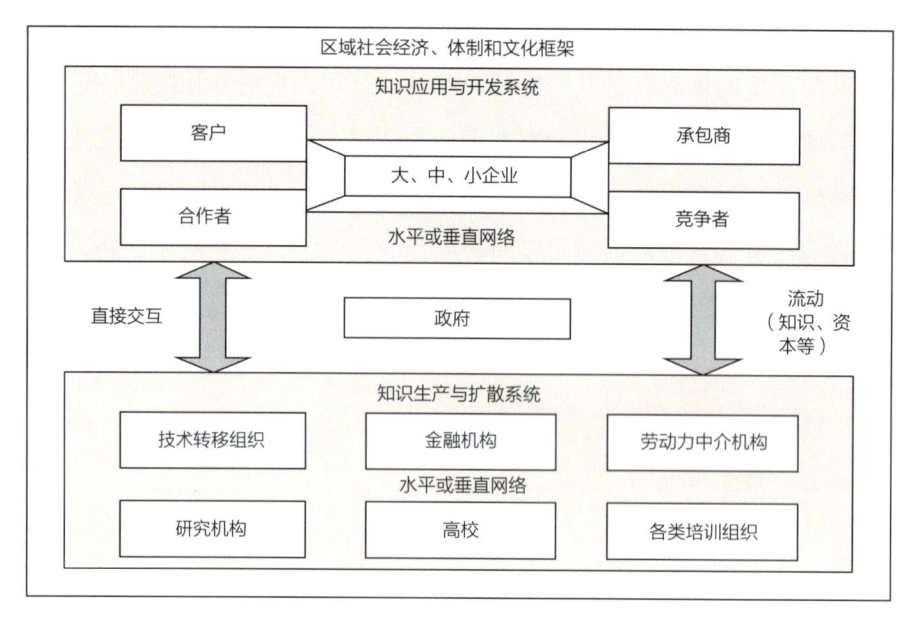

图 2-2　区域创新系统示意图

来源：根据库克（2002）

统链接的交互式知识生成和利用子系统"，"在这种情况下，企业和其他组织通过以下方式系统地参与交互式学习：以嵌入为特征的机构环境"（库克等，1998）。因此，区域创新系统构成了区域生产系统中的支持性机构、组织和技术基础结构。

　　行为者与子系统之间、内部与区域之间以及外部与世界之间的相互作用，是由多种类型的交互作用导致的，并相互联系形成了系统创造的基础（乌亚拉，2011）。这种联系通常意味着互动的学习、合作和知识交流活动，以确保及时吸收外部专业知识，提高效率并减少不确定性。机构环境、态度、标准和价值观决定着这些联系的力量和运作方式。环境及其影响是针对特定地区和特定环境的，这使得地区创新体系难以复制（多洛勒，2002）。一个支持性的环境将简化与协调相关互动，从而建立和维护区域参与者之间的联系，进而促进组织间知识的溢出。这些溢出促进了区域知识的产生和传播，最终提高了区域创新系统的创新绩效。

自从库克和摩根的开创性工作（1994）以来，区域创新系统研究的主要领域之一就是阐述区域创新系统的结构和作用方式。因此，科研的主要焦点是机构和组织的规模、演化特征、治理和政策方面，企业、高校和科研机构对区域创新系统发展的重要性以及区域创新系统在不同类型的地区中存在的程度。该领域的绝大多数实证研究都描述了创新过程是如何组织的，以及它如何与不同的组织、机构和政治条件相关。但是，在创新过程方面，人们对区域创新系统内部和外部交互的实际作用和结构的关注却很少。一些学者讨论了区域创新系统的交互行为和网络的相关性［库克和摩根（1993），库克（1996），福纳尔和布伦纳（Fornahl & Brenner）（2003）］。这些作者强调了区域网络和互动的一般重要性，以及特定类型的创新参与者（如高校和公司）之间关系的相关性。

到目前为止，现有的理论和经验研究都至少忽略了区域创新系统的两个固有特征，它们代表了相互联系和相互依存的组织的复杂系统：间接关系或直接关系完整系统的结构特征。间接关系是指两个不直接交互的组织可能仍然（间接）相关，因为它们交互的组织可能通过交互连接在一起。有关知识网络的文献表明，这种间接关系对于知识的创新和传播至关重要［葛然佛（Grabher, 2006），格吕克勒（Glückler, 2007），特沃尔（2011）］。鉴于间接关系的相关性，整个关系系统（即网络）的结构特征也很重要。

此外，与区域创新系统相关的文献通常建议区域创新系统内的所有组织（独立于区域创新系统的特定类型）都可以从区域知识溢出中平等受益［阿斯海姆（Asheim, 1994），库克（2001a）］。正是基于这样的假设，即由于地理位置和社会制度的接近，所有参与者都是广泛区域网络中的一部分。该论点暗示所有区域参与者都类似地嵌入区域网络中，并且网络结构在区域和区域创新系统类型之间几乎不变。但是来自网络研究的见解显然与此观点相冲突，相反，他们建议组织在区域网络中的嵌入度以及异构的区域网络结构具有显著的异质性（弗莱明等，2007）。这两个方面对于区域创新系统的知识传播和创新活动都具有实质性的意义，但很少被讨论。

综上所述，由于忽略了区域创新系统内部的间接关系、异构网络的嵌入性以及区域网络的结构特征，区域创新系统的系统特性的重要部分仍未被探索。换句话说，如果不添加包含这些方面面向网络的观点，区域创新系统作为"交互元素的系统"就不能被完全理解。区域创新系统概念网络理论基础的不足阻碍了在此框架下对区域网络结构的清晰分析。更准确地说，区域创新系统框架中关于相互作用和网络的大多数理论陈述都表述模糊，不允许对相互作用的区域结构做出精确的结论[葛然佛（2006），特沃尔和博施马（2009）]。因此，现有的区域创新系统研究很少明确地关注创新过程中的交互行为，这在今后的研究中需要补充。

（二）区域创新系统框架下的产学研协同创新网络

创新网络的概念出现在20世纪80年代末到90年代初（隆德瓦尔，1988；弗里曼，1991）。切斯伯勒（2003）提出了"开放式创新"一词，以描述创新过程中不同阶段外部投入的系统集成。虽然关于创新网络的研究目前尚未取得一致公认的参考框架，但通过描述网络创新过程的特征已经取得了重要的进展，强调了它的非正式性，并将其描述为多维和多层次的。学者正形成一定共识，即创新网络有助于促进创造力，提高发明能力，并作为创新的催化剂（哈格多伦，2002；普拉哈拉德和拉马斯瓦米，2004）。对创新网络进行分类方面，笛德（Tidd）提出根据两个中心来识别不同类型的创新网络：创新的激进主义和合作伙伴的相似性。最新的、最能揭示网络创新模式发展的分类是基于与创新来源相关标准的分类。从这个角度来看，文献区分了三种类型的协作：①与其他机构的外部合作；

②通过客户协同创新；③通过创新主体——创新市场平台进行合作。产学研协同创新网络作为其中一个主要创新网络类型目前已得到学者们的更多关注。关于产学研协同创新网络的定义虽然有多种，但更多的研究一般把产学研协同创新网络界定在"区域创新网络"[①]。

创新绩效研究一直是区域创新系统研究的一项重要课题，该类研究可以为区域创新政策的判断、制定和修正提供科学依据。目前国外主流研究范式是用系统论考察区域创新系统综合绩效，把区域创新系统看成一个"投入—产出"的生产系统，把区域创新活动看成一种知识研发生产活动，从生产率角度分析系统的综合投入产出效率，则可以把区域创新系统的绩效看成研发的生产效率。近年，随着对创新增长的研究研究者已经把目光逐渐从总体层面的扩散转向探索特定社会网络结构特征对增长的影响。艾坦穆勒和雷纳纳·佩雷斯（2019）认为，社会创新网络的成长是由社会网络的结构决定的，并借用经济学中产业组织领域研究市场结构对市场绩效的影响，将这一研究创新增长的新浪潮描述为社会网络结构对创新绩效的影响。因此，网络结构特征应该纳入创新绩效增长的研究。

弗莱明等研究发现，专利合作网络的小世界结构对区域创新绩效有正向作用。斯特凡·克拉特克利用网络中心势、网络密度、网络强度等指标考察了德国都市圈地区的专利网络结构特征。艾辛格里奇等把网络结构归纳为网络开放度和网络强度两大类指标，并认为两类指标都对创新绩效有正向效应，但由于环境的不确定性导致两类指标的影响效应不同。国外学者也对基于网络整体行为的网络绩效测度问题进行了广泛的研究（普罗万、肯尼斯等，2009），但这些研究多以公共组织为研究对象。目前国外学者已形成共识：区域创新系统的核心要素是区域产学研协同创新网络，

[①] 当然，限制于区域地理空间范围有一定局限性，最新的一些研究已从跨区域的角度研究协同创新网络。

创新网络具有协同特征，创新网络结构是创新网络的核心内容，区域产学研协同创新网络结构由于地域差异等诸多因素具有异质性特征。创新网络的结构研究尚处于发展阶段，创新网络结构与创新绩效的研究目前处于起步阶段，迫切需要进一步深入的、定量的研究。此外，创新网络结构对创新增长的影响机理与机制研究还需要深入探讨。

正如国外学者对创新管理的历史观认为，创新过程本质的研究已经从简单线性模型发展到日益复杂的交互模型——"第五代创新"的创新网络模型一样，关于产学研相关理论进展，国外研究从产学研合作到产学研协同创新，目前已进展到产学研协同创新网络的研究阶段。创新网络有助于促进创造力，提高发明能力，并作为创新的催化剂。虽然关于创新网络的研究目前尚未取得一致公认的参考框架，但通过网络描述创新过程的特征已经取得了重要的进展，强调了它的非正式性质，并将其描述为多维和多层次的。这方面主要以创新网络结构视角的研究为核心内容与突破口。

三、区域产学研协同创新网络结构特征

区域产学研协同创新网络是在一定地理范围内，各种创新主体（企业、高校、研究机构及各种中介组织）交互作用与协同创新过程中，彼此建立起相对稳定并有利于创新的正式或非正式关系总和。根据网络理论，网络结构特征可以从网络个体结点特征与网络整体特征两个方面进行刻画。目前有关区域创新网络结构特征的研究一般从网络规模、网络密度、网络中心势、网络中心度、网络开放性、网络结构洞和网络连接等方面进行描述（于明洁等，2013；张秀萍等，2016；克拉特克，2010；艾辛格里奇等，2010）。本书认为，根据区域产学研协同创新网络的含义，可以从区域产学研协同创新网络整体特征和个体节点特征两方面进行结构描述，整体网络结构特征可以从网络规模、网络开放性、网络密度、中心性等

方面度量；个体结构特征包括结构洞、中间人、区域（内部）连通性等方面。

（一）产学研协同创新网络整体结构特征

1. 网络规模

网络的两个整体基本特征是它们的大小和密度。网络的整体规模指的是网络中包含的全部行动者的数目，即节点（即参与者）的数量通常定义为网络规模。网络的密度估计为观察到的数量与理论上可能的链路数量之比（给定节点数量 n ）。在本书的讨论框架下，区域创新网络规模对应于一个地区内可能建立知识交换关系的组织数量，包括该地区的政府、高校、产业企业的数量[①]。网络规模指区域产学研协同创新网络各创新主体的数量多少，反映了协同创新网络的各节点基本构成。产学研协同创新网络的节点包括企业、政府、高校与研究机构、其他创新中介组织。通常来看，产学研协同创新网络规模越大，网络内各节点相互交流机会越多，产生协同创新的机会也越多，创新能力可能更强。

2. 网络开放性

开放性是产学研协同创新网络基本结构特征之一，协同创新网络本质上是一种开放式创新。相对于传统个体创新模式，网络的开放性使产学研协同创新网络中各异质性主体间相互开放，互换关键的异质性互补知识资源，从而引入外部的创新能力。同时对于区域而言，网络开放性也是指区域内产学研各主体与区域外的创新主体互换远距离知识与异质性资源的过程。艾辛格里奇等证明了网络开放性对集群性能的正向影响随着环境不确定性的增大而增大。通常来讲，区域产学研协同创新网络开放程度越高，各创新主体越容易从网络系统内外获取互补性知识、信息与新技术等创新

---

① 实证分析时候需要进行一定的前提假设与限定条件。

要素，提升自身的创新能力；同时在客观上也实现了创新在区域范围内的扩散，从而增强区域创新能力，最终促进区域创新绩效的整体提升。

3. 网络密度

网络密度也称网络联系强度，网络密度与其规模密切相关，因为随着节点数量的增加，实现所有理论上可能组合的可能性通常会降低。这可以用单个节点启动和维护与其他节点的连接能力受到限制来解释，尤其是当连接暗示某种社会关系时。因此，规模可能代表了最大的互动潜力，而密度则是信息、知识和创新在网络中传播速度的一般指标。艾辛格里奇等借鉴社会网络理论，建立了区域集群绩效模型。绩效的区域集群是由网络强度和网络开放性支撑的，但这些因素对集群整体绩效的影响受环境不确定性的调节。其中网络强度对集群性能的正向影响随着环境不确定性的增大而减小。通常来讲，产学研协同创新网络密度越大，网络节点之间联系强度也越大，说明产学研各方主体之间开展协同创新的动机越强，互补性信息、知识资源等在异质性创新主体之间共享程度可能更高，有助于提高各方创新能力，进而促进区域创新绩效的提升。

4. 中心性

中心性指的是"那些与其他网络成员有广泛关系的人"。它用于描述网络中节点的位置，通常表示它们的影响力和相关性。近几十年来，学术界出现了许多不同的关于中心性的概念，其中最重要的指标是度中心性和中介中心性。度中心性是节点到其他节点的直接链接数。中介中心性更为复杂，因为它也考虑了间接链接，它基于最短路径（也称为测地距离）的概念来衡量，这是网络上到达另一个节点的最小"步数"。基于此思想，中介中心性将节点描述为当网络中大量最短路径包含焦点节点时为中心。两种中心措施的含义不同：程度中心性是衡量节点局部中心性和对网络的总体嵌入程度的一种方法，具有高度中心性的节点对其直接环境（直接链接的节点）具有很大的影响，并且它们的网络嵌入性很强，可以抵抗外部冲击。以中间性为中心的大型节点在网络中拥有"经纪人位置"。例如，在知识网络中，信息最有可能沿着最短的路径通过网络传播，这使具有较大中间性的组织处于控制传播过程的位置。

（二）产学研协同创新网络个体结构特征

1. 网络结构洞

伯特（Burt，1992）认为结构洞是网络中两个行动者之间的非冗余联系。结构洞能为其占据者获取"信息利益"和"控制利益"，从而比网络中其他位置上的成员更具有竞争优势。结构洞代表由至少三个行动者之间关系构成的一种特殊结构，这种结构可能为中间人带来利益。因此，这种结构就会成为社会资本，其中间者扮演着中介人角色。例如对区域产学研协同创新网络而言，如果行动者是高校，那么这种结构可以为企业声望的提高做出贡献。结构洞的存在界定了各种机会的大小，它与网络的密度、规模、等级度和中间性有关。结构洞的计算比较复杂，总的来说存在两类计算指标：第一类是伯特本人给出的结构洞指数，第二类是中间中心度指数。后一类包括针对整体网的中间中心度指标及其推广形式，以及埃弗里特和博加蒂（Everett & Borgatti，2005）给出的针对个体网数据的个体中间度指标。一般来讲，区域产学研协同创新网络结构洞越多，越有利于信息与知识在异质性创新主体之间流动，从而有利于协同创新活动的产生，促进区域创新绩效提高。

2. 中间人

在一个网络中可能存在一些中间人，在不同的网络之间也可能存在中间人，中间人往往掌握多个群体之间的秘密，因而具有一定的竞争优势。伯特（1992）提出的"中间人"概念，将中间人界定为向一个位置发送资源，却从另外一个位置那里得到资源的行动者。具体到区域产学研协同创新网络方面，政府、高校、行业企业等各种异质性知识资源拥有者都可以成为中间人，这主要取决于三螺旋模型中各主体参与产学研协同创新的方式等因素。

3. 区域（内部）连通性

除了区域参与者之间的网络结构，区域参与者与区域外参与者在知识和创新产生过程方面的联系程度对于区域创新活动也至关重要。布洛克等（2011）的经验表明，需要平衡区域参与者之间和区域外参与者之间的互动强度，从而对区域创新绩效产生积极影响。

与此相关的是关于区域的"看门人"讨论［普罗万（Provan）等，2007］。看门人是区域网络中的中心角色，它将区域网络与区域外网络连接起来。看门人确保从区域外获取（新）知识，并在区域内传播这些知识。它们还在一定程度上协调这些知识流动，使它们在区域知识网络中处于关键地位［格拉夫（Graf，2011）］。

四、区域产学研创新网络作用机理与绩效驱动机制

（一）区域创新系统框架下产学研协同创新网络作用机理——知识视角的两阶段模型

见图2-3。

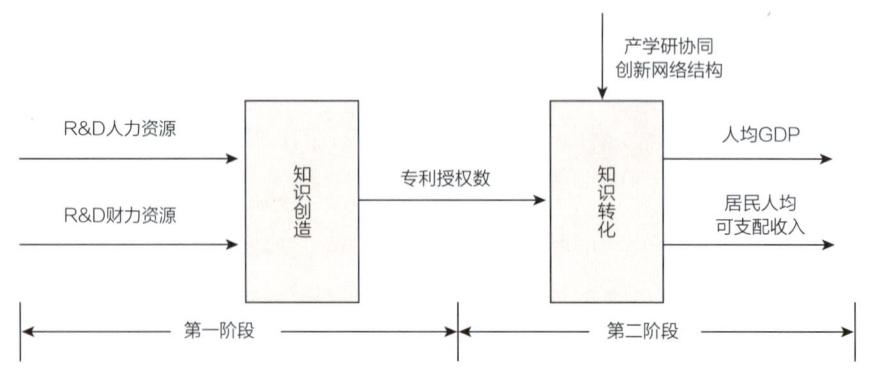

图 2-3　区域知识创新网络两阶段模型

根据企业基于资源和知识的观点，创新和长期生存需要获得外部知识。然而，相关知识中很多不是免费提供的，或者不能简单地在市场上购买，主要原因在于知识与信息相反，可能具有隐性（即没有经过编码），高度特定于上下文，并且可能需要某些功能才能被吸收。而融入区域创新网络可以帮助企业获得这些知识。实证研究表明，知识可能会从嵌入网络中或与网络伙伴的空间接近中受益。

区域创新系统可以看成一个具有一定网络结构属性的知识创新"投入—产出"知识网络生产系统。区域知识创新活动是一个复杂网络系统行为，可以视为高校（或科研机构）与企业等异质性组织之间知识流动的过程，可以将知识创新活动分为知识共享、知识创造和知识优势的三个阶段。本书借鉴前人学者研究，将区域知识创新活动分为知识创造与知识转化两个阶段，把专利授权量作为中间变量，既作为知识创造子系统的产出，也作为知识转化子系统的投入。同时把产学研协同创新网络结构变量作为第二阶段的系统外部投入，构建基于知识的区域产学研协同创新两阶段模型。如图2-3所示。把区域知识创新网络系统的总绩效分解为知识创造子系统绩效与知识转化子系统绩效，系统的整体效率是两个阶段协调的结果。

第一阶段创新投入方面，一般把研究与发展人力资源和研究与发展财力资源作为创新体系的原始投入资源。区域研究与发展经费内部支出和研究与发展人员全时当量是学者实证研究中广泛采用的创新系统投入指标。研究与发展经费内部支出可以反映区域知识创新网络系统的财力资源投入，研究与发展人员全时当量可以反映区域知识创新网络系统的人力资源投入。

如果把区域知识创新网络系统看成一个"投入—产出"系统，创新产出就是区域创新绩效。长期以来，对区域创新绩效的研究结果尚未形成一种被普遍接受的创新投入指标，但是在创新产出层面，专利是一个广泛为中外学者所采用的指标。分析区域知识创新绩效技术性能的变化及影响因素需要较长时间和多个区域的数据，而专利提供了多地区和较长时间内的一致、具体和可比的数据。专利被广泛认为是国家、地区、企业和行业技术绩效的指标。由于这个原因，第一阶段知识创造的产出变量选择专利指标来衡量。

在区域知识创新网络系统效率第二阶段的投入产出指标选取上，侧重考查知识转化成经济成果的效率。首先，将第一阶段的产出（专利授权数）作为第二阶段的一种投入。其次，根据国内外学者对创新网络结构特征的研究，认为创新网络的成长是由网络的结构决定的，因此网络结构特征应该纳入创新绩效增长的研究。本书选择区域产学研协同创新网络结构指标作为系统外部投入变量，认为知识创新网络结构对区域知识创新网络的第二阶段知识转化产生影响，可以作为第二阶段的外部投入指标。

人均国内生产总值（GDP）可以反映各区域经济发展水平，居民人均可支配收入[①]则反映各区域人民实际生活水平的提高。这两项指标能反映科技创新对各区域经济的促进与对人民生活的改善作用，所以选择这两项作为第二阶段的知识转化产出指标。

（二）产学研协同创新网络结构对区域创新绩效的驱动机制

创新绩效研究一直是区域创新系统研究的一项重要议题，该类研究可以为区域创新政策的判断、制定和修正提供科学依据。目前国外主流研究范式是用系统论考察区域创新系统综合绩效，把区域创新系统看成一个"投入—产出"的生产系统，把区域创新活动看成一种知识研发生产活动。从生产率角度分析系统的综合投入产出效率，则区域创新系统的绩效

[①] 统计年鉴从2013年开始有各省份居民可支配收入统计数据，2013年之前各省、市及自治区城镇居民与农村居民可支配收入是分别统计的，所以本文数据选取从2013年开始。

可以看成研发的生产效率。

近年，随着对创新增长的研究逐渐从总体层面的扩散转向探索特定社会网络结构特征，艾坦·穆勒和雷纳纳·佩雷斯（2019）认为社会创新网络的成长是由社会网络的结构决定的。并借用经济学中的产业组织领域研究市场结构对市场绩效的影响，将这一研究创新增长的新浪潮描述为社会网络结构对创新绩效的影响。因此，网络结构特征应该纳入创新绩效增长的研究。本书认为区域产学研协同创新水平是影响区域创新绩效的重要影响因素，而产学研协同创新网络结构是反映与影响产学研协同创新水平的重要因素，借鉴产业组织理论中"结构—行为—绩效"分析范式，选取产学研创新网络结构指标作为区域创新绩效的结构影响因素，构建了产学研协同创新网络结构下区域创新绩效的一个理论分析框架。

区域产学研协同创新活动具有网络属性特征。区域主要的创新动力来自企业、高校、科研机构等各种异质性知识资源体的相互联系，形成了区域知识创新网络。区域知识生产与转化主要通过知识创新网络的活动来实现。这一框架将知识创新绩效影响因素分为区域创新环境基础设施和知识创新网络结构两方面。

首先，欧洲和美国率先采用了一种新的区域商业发展方式，即建设区域创新基础设施。区域创新基础设施是指促进区域创新行为、提高区域知识创新绩效的环境因素，为区域创新活动的开展提供良好平台，能够对区域创新水平的提升产生积极作用，主要包括经济增长水平、信息基础设施、研发投入强度、地理区位、政府支持强度、企业创新活力、市场开放程度和产业结构等因素。其次，根据前文已知，对产学研协同创新网络结构的研究可以从网络规模、网络开放性、网络结构洞、网络密度（网络联系强度）等方面分析。这些网络结构因素共同作用于区域知识创新网络，并与区域创新环境基础设施一起对区域知识创新绩效起影响作用。

五、结论

区域创新系统可以看成一个具有一定网络结构属性的知识创新"投入—产出"知识网络生产系统，区域创新活动是一个复杂的网络系统行为，可以视为产学研等异质性组织之间知识流动的过程。可以将区域知识创新活动分为知识创造与知识转化两个阶段，在此基础上构建了区域创新系统框架下产学研协同创新网络作用机理模型—知识视角的两阶段模型。在创新网络的核心内容—创新网络结构研究方面，目前关于创新网络结构对创新增长的研究比较缺乏实证研究的支持，特别是产学研协同创新网络结构对区域创新绩效的实证研究，其主要原因在于缺乏关于创新网络结构的分析框架，实证研究缺乏产学研协同创新网络结构对区域创新绩效驱动机制的理论基础。

本书借鉴产业组织理论中"结构—行为—绩效"分析范式，构建了产学研协同创新网络结构下区域创新绩效的一个理论分析框架，认为区域产学研创新网络结构与区域环境基础设施共同作用于区域创新绩效，对区域知识创新活动起到影响作用。未来运用社会网络分析等方法对区域创新网络知识流动与转移、网络治理等相关机理的研究还需更深入的探讨。

第三节
创新网络结构对知识转移的影响

一、引言

根据基于资源的观点以及基于知识的公司观点［彭罗斯（Penrose），1959；艾森哈特和舍恩霍芬（Eisenhardt & Schoonhoven），1996；格兰特（Grant），1996；野中和富山（Nonaka & Toyama）等，2000］，创新和长期生存需要获得外部知识。然而，相应知识的相当一部分不能免费获得或不能只是在市场上买的。主要原因是与信息相比，知识可能具有默认性质（即未编纂）、高度特定于所属背景环境，并且可能需要某些能力才能被吸收。融入区域创新网络可以帮助企业获得这种知识［斯特恩贝格（Sternberg），2000；弗里奇（Fritsch），2001；博加蒂和福斯特（Foster），2003］。实证研究表明，嵌入网络和空间接近网络合作伙伴可能极大地受益于知识转移［奥德雷奇和费尔德曼（Audretsch & Feldman），1996；费尔德曼，1999；弗里奇和斯拉夫切夫（Slavtchev），2007］。然而，不同类型的参与者在创新网络中的作用以及强弱网络关系对这种转移的好处在很大程度上尚不清楚。关于区域创新网络中的知识和信息转移，我们将特别强调网络结构的效果、参与者在网络中的位置以及关系的强度。这些数据是我们能够研究促进知识转移和吸收网络内信息的条件。

二、区域创新网络内的信息和知识交流

与市场和等级制度相比，网络组织形式的优势取决于需求的不确定性、任务的复杂性、资产的特殊性以及交换的频率［琼斯（Jones），海丝特莉（Hesterly）等，1997］。因为创新网络中的合作伙伴往往具有密切相关的利益［考恩（Cowan），（戴维）David 等，2000］，在这样的网络中获得有价值的信息和知识的比例相对较高。除了认知和技术上的接近，网络内的社会接近有助于使信息可信和可解释［乌齐（Uzzi）1996］。人们认为嵌入网络中的联系往往会促进快速和明确的反馈，有联合解决问题的可能，这可能有助于网络成员产生新的解决方案和（重新）组合想法（乌齐，1996）。此外，重复的互动可以塑造行为者对信任行为的相互期望，这可能会大大提高交流的质量和互动的结果［阿克塞尔松（Axelsson），1992，隆德瓦尔，1993；鲍威尔，1990；麦克埃维利和扎希尔（McEvily & Zaheer），2006；达斯卡拉基斯和考费尔蒙兹（Daskalakis & Kauffeld-Monz），2007］。因此，区域创新网络的好处不仅来自降低交易成本和风险，还来自获得有价值的知识和信息［马尔姆贝格和马斯克尔（Malmberg & Maskell），2002］。这意味着嵌入网络可能会增强公司的创新能力。

区域创新网络与关于工业区、集群和本地溢出效应的讨论密切相关。创新网络与集群或工业区之间的一个重要区别是，位于集群中的公司可能会从其他公司或公共研究机构中受益，即使与这些参与者没有任何明确的关系。然而，创新网络是建立在直接关系的基础上的，网络内的交换过程受到知识和信息本质的严重影响。知识和信息在对与通信伙伴的空间距离敏感性方面存在很大差异。虽然信息传输的成本在很大程度上与空间距离无关，但知识交流通常需要面对面接触，尤其是在知识不是编纂的而是默契的情况下。隐性知识与拥有该知识的人绑定，并且该知识的转移需要个人面对面接触。出于这个原因，空间邻近性的重要性并不是知识的转移，而是

其内部网络关系的事实存在［利索尼（Lissoni），2001］。

国外有学者提出的一个假设是，"强联系"的特征是基于参与者相互联系的密集网络［格兰诺维特（Granovetter），1973］。由于这个（子）集群的参与者往往会频繁互动，因此在这个社会系统中流通的大部分信息都是多余的。这里假设新信息主要是通过与不是网络紧密连接部分（"弱关系"）成员的关系获得的，而不是通过密切关系（强关系）获得的。也有学者反对这样的假设观点，认为在创新活动的背景下采用这一论点可能由于几个原因：首先，格兰诺维特主要讨论了社会结构对诸如有关工作机会和新技术的信息等问题的影响，并没有考虑创新活动核心的知识生成，在这种情况下，通过弱联系收集信息可能比信任和开放的交流更重要。显然，强弱关系哪个更有利取决于必须转移的主体的特征。虽然强关系可能更适合交换复杂的知识，但弱关系可能更有益于搜索信息［汉森（Hansen），1999］；其次，格兰诺维特最初的分析仅涉及双向关系，而不是整个网络；最后，正如伯特（1992）所说，信息收益预计会跨越所有桥梁，无论强弱。伯特认为，不是关系的强度可以被视为获得新信息的主要原因，而是非冗余关系和作为网络经纪人的地位，即弥合结构洞的行为者。实际上，有学者实证研究表明，与格兰诺维特关于"弱联系强度"的假设相反，在区域创新网络的背景下，弱联系不利于知识和信息的转移［弗里奇（Fritsch），2008］。所以，在区域创新网络中，强关系带来的网络收益是否大于弱关系带来的收益也许并不重要，重视结构洞、区域创新网络内部成员的整体连通性（网络凝聚力）以及各主体之间的协同性才是今后应该研究的重点。

结构洞的概念将网络联系视为通过桥接联系来链接不同网络段的代理的一种手段，桥接参与者担任经纪人职位。结构洞在非冗余的知识和信息来源之间建立了联系。由结构洞产生的非冗余接触提供了对信息的访问，而不是重叠的信息，因为结构洞每一侧的网络段在底层方面是不同的知识和信息。因此结构洞为经纪人创造了优势（伯特，1992）。有学者的研究分析表明，公司网络中的非冗余可以解释能力的获取（麦克埃维利和扎希尔，1999）。虽然反对结构洞好处的一个论点指出，与开放网络相比，封闭网络为其成员产生了更高的租金，这是由于封闭群体内有更高水平的信任和凝聚力［古德蒙松和莱赫纳（Gudmundsson & Lechner），2006］。但有实证研究表明，凝聚力和中介不一定是冲突的，两者都可以以富有成效的方式结合起来［古德蒙松和莱赫纳，2006；卡杜申（Kadushin），2002］。因此，结构洞可以被视为增值的来源，而网络凝聚力对于实现埋藏在结构洞中的价值可能是必不可少的，连接没有其他联系的行为者的桥梁可以被认为是社会资本（伯特，2001）。结构洞所带来的好处可能是多种多样的。这些好处包括减少信息不对称。诺特布姆（Nooteboom，2003）就指出，如果有可用的桥梁或中介代理，"信息不对称"的问题可以减少。经纪人可以充当简单合同的仲裁者，可以帮助减轻误解。如果经纪人在网络中具有良好的声誉，这可能有助于控制溢出风险并调解信任的建立和维护。显然，结构洞可能会给各个参与者以及连接的子网络都带来好处。

网络凝聚力（网络成员的整体连通性）表示网络内关系的冗余程度（伯特，2001）。如果网络中的所有参与者都直接相互关联，则将实现100%的网络凝聚力，它对信息和知识的传递有积极影响。首先，网络凝聚力使知识和信息的传递更容易，因为各方之间的联系将更加直接。信息和知识在有许多直接参与者相互连接的网络中更准确、更及时地传输，特别是如果在合作伙伴之间建立了适当的接口。长距离传输更复杂，可能需要更多时间，并且错误和失真的可能性更高。因此，网络凝聚力使得信息和知识传递具有更高层次和更高准确性。另外高水平的网络凝聚力也有利于网络声誉效应的出现。这意味着任何类型的信息病态，例如封闭、扭曲或延迟以及无意的知识披露，在密集网络中比在更加分散的网络中更容易被注意到和认可。如果声誉效应起到作用，每个网络参与者都有强烈的动机来充分、准确、及时地传递信息和知识，并以适当的谨慎态度处理商业秘密，网络凝聚力也可能是协作创新的关键驱动力，因为它促进了信任的建立和共同规范的发展。

可能影响信息和知识交换的另一种网络特征是网络伙伴能力的异质性。构成区域创新网络的参与者能力的异质性也是影响区域创新网络中信息和知识交流的一个关键因素。区域创新网络中参与者的多样性构成了网络异质性。根据熊彼特的观点，创业机会可能通过（重新）组合不同的、以前未连接的资源而出现。异质性指的是网络中各种知识库、能力和资源，区域产学研各主体（政府、高校、企业等）都是各种异质性知识资源与能力拥有者。影响区域创新网络中信息和知识交流的其他关键因素应该还包括网络参与主体吸收外部信息和知识的能力（吸收能力）与协同能力。

本章参考文献

[1] David Doloreux, Saeed Parto. Regional innovation systems: Current discourse and unresolved issues [J]. Technology in Society, 2005 (27): 133-153.

[2] ALJ Ter Wal, RA Boschma. Applying social network analysis in economic geography: framing some key analytic issues [J]. The Annals of Regional Science, 2009, 43 (3): 739-756.

[3] Philip Cooke. Regional innovation systems: general findings and some new evidence from biotechnology clusters [J]. The Journal of Technology Transfer, 2002 (27): 133-145.

[4] Philip Cooke, M G Uranga, G Etxebarria. Regional systems of innovation: an evolutionary perspective [J]. Environment and Planning, 1998, 30 (09): 1563-1584.

[5] Elvira Uyarra. Regional innovation systems revisited: networks, institutions, policy and complexity [R]. The Role of the Regions, 2011: 1-17.

[6] David Doloreux. What we should know about regional systems of innovation [J]. Technology in Society, 2002, 24 (03): 243-263.

[7] Lee Fleming, Santiago Mingo, David Chen. Collaborative Brokerage, Generative Creativity, and Creative Success [J]. Administrative Science Quarterly, 2007, 52 (03): 443-475.

[8] Lundvall B A. *Innovation as an interactive process: from user-producer interaction to national systems of innovation. Technical change and economic theory* [M]. London & New York, 1988: 349-369.

[9] Freeman C. Networks of innovators: a synthesis of research issue [J]. Research Policy, 1991, 20 (5): 499-514.

[10] Chesbrough H. *Open innovation: the new impeerative for creating and profiting for technology* [M]. Cambridge, M A: Harvard Business School Press, 2003.

[11] Hagedoorn J. Inter-firm R&D partnerships: an overview of major trends and patterns since 1960 [J]. Research Policy, 2002 (31): 477-492.

[12] Prahalad C K, Ramaswamy V. *The future of competition: co-creating unique value with customers*［M］. Boston, MA: Harvard Business School Press, 2004.

[13] Tidd J. A review of innovation models［EB/OL］.［2006］. http: //www. emotools. com/static/upload/files/innovation_models. pdf.

[14] Song S, Nerur S, Teng J TC. An exploratory study on the roles of network structure and knowledge processing orientation in work unit knowledge management［J］. Date base, 2007, 38 (2) : 8–26.

[15] Gilsing V, Nooteboom B. Density and strength of ties in innovation networks: an analysis of multimedia and biotechnology［J］. European Management Review, 2005 (2) : 179–197.

[16] Eitan Muller, Renana Peres The effect of social networks structure on innovation performance: A review and directions for research［J］. International Journal of Research in Marketing, 2019 (36) : 3–19.

[17] Stefan Krake. Regional knowledge networks: A network analysis approach to the interlinking of knowledge resources［J］. European Urban and Regional Studies, 2010, 17 (01) : 83–97.

[18] Andreas B, Eisingerich, Simon J Bell, Paul Tracey. How can clusters sustain performance? The role of network strength, network openness, and environmental uncertainty［J］. Research policy, 2010, 39 (02) : 239–253.

[19] KG Provan, HB Milward. Do networks really work? A framework for evaluating public - sector organizational networks［J］. Public administration review, 2001, 61 (04) : 414–423.

[20] Kenis P N, Provan K G. Towards an exogenous theory of public network performance［J］. Public Administration, 2009, 87 (03) : 440–456.

[21] Tidd J, Bessant J, Pavitt K. *Managing Innovation: Integrating technological: market and organizational change*［M］. Third edition. Wiley, 2005.

[22] 于明洁，郭鹏，张果. 区域创新网络结构对区域创新效率的影响研究［J］. 科学学与科学技术管理，2013, 34 (08) : 56–63.

[23] 张秀萍，卢小君，黄晓颖. 基于三螺旋理论的区域协同创新网络结构分析［J］. 中

国科技论坛，2016 (11)：82-88.

[24] Stefan Krätke. Regional knowledge networks: A network analysis approach to the interlinking of knowledge resources [J]. European Urban and Regional Studies, 2010, 17 (1)：83-97.

[25] Andreas B. Eisingerich, Simon J. Bell, PaulTracey. How can clusters sustain performance? The role of network strength, network openness, and environmental uncertainty. [J]. Research Policy, 2010, 39 (2)：239-253.

[26] Andreas B. Eisingerich, Simon J. Bell, PaulTracey. How can clusters sustain performance? The role of network strength, network openness, and environmental uncertainty. [J]. Research Policy, 2010, 39 (2)：239-253.

[27] Burt R S. Structure Holes: *The Social Structure of Competition* [M]. Boston: Harvard University Press, 1992.

[28] Martin Everett, Stephen P. Borgatti. Ego network betweenness [J]. Social Networks, 2005, 27 (1)：31-38.

[29] 涂振洲，顾新. 基于知识流动的产学研协同创新过程研究 [J]. 科学学研究，2013, 31 (09)：1381-1390.

[30] 赵文平，杨海珍. 基于DEA的西部区域创新网络效率评价 [J]. 科研管理，2016 (09)：393-400.

[31] Dimitris K. Despotis n, DimitrisSotiros, GregoryKoronakos. A network DEA approach for series multi-stage processes [J]. Omega, 2016 (61)：35-48.

[32] Guan, J. C., & Chen, K. H. Modeling the relative efficiency of national innovation systems [J]. Research Policy, 2012 (41)：102-115.

[33] Jaffe A B. Real effects of academic research [J]. American Economic Review, 1989, 79 (5)：957-970.

[34] Zvi Griliches. Patent statistics as economic indicators: A survey [J]. Journal of Economic Literature, 1990, 28 (4)：1661-1707.

[35] 刘丹，闫长乐. 协同创新网络结构与机理研究 [J]. 管理世界，2013, (12)：1-4.

[36] 马捷，陈威. 欠发达地区官产学研的区域创新网络结构研究——基于府际协议的

量化实证 [J]. 电子科技大学学报（社科版），2017, 19 (04): 1-7.

[37] Philip Cooke. The New Wave of Regional Innovation Networks: Analysis, Characteristics and Strategy [J]. Small Business Economics, 1996, 8 (2): 159-171.

第三章
产学研协同创新网络结构下区域创新绩效的一个分析框架

第一节
相关理论分析

一、区域创新系统理论

自20世纪90年代初以来，区域创新系统的概念已经发展成为一个广泛使用的分析框架，为创新政策制定提供了理论基础。区域被认为是基于创新学习经济最合适的规模。区域创新体系概念日益普及的部分原因是全球化经济中国际竞争的强度增加，显然传统区域发展模式和政策的缺陷，以及成功的企业和产业集群在世界许多地区的出现也是一部分原因。在过去的几十年里，区域创新研究显著增长，原因是理论分析的进步，是人们对创新作为竞争优势来源的兴趣日益浓厚，是需要制定新的政策来解决区域不平等问题和分歧。许多学者重新发现了区域规模的重要性，以及特定的区域资源在刺激企业和地区的创新能力与竞争力方面的重要性。从20世纪80年代国家创新系统方法的阐述和发展扩展到区域层面以来，区域创新系统的研究文献呈现显著增长。反映出这种方法在社会科学研究中，特别是在创新和区域研究中越来越重要。理论、实证和基于政策出版物的增加以及区域创新系统方法的阐述和发展，已经开始增强我们对区域创新复杂性的理解。区域发展随之而来的是竞争力出现在具有本地化能力（如机构禀赋、网络结构、知识和技能）的地方。区域创新系统对特定区域的创新、学习和经济绩效之间的关系进行了大量描述和分析。区域创新系统框架强调了区域的创新和经济竞争优势与行动者之间的地理接近程度，行动者和机构在空间上的方式相互联系，以及区域创新系统是如何在组织和社会制度框架条件下构成的。然而，至今该领域仍然相对较新，其发展引发了许多未解决的研究问题，并对政策制定者提出了新的挑战。

（一）理论前因与发展

区域创新系统的理论基础包括演化经济学、制度经济学、（工业）集群、新区域经济学、学习经济学、创新经济学和网络理论。马歇尔是最早分析创新在地方或区域背景下的作用的经济学家之一。他分析工业本地化的一个核心动机是大企业与小企业集聚的相对效率问题，以及与内部规模经济和外部经济密切相关的问题。马歇尔认为，尽管内部规模经济的重要性日益增加，以及由此产生的对公司规模分布（对大公司）的影响，小公司的集聚仍然有可能提高效率并与大公司在平等的基础上竞争。

随着20世纪80年代末和90年代初国家创新系统文献的发展，系统方法开始为大量有关区域创新的相关研究提供统一的框架。自20世纪90年代初以来，区域创新体系的概念一直受到政策制定者和学术研究人员的广泛关注。该方法作为一个有前途的分析框架，可以促进我们对区域经济创新过程的理解，受到了相当大的关注。区域创新系统方法的核心是强调区域机构之间的经济和社会互动，跨越公共和私营部门，在嵌入更广泛的国家和全球系统的区域内产生和传播创新。库克（1992）被广泛认为首先创造了"区域创新系统"一词，并由1998年进一步发展出不同类型区域创新系统。区域创新系统文献的后续发展强调了区域学习过程和机构在演进框架中的作用。区域创新系统的概念没有普遍接受的定义，但通常被理解为一组相互作用的私营部门和政府组织、学术机构和其他组织，它们根据有利于知识产生、使用和传播的组织和制度安排及关系运作。其基本论点是这组参与者产生了普遍和系统性的影响，鼓励区域内的公司发展特定形式的资本，这些资本源自社会关系、规范、价值观和社区内的互动，以增强区域创新能力和竞争力。

区域创新系统框架的理论研究主要分为两类：

第一类创新系统研究将创新概念化为进化和社会过程。由于创新受到许多因素的刺激和影响。创新的社会方面是指公司多个部门（例如研发生产、营销、商业化等）之间的集体学习过程，以及与其他公司、知识提供者（高校与研究机构）、财务、培训等中介组织的外部合作。

第二类创新系统研究重点是解释创新出现的社会制度环境。从区域的角度来看，创新是本地化的，是本地嵌入的，而不是无地点的过程。因此，这一类研究既涉及邻近的作用，即从本地化优势和空间集中所带来的好处，也涉及知识创造和传播过程所依据的领土上普遍存在的规则、惯例和规范。换言之，区域创新体系的特点是企业与知识创造和传播组织（如高校、培训机构、研发机构、技术转移机构等）之间的创新活动合作，以及支持创新的区域文化。

区域创新系统在进化框架内对社会资本、网络和学习的强调可以与集群文献进行比较。集群文献更直接地关注竞争力和绩效，更受主流经济理论的影响。关于集群的文献［波特，1998；巴蒂斯塔和斯旺（Baptista & Swann），1998，1999］，包括波特关于竞争优势的工作，或多或少与区域创新系统方法和相关领域平行发展，尤其是工业区和创新环境文献。虽然集群和区域创新系统的概念明显相关，但区分这两个概念很重要。关于集群的定义各不相同，但一个共同点是集群是在相同或相关行业中经营的企业地理上的集中。许多学者在此基本集群定义的基础上，并将集群中企业之间的相互联系包括在内。在集群内，企业之间可能存在高度的贸易，特别是如果集群包含通过供应链垂直整合的企业，这些交易都是企业之间正常市场关系的一部分。同时，也可能存在非市场或公司之间的网络关系，公司可以积极与供应链内的企业参与合作。网络还可能包括各种非企业参与者，例如研究机构、高校、中介机构等。一个集群可能仅由企业间的市场关系组成，或者集群中的企业也可能是网络的，即通过贸易关系和非市场关系连接，与企业和其他组织的网络关系。这些非市场关系在这里被定义为网络关系，因为它们需要企业主动而不是被动地参与来维持它们。它们还依赖于合作、信任和社会资本。

网络是区域性和制度性的，这种更丰富的关系联系是区域创新系统概念的核心。所以，集群和网络之间是有区别的：首先，企业集群可能存在于一个地理区域内，集群内企业之间存在高度贸易但缺乏网络关系，因此企业之间的唯一关系是市场关系。其次，集群本质上是地理和空间的，而网络概念则是非空间概念。最后，集群与网络会产生不同类型的外部经济，因此它们对区域竞争优势的影响也不同。在集群的情况下，企业受益于资金的外部经济、知识的溢出效应以及相关行业、劳动力和消费者的参与。就网络而言，企业积极参与合作活动，如研究与发展、培训、联合生产与营销等。与波特更具比较性的静态方法形成对比，区域创新系统分析框架更加强调网络、社会和机构互动以及相关的集体学习，这些学习是在进化框架内分析的。此外，波特的工作更加集中于集群在解释"地区、州和城市层面"的竞争优势中的作用。

当存在地理集中和接近时，创新更容易发生，因此区域集群在创新过程中起着至关重要的作用。它们可以被视为在一个小地理区域内同一行业或密切相关行业中内相互依存的一组公司的集中，它们在地理上彼此接近，意味着包括地理集中的行业，包括所谓的"工业区"。区域集群通常作为区域创新系统的重要组成部分之一，而区域创新系统包括与全球、国家和其他区域系统相关联的交互知识生成和利用子系统，可能跨越多个区域经济中的部门。集群理论很重要，但也有一系列其他因素：高校、研究院所、中介机构和政府等机构结合起来在一个地区内促进和传播创新。因此，区域创新系统是一个比集群更通用的概念，并提供了更全面的政策框架。由于以上原因，相比集群文献，在过去二十年中，区域创新系统文献的增长速度远快于集群文献。

（二）区域创新系统的开放性、连接性和制度环境作用

国家创新系统方法的一个核心论点是，技术变革和创新的速度取决于一系列私营和公共部门组织之间的相互作用——包括企业、高校、研究机构、政府、金融机构，它们结合为一体共同创造、开发和传播新技术和创新产品，其中国家和地区政府发挥着关键作用。至关重要的是，不能通过孤立地关注其任何部分机构组织的活动来理解系统。上述论点的一个推论是，由于国家（地区）的创新和经济表现是由包括市场（价格）和其他（非价格）机制在内的组织的系统性相互作用所塑造的，因此国家和地区之间的差异很可能会持续存在，在时间和空间上具有路径依赖的特征。即使在贸易、资本流动性和全球化不断增加的时代也是如此，因为某些类型的知识和智力资本的流动性低于其他资源，并且因为知识转移的复杂性，新产品和新工艺的创新，以及创新的传播，是一个复杂的、动态的过程，难以跨国复制和转移。以上因素造成的结果是即使面对全球化，地方和地区的重要性也可能随着知识的作用越来越大。

系统的开放性反映了跨系统边界的市场和非市场交易的范围。例如，企业可能与所在行业、地区或国家的其他公司及这些系统之外的公司联网。知识转移的程度不仅取决于地理上的接近程度，还取决于企业的能力、吸收能力以及随着时间的推移更新能力。创新作为一种部分地域现象的概念在很大程度上是基于一些专业的产业集聚或中小企业和产业集群的区域集中网络。首先，创新发生在制度、政治和社会背景下。区域是经济互动和创新的场所，或者说是区域创新的"模式"系统。越来越多地以区域作为最佳地理尺度、以创新为基础的学习经济指出了区域性的重要资源，激发了企业、创新能力和竞争力。其次，创新可以被认为是嵌入社会关系的。这些社会关系随着时间的推移，沿着文化确定的路线发展。区域背景支配着行为角色和塑造期望的规则、惯例和规范集合。这些规则

源自经济和社会文化在信息传递和知识交流过程中促进本地化互动和相互理解的常规、共同价值观、规范和信任等因素。网络主要是在有限的地理区域内的非正式社会关系，通常决定着一个特定的形象和特定的内部表征和归属感，通过协同和集体学习过程增强当地的创新能力。

经验证据表明，在许多情况下，学习过程和知识转移的部分是高度本地化的。换言之，区域创新体系的特点是企业与高校、培训机构、研发机构、技术转移机构等知识创造和传播组织之间的合作创新活动，以及支持创新的文化。这使得公司和系统都能够随着时间的推移而发展。创新可以被认为是嵌入社会关系的，这些社会关系随着时间的推移沿着文化决定的路线发展。区域环境提供了一套规定行为角色和塑造期望的规则、惯例和规范。这些规则源自经济和社会文化因素，促进了本地化互动和相互交流的惯例、共同价值观、规范和信任。

（三）区域创新系统类型

在本小节中，我们将分别简述区域创新系统三种基本类型（交互式网络、本地化、全球化）。

1. 交互式网络型区域创新系统

从规范的角度来看，交互式网络系统被普遍认为是最理想的区域创新系统类型。这种区域创新系统具有所谓的"网络"模式，这意味着在政策和业务治理方面采用多层次的方法。政策治理位于所有地域层面（区域、国家和超国家），其措施设计合理，应用得当。在企业治理方面，创新管理和协调分布相似，因此显示出地方、区域和区域间的混合影响（库克，1998，2004）。

该类区域创新系统的"交互式"模式显示了中小型企业和大企业（国内或外资）之间的相对平衡，大多数企业都在从事研发工作，研发活动主要集中在高科技领域。通常，此类区域创新系统中存在众多研究实体（即高校和研究机构）支持公司的研发活动。尽管如此，以利润为导向的私营组织是系统中的明确驱动力，而公共研究部门发挥着支持作用。一般而言，区域参与者之间的合作倾向非常高，因为组织的技术复杂性与参与知识网络的努力相关。此外，这些研发活动还嵌入发达的地区制度基础设施中。

除了以这种区域创新系统为特征的密集区域合作，许多区域参与者（公共和私人）与区域外参与者有着良好的联系。与其他区域创新系统类型相比，区域节点可能更广泛地嵌入区域知识网络中，并且其中许多节点还参与了区域外关系。此外，绝大多数参与者都参与了区域互动。

2. 本地型区域创新系统

本地型区域创新系统意味着政策和业务治理主要在区域层面进行组织，因此，创新活动在很大程度上由区域参与者控制和管理。这种区域创新系统模式通常是由于该地区有一个或多个小型工业区。这些地区的特点是区域企业间的学习过程。他们的企业以中小企业为主，几乎不参与研发。因此，与研发相关的知识关系通常很少见，大多数地区企业都对自发的、特定行业的和实际的支持感兴趣〔阿斯海姆和科南（Coenen），2005〕。由于缺乏研发，中小企业通过灵活的生产、专业化、强大的分工和基于隐性知识的创新流程保持竞争力。与其他区域创新系统类型相比，本地型区域创新系统拥有相对较少的研发参与者。然而，一些活跃于研发的领先企业或更大的研究实体（高校、研究院所）往往出现在这种类型的区域创新系统中（阿斯海姆和科南，2005）。

这些企业在行业先进技术甚至高科技研发方面都很活跃。这些参与者在能力和知识交流方面主导着区域研发活动，它们获取新知识的主要来源是地区外部联系。与研究实体（高校、研究院所）相比，领先的企业还与区域中小企业保持着一些关系。因此，这些领先的企业通过吸收、理解和传播来自地区内外的知识，充当地区或集群的其他地区的"知识翻译者"

［莫里森（Morisson），2008］。在这样做的过程中，它们整合了区域创新系统的各种组织和子系统。

区域知识关系（领先企业—研究机构—中小企业）的层次结构以及中小企业和研究实体之间的隔离表明区域知识网络存在很强的碎片化。由于缺乏研发和知识能力的限制，许多中小企业甚至可能与区域知识网络没有联系。大量的隔离进一步增加了网络的碎片化。扮演"看门人"组织角色的领先企业在一定程度上克服了这种分散化，这些也将区域连接到跨区域的知识网络中。

3. 全球化型区域创新系统

这种区域创新系统类型会来自区域创新系统外部的强烈影响和控制。地区外部行为者（例如中央政府）以自上而下的方式对地区事务做出决策。系统由一个或多个（工业）区的存在形成，例如高科技集群、科技园等。这些区通常以大型组织的总部或大型跨国企业的子公司为中心，在研发方面非常活跃。在某些情况下，政府大型研究机构也可能扮演类似的角色。

如此大的参与者（所谓的"焦点参与者"）的压倒性重要性和经济影响导致了"全球化"模式，因为这些参与者的研发活动针对区域外部创新过程［库克，1998；阿斯海姆和伊萨克森（Asheim & Isaksen），2002］。该地区的周边组织、中小企业或小型地方研究组织主要发挥支持作用。焦点参与者显然主导了区域知识交流，这意味着网络是根据其需求组织的，即焦点参与者定义研究方向并选择其合作伙伴。同时，焦点参与者通过嵌入全球网络确保必要的非本地区域知识流入该地区。如果一个区域创新系统的特点是多个地区有一个焦点参与者，那么焦点参与者之间的本地互动是可能的，即使互动活动总是取决于公司和行业的特定特征以及各个组织合作的意愿。除了焦点参与者强烈的外向关注，由于缺乏其他地区成员参与区域知识网络，这使得地区网络与剩余的区域经济相对孤立。

（四）区域创新政策

区域创新系统方法不仅是分析区域集群运作的理论结构，而且还是在区域范围内创建支持性创新系统的政策工具。在过去二十年中，区域创新系统的概念与方法不仅仅在经济地理学家、区域研究学者的研究中受到重视，而且在区域发展政策制定者中越来越流行。这种方法的流行反映了对学习和社会环境在社会发展和经济增长中的作用的重视。它提供了关于地方经济发展的无形维度，以及在看似更易于管理的区域范围内的知识流通和学习过程的叙述。另外，广泛采用这种方法的一个简单理由可能是从政策的角度来看，在区域范围内而不是在全球范围内管理经济政策要容易得多。

相较于集群理论，区域创新系统方法具有更完整的理论和政策分析，为区域创新理论和政策提供了更广泛的框架。区域创新系统方法的政策影响是相当大的，许多国家的区域政策的制定很大程度上基于区域创新系统方法，例如欧洲联盟区域政策的制定方面。对工业区、集群、创新环境、区域创新系统的研究都强调了区域作为创新关键驱动力的重要性。因为地理上的邻近性促进其进行知识共享和创新，并且，在全球化的推动下，许多国家的政策制定者在其创新政策中增加了区域维度。区域创新系统理论指导下的区域创新政策对于区域竞争优势的构建起到很大作用。区域创新系统研究为建设创新能力和促进区域竞争优势的政策提供了信息。

区域创新系统概念及理论的政策重点是系统地促进本地化学习过程以确保区域竞争优势。波特（1998）认为全球经济中持久的竞争优势通常是高度本地化的，源于高度专业化的技能和知识的集中。企业的创新活动很大程度上是基于本地化资源，例如专业劳动力市场和劳动力、分包商和供应商系统、本地学习过程和溢出效应、本地合作传统和创业态度、支持机构和组织以及客户和用户。在区域创新体系框架内制定有针对性的具体政策措施，重点是提高当地企业的能力和业绩，以及改善其营商环境。从这个角度来看，不同创新参与者之间的互动非常重要，例如企业与高校或研究机构之间，或小型初创企业与大型企业之间。这些交互可能体现本地化交互学习，但也包括更广泛的商业社区和治理结构。因此，政策可以着眼于促进区域创新系统发展的可实现性，以及发展与特定当地资源相关的当地比较优势。

由于地区知识库的差异化对于建立有效的区域政策模式具有决定作用，"一刀切"区域政策是不恰当的。创新是关于创造新的产品和流程，它必须利用区域的能力使其更有效。区域创新政策必须在战略上基于识别和使用"差异化的地区知识库"，构建区域优势。过去关于创新系统的理论与实践研究表明重建地区知识库的主要机制，是确定将高校放在中心位置的知识生产、扩散与转移的产学研协同创新体系。

（五）区域创新系统理论评价及展望

关于区域创新系统的理论文献对特定区域的创新、学习和经济绩效之间的关系进行了大量描述和分析。区域创新系统是一种规范性和描述性的方法，旨在捕捉技术发展是如何在一个领域内发生的。该方法已被广泛采用，以强调区域作为经济和科技组织，突出提升各类地区创新能力的政策措施。目前人们普遍达成共识，当企业通过与各种支持组织和所在地区的企业互动而成为更好的创新者时，地区的创新绩效会得到提高。一个地区的制度特征、知识基础设施和知识转移体系，以及企业的战略和绩效，是促进创新活动的重要基础条件和动力。

区域创新系统相关研究尽管在理论、实证和政策方面取得了进展，但仍有许多领域需要进一步研究。首先，国家创新系统文献仍然缺乏理论化，这一点也适用于区域创新系统；其次，创新系统一致性、创新系统边界、系统功能障碍和失败等问题需要从理论和实证两方面重新认知。因为许多关于区域系统的实证研究都建立在运作良好、成功的区域经济和高科技部门的创新之上。而不太成功的区域系统与更传统行业的创新的理论和实证分析还需要完善。第三，特别是要考虑当区域创新系统内知识密集型产业经历不同的发展、增长和整合阶段时，哪些因素会影响它们的演变和绩效。第四，知识如何在行为者之间转移，区域创新系统中参与者之间的互动没有得到充分探索，这些互动的制度背景被普遍忽视。因此，基于当前对区域创新系统的分析，制定创新政策建议的有效性存在一定问题。

目前学术界对地区作为创新中心的理解大部分来自对那些被称为"学习区""创新环境""集群""工业区"或"区域创新系统"的研究。尽管这些研究为理解区域发展和促进学习型经济的理想制度环境提供了线索，但也必须考虑到这绝不是意味着这些研究是决定性的并且主要基于几个"成功"的地区。迄今为止，该类研究主要关注作为区域竞争力源泉的学习和知识积累的"本地化"过程。关于创新过程如何在空间中发生，以及技术变革如何在紧密（或松散）空间约束的过程中发生，许多问题仍然悬而未决。另外，区域创新系统研究中使用的分析单元的多样性，是发展统一概念框架以构建"区域"作为理论研究对象的主要问题。由于创新系统规模之间的精确区别难以确定，关于研究区域创新系统适当规模的争论远未解决。一些研究人员将城市视为创新过程的关键场所，另外一些研究人员认为大都市区域是最重要的创新地点，或者它们具有很高的创新潜力，因为它们为企业提供了空间、技术和制度上的接近性和特定资源。在更综合的层面上，也有人使用了超区域/次国家级规模。所以，如果区域创新体系的概念被广泛接受并用于制定战略和政策，其定义的基础仍然模糊不清，至少不清楚以什么方式界定的特定区域可以被称为创新系统。

区域创新系统中参与者之间的互动关系研究尚未得到充分探索，而这些互动的制度背景在很大程度上也被忽视了。另外，库克等（1998）将区域创新系统描述为包含嵌入"制度结构"中的"生产结构"，在该制度结构中，公司和其他组织系统地参与互动学习。这个描述捕捉了作为区域创新系统的综合整体的复杂性，而没有充分揭示生产结构、制度结构、区域、参与者以及将它们联系在一起的相互作用和相互关系的构成要素。虽然交互式学习和组织间关系是区域创新系统理论的基本组成部分，但该框架很少与区域创新网络结构的研究相关，因为在区域创新系统理论中，关系结构和交互网络是以相当模糊和通用的方式讨论的。关于区域创新系统组织之间交互结构的讨论和分析很少，而且通常仅限于主要参与者之间的直接联系或关注参与者的整体嵌入性。出于这个原因，对区域创新系统的研究通常缺乏关于组织间相互作用和知识交换关系的结构和特征的精确和定量可测量的陈述。如果想揭示上述参与者互动关系及知识交换关系，就需要对区域创新系统内的知识网络结构进行深入分析，而区域创新系统概念的网络理论基础不足阻止了在此框架内对区域网络结构进行明确分析。最终，这种模糊性妨碍了区域创新系统理论对区域创新研究方面制定明确的科学假设和政策建议。因此，基于当前对区域创新系统的分析，对创新政策制定提出建议的有效性值得怀疑。

所以，未来区域创新系统的研究可将网络视角应用于区域创新系统框架，借助社会网络分析的方法论，从网络结构深入探索区域创新网络知识创新与知识传播扩散的机理，并验证假设相关实证研究可能对区域创新政策的制定与建议提供更有效的帮助。

二、区域创新网络理论

创新被公认为是地区促进经济增长和竞争力的主要手段。促进区域内和跨区域知识流动的网络是创新和增长的关键来源。越来越多的区域发展是在各种开放系统和复杂的网络中进行的，开放系统的方法采用了诸如共同生产和共同创造等形式。创新活动和业务创新过程可以看作一个网络过程，其中业务以及与其他合作伙伴的互动发挥重要作用。知识是创新和区域经济增长的基本投入。知识和创新对向市场推出新产品、新生产流程和组织实践具有决定性作用，这些对企业和地区的竞争优势至关重要。为了补充知识和专有技术，企业越来越依赖与各种参与者的互动。企业间合作是迄今为止最重要的知识共享和交流渠道。网络本身已经成为一种有效的技术创新方式，创新网络可能是了解一个地区的创新动态最相关的元素。

过去，市场和等级制度一直是经济组织的主要形式，两者都暗示着企业界限分明。随着越来越多的公司增加战略联盟等非市场关系，研究人员已经开始讨论"网络化组织"。在网络结构中，企业边界相对模糊，企业通过与其他拥有互补资产的企业保持良好联系而得以生存，竞争力也越来越依赖在产品和生产过程中应用新知识和技术的能力。但随着知识的飞速发展，企业被迫进入积极的搜索过程。实证研究也证实了合作强度高的公司比合作程度低的企业更具创新性。网络作为一种有效的创新技术方式，其理论和实践的主导思想是协同各种力量参与者，而区域竞争力一直是以发展新的网络化方法为主要动力。竞争力需要新的、创新的合作模式。这通常被视为需要公共机构、私营企业、第三部门行为者来服务用户并与高等教育机构进行合作。

创新是一种互动学习过程，需要生产网络或价值链中的各种参与者之间进行知识交流、互动和合作。在互动中包括了几个参与者：其他企业（包括大型和小型承包商和分包商、设备和组件供应商）、用户或客户（尤其是刺激创新的领先用户）、竞争对手、私人和公共研究实验室、高校、咨询和技术服务提供商、国家当局和监管机构。所有这些参与者形成了一个网络。其中，针对市场成功开发了新的想法和新的问题解决方案。有经验证据表明，迄今为止最重要的知识共享和交流渠道是公司间的合作（经济合作与发展组织，1999）。网络越来越多地用于在地区创造创新能力。在网络中，创新不应被视为一个参与者的产品，而应被视为多个参与者之间相互作用的结果。

（一）创新网络的形成

技术快速进步的影响之一，是许多公司的技术结构发生了变化。随着新技术的出现并融入现有的产品和技术空间，需要在生产和创新中融入许多新型专业知识。这种技术基础的扩大造成了困难，因为创新所需的知识和技术可能超出了公司的传统核心竞争力。现在解决这个问题的策略是企业与其他企业和机构结成联盟，企业间的合作可以非常有效地增加隐性知识的流通，并为企业在其边界之外获取知识创造可能性。因此，近几十年来这些研发合作协议急剧增加。

关于网络形成的实证研究集中在企业的网络动机上，试图了解企业为何寻求某些位置，例如，试图填补结构洞、增加它们的中心位置或形成集群邻域。企业利用网络中的位置作为一种竞争工具以提高绩效、利润或控制权。网络结构随后会出现在以网络为导向的活动中，并由企业的战略决定。即使假设在链接形成中不考虑网络位置，知识创造和传播的背景也会引入两个复杂的问题：第一，伙伴关系的价值取决于伙伴之间的认知互补性；第二，形成一个创造知识的链接将改变一家公司的属性，从而改变它在未来对其他企业的补充程度，这增加了网络动机的复杂性。

随着时间的推移，这种链接形成过程会导致代表工业网络的新兴结构。共同决定网络的程度和集群以及知识的增长和分布有两个驱动力：一个是创新过程的性质及其可分解性，通过它对企业有效方式的影响汇集它们的知识；另一个是关系嵌入与结构嵌入在确定合作成功概率方面的相对重要性。

战略联盟是在行业内建立网络的过程的核心，但是对于任何寻求通过联盟形成扩大其创新能力的公司来说，都存在选择合作伙伴的问题。选择合作伙伴，成为公司的战略问题之一。对此问题的部分分析涉及联盟并非存在于真空中，而是以多种方式嵌入。这方面研究集中在三个方面：认知嵌入、关系嵌入和结构嵌入。每一个都赋予合作伙伴价值，并在确定不同合作伙伴的可取性方面发挥重要作用。在寻找联盟伙伴的背景下，认知嵌入是指两家公司有效整合各自知识的能力，对联盟形成的实证分析得出结论，企业寻找互补的合作伙伴，即提供各自缺失的资源。在这方面，一个困难的问题与资源如何组合，这反过来又决定了互补意味着什么。通过对知识进行的描述可以直接解决这个问题，研究文献的共识是合作的有效性在认知距离上呈倒U形。如果企业距离太近，知识重叠太多，分享的意义就没有了；如果它们相距太远，有困难互相理解，分享又太难了。对联盟形成所产生的网络的研究都强调嵌入式交互的重要性，交互的嵌入性转化为不同的网络结构。小世界通常出现在联盟网络中，但它们不是存在的唯一结构。事实上，嵌入关系是解释网络结构的核心。

实际上，企业之间的合作也存在风险，其特点是合作伙伴的技能、目标和可靠性以及合作伙伴的合作能力存在不确定性，这可以看作信息不完整的问题。减少不确定性的最明显方法是改进选择合作伙伴时使用的信息。有两种可能的来源：经验和其他企业。第一个与关系嵌入有关，第二个与结构嵌入有关。一家企业的经验既可以提高合作能力，又可以提供有关该公司的信息。成功的协作涉及常识、共享常规、相似的思维方式和隐性知识，所有这些都可以通过反复合作来建立。此外，它还在动机和能力方面创造了信任。因此，合伙企业的形成存在惯性、网络结构的稳定性，在其他条件相同的情况下，企业将更喜欢过去合作过的合作伙伴。关于潜在合作伙伴的第二个信息来源是其他公司，企业倾向于在网络结构中寻找与他们最相近的合作伙伴。

当两家企业合作时，它们会汇集自己的知识并将其用作新知识生产的输入。联盟的成功取决于合作伙伴的结构和关系嵌入，更紧密地嵌入将增加成功的可能性。如果联盟成功,就会创建新知识并将其添加到合作伙伴的现有知识中。然后所有合作伙伴关系解散,并在下一个时期企业再次结盟,可能与以前的合作伙伴结盟。就这样,重复的联盟形成产生了一个经济范围的网络,反复创新改变了企业和经济的知识禀赋。企业对合作伙伴关系有着强烈的需求,因为它们通常无法在内部产生所需的知识。

在网络中,位于中心的企业比其他企业表现更好(无论绝对知识水平,还是行业排名变化)。在区域创新网络中,坚定地积极追求这些中心位置是一种适当的策略,因为一旦成功,就意味着这家企业的竞争地位有所提高。

(二)区域创新网络

地区经常专注于某些技术或工业领域。区域集群的例子有美国硅谷的高新技术企业、美国密歇根的汽车工业、瑞士汝拉的钟表业或意大利伦巴第的包装公司等。欧洲产生许多专门的工业区,是由大多数小型、相互联系但松散耦合的制造公司组成的网络。区域创新网络有其独特的特点和运作方式,美国硅谷和马萨诸塞州波士顿128号公路之间的区别表明了这一点。地方制度、文化、产业结构、企业组织等方面存在较大差异,所有这些因素都会对结果产生影响。企业要想取得成功,越来越需要集群合作,因为合作可以降低成本,获得外部知识,创造更多的学习机会。从区域的角度来看,这可能使规模经济和范围经济成为可能,企业之间能够分担研发成本和风险,提供更大的灵活性并缩短新产品和工艺的上市时间。

区域创新网络也具有国家特色。各国在企业间合作的程度、性质和动机方面存在差异。企业与技术基础设施之间的互动模式因国家而异,这反映了制度框架和公共政策组织的差异。与外国参与者合作的倾向受到国家规模和行业专业化、跨国公司的位置和战略以及国家特定公共政策的影响。本地化创新网络在某种程度上不具有流动性:①区域劳动力市场。人力资源的特定资格仅限某些地区。中层管理人员和专业技术人员区域流动性低导致了区域之间不平等的创新。②教育系统。特别是专业知识和技能的存在以该地区的传统经济活动为基础。③与当地企业互动的特殊领域具有高度专业知识的区域研发机构。④区域隐性知识。与特定技术或经济活动相结合的专业传统和经验，代代相传，成为该地区劳动力的隐性知识；集体知识包括融入社会网络的社会方面，例如该地区的文化、信任或传统。社交网络对该地区的企业的集体学习和灵活调整、创业或忠诚度都有影响。⑤区域制度环境差异和相关激励因素。这些包括特定形式的金融系统和公司治理、法律和监管框架等。

本地或区域网络仍然存在、发展、更新并与其他网络竞争。在此过程中，一些以前的区域或国家活动被转移到国际网络。全球化和相互交织是一个持续不断的过程，对国家创新系统的影响具有重要意义。国际贸易、技术转让和传播处于不断变化的状态，有助于通过全球经济体系传播创新。然而，全球化只意味着更快的速度传播新实践，尽管全球化可以极大地改变区域的性质，但不可能完全消除国家或地方的特点。地区之间的不同特点是进一步创新的重要原因和先决条件，这些创新活动将继续建立区域多样性，区域特征仍然存在并继续被每个地区使用来捍卫自己的竞争力。对于全球创新体系的成功而言，重要的是（区域）多样性，特别是在文化和教育方面，即该区域的知识基础。两者都属于一个国家或一个区域创新体系的身份，并激发了创新绩效。

一个地区或一个国家应该在全球增值链中达到并占据有吸引力的位置。因此，一个地区或一个国家的政策应该建立在它自己的知识和专长基础之上。它应该改善固定因素，例如特定技能、监管框架或金融体系。它应该培养集体认同感和信任，以支持地方网络的形成和发展。因此在这种框架中，应该将高校与企业等匹配形成区域知识创新网络。

为了在全球化进程中取得成功，区域创新网络必须变得更强。要获得高创新绩效，必须在区域集群中扎根，建立强大的区域知识库，具有特定因素（例如特定技能）的禀赋、知识基础设施、适当的体制和监管框架以及金融体系、技术先进的国内市场，包括一定程度的地域性在全球增值链中的专业化和充分定位。与此同时，全球相互依存度正在增加并变得越来越重要，因此要结合部分区域创新体系，有序构建新的、以问题为导向的网络共同创新。

（三）创新网络与区域创新政策

本土化创新网络与地域优势有关，其中空间邻近促进了外部性的产生和促进了本地化学习过程。集聚在创新网络中的作用体现在工业区、集群和环境创新者的概念中。这些地域创新模式突出了促进本地化知识生成的特定地域条件和通过创新企业、高校和其他机构的网络进行传播。创新政策最初是受线性创新模型（专注于研发和技术扩散）原则的影响，但慢慢转向更综合方法。因此，在20世纪90年代初期，创新政策专注于研发基础设施规定，强调研发的投资和支出。而目前它包括初创企业的支持、风险投资资金、技术转让等。与此同时，随着欧洲的区域化进程，创新政策的地域维度已经出现，区域创新体系方法开始强调区域创新网络。因此，地区的制度能力在创新过程中起着核心作用，其中科学技术机构、教育和培训组织、创业协会和金融组织（如风险投资）被认为与区域创新绩效极为相关。

区域创新政策可能为了更有效地开展创新活动而鼓励知识溢出，因此创新网络可以很好地将本地和非本地知识结合起来，通过增加异质性来加强创新动力。当具有区域锚定能力来吸收和使用从其他地方获得的集体新知识时，通过遥远的创新网络进行知识流通对区域经济有很大的好处。相关的政策方法必须包含这种类型的关注，并避免仅基于地区本身的创新政策。政策响应应促进那些可能受益于当地和区域技能和能力的活动，在这些活动中，现有活动和新兴活动之间的认知接近可能有利于该地区的经济发展。外部知识来源，特别是特定的知识来源，可能对当地企业有利，该地区甚至可能从知识溢出中受益，从而加强该地区的创新网络。"构建区域优势"需要新的区域政策视角。区域创新参与者应建立外部网络以获取新的关键知识培育，增加互补性知识。

创新的目标是促进地方和区域经济发展，因此知识联系需要一个综合的公共政策。因为创新网络是关于知识的流动和聚集，所以访问和锚定知识过程就对区域的创新动态至关重要。区域成功与地方机构能在遥远的地方相互作用中阐明资本、劳动力和区域之间的相互关系，也有能力在当地传播知识，并确保知识流入的好处在参与者之间传播，以在区域层面实现集体收益。

区域创新网络关于知识集群行业和知识溢出效应经常强调以下元素：①专注于高科技，基于知识或"创意"行业；②研究建立卓越公司的政策；③如何增加全球企业的区域吸引力。实际上，由于创新的区域特征与创新网络的本地化特征，没有一种所谓"最佳实践"创新可以应用于任何类型的地区的政策方法。因而应有必要呼吁政府制定更多差异化的创新政策，以应对不同类型地区的具体创新障碍。

以往区域创新政策仍然具有以企业为中心的观点和只关注创新的技术方面，也缺乏清晰的愿景，存在区域之间创新战略良好协调的方法。创新网络强调集群效应、协同效应和知识溢出效应，这些对加强区域克服低水平创新有很大帮助。结合区域内源性和外源性元素，包括吸引来自本区域以外或者国外的创新公司，并连接区域公司到商业伙伴和区域内外知识来源（高校、企业、中介机构等），制定适当的区域创新政策。这包括改善区域知识基础设施，改善创新网络结构，以建立与地区的知识供应商（高校及研究院所等）和转让机构（中介机构）密切联系的高效率创新网络系统。与此同时，加强区域企业的"吸收能力"，即加强内部学习与研发活动。

一个经济体总体上看起来是灵活的，但在企业层面可能完全不灵活，因为总体非专业化是由一群公司产生的，每家企业在不同的领域都是专家，而积极促进网络和联合知识生产可以缓解这个矛盾。

三、三螺旋理论

区域创新系统和区域创新网络理论的研究为产学研协同创新理论奠定了基础。它们首先关注创新过程中不同参与者之间的互动，特别是被服务者和生产者之间的互动，以及企业和更广泛的研究团体之间的互动。在关于以创新为导向的区域发展的辩论中存在一个普遍共识，那就是制造企业、服务机构和大学及研究机构之间的创新合作对于一个地区的商业成功和经济表现来说越来越重要。本节重点介绍产学研理论中一个重要的理论基础——三螺旋理论。

大学—产业—政府互动的三螺旋是通过创新和企业家精神发展知识型社会的普遍模式。三螺旋是通过大学、行业和政府之间的互动以及相关行为者在各种社会环境中的角色整合而发生的。它借鉴了马萨诸塞州麻省理工学院的创新实践，与工业界和政府在20世纪初期的新英格兰地区发明了区域更新战略。在斯坦福大学与工业界和政府合作的"硅谷"中也发现了类似的经验，三螺旋被认为是这种创新区域的秘密。三螺旋侧重于"创新中的创新"以及通过各种混合组织（如技术转让办公室、风险投资公司、孵化器、加速器和科技园）培育创新生态系统的动力。三螺旋作为一种通用创新模式，可以帮助学生、研究人员、管理人员、企业家和政策制定者了解大学、产业和政府在形成和发展具有自我更新和可持续创新能力的"创新区域"中的作用。三螺旋是一种带动区域创新的无形制度工具和动力机制，也是维持一个地区创新生态系统和经济可持续性的通用方法。三螺旋作为知识生产的新模式，旨在生成一个重叠的制度领域的知识基础设施，每个领域（大学、产业和政府）都扮演着另一个角色，并且在界面上出现了混合组织。三螺旋模式以大学、产业和政府之间的传统制度分化形式为出发点。运用进化论的观点增加了这种历史结构的概念，即人类载体会反射性地重塑这些机构。因此，该模型考虑了知识部门在更大社会的政治和经济基础设施方面不断扩大的作用。

（一）三螺旋的起源

诺贝尔奖获得者莱纳斯·鲍林（Linus Pauling）在1953年初的一篇论文中提出了一种三螺旋来模拟脱氧核糖核酸（DNA）。社会比生物学更复杂。大学—产业—政府（U-I-G）互动关系为创业和创新提供了最佳方法，将研究/知识转化为实践/应用。

三螺旋强调区域创新组织者，无论是个人还是组织，发挥着将不同参与者聚集在一个共同项目中的作用。在自然界和人类社会中，许多现象是自组织的，但创新是由意向性和想象力驱动的有意识和创造性的人类协作努力的结果。三螺旋模型源自1920年代新英格兰地区大学—工业—政府的努力，旨在振兴衰落的工业经济，由该地区的政治领导层召集。在1990年代一组平行的双螺旋：大学—政府和产业—大学早期在硅谷汇聚，确定以知识为基础的经济和社会发展的生成源是三螺旋创新项目的核心——加强创新、创业和区域发展。三螺旋理论论文源于埃茨科维茨（2002）对大学与产业关系研究的长期兴趣，和1996年1月在阿姆斯特丹举行的有关组织会议的讨论中［埃茨科维茨和莱德斯多夫（Leydesdorff），1995］。

自18世纪以来，政府和产业是公私合作伙伴关系的经典要素，已被公认为主要的制度领域。三螺旋理论则认为大学正在从提供高等教育和研究的次要社会角色转变为与产业和政府同等的领导角色，开始作为新产业和新企业的产生者。以麻省理工学院和斯坦福大学为代表的创业大学取代并整合了象牙塔模型，并在全球范围内形成一种日益重要的学术形式。随着工业社会被知识时代取代，先进的知识更迅速地转化为实际用途，因为它同时具有理论和实践的多元性。受过高等教育的人和知识生产组织越来越多地参与发明，是让知识创造机构及其人员更紧密地参与创新过程的一个关键论据。大学正在形成一种共同的创业模式，融合并超越其传统的教育和研究使命。

事实上，马萨诸塞州立法机构将三分之一的土地拨款用于支持麻省理工学院作为公私混合机构的发展。麻省理工学院的创始宗旨是为区域工业注入科学专业知识；纽约大学的成立是一项私人资助的公益计划，并促进了该典型商业场所的商业培训。这种将知识转化为经济活动以及解决社会问题的举措已经在全球范围内传播开来。

三螺旋专注于"重叠"的空间，跨越制度领域的边界，具有包含多个逻辑能力的参与者可以单独和集体执行各种功能。例如，资金可能来自各种大学、产业、政府和其他来源，他们可能会创建一个公共、私人或混合风险投资实体，并安排制度化。

三螺旋始于对大学及其地区在共同进化关系中的双赢发展的观察，它本身不是"系统"概念，而是"开放"创新概念。因此，虽然由于特定的三螺旋结构而产生的创新生态系统不能以其精确的形式复制，例如硅谷，但具有三个主要参与者和多个次要参与者的三螺旋结构可以在全球范围内复制为通用创新模式。

（二）三螺旋与创新系统理论区别

创新系统理论最早起源于英国人弗里曼（1986）对第二次世界大战后的日本企业创新的分析。三螺旋理论起源则是美国学者埃茨科维茨（1993）关于麻省理工学院在20世纪中叶新英格兰地区创新中的作用的研究。在系统主要角色方面，创新系统理论把公司作为主要参与者，在产品和过程中处于创新领先地位。其他各种系统支持者（学术界，政府、中介机构、金融机构）没有特别的顺序，每个都根据其特殊的制度逻辑运作。三螺旋中大学—产业—政府之间的互动是创造具有混合逻辑的新创新模式的关键。以民间社会为基础的风险投资、孵化器、科技园等生态系统上层结构鼓励自下而上的举措。

创新系统理论将学术界视为系统体系其他要素的重要支持者，三螺旋理论则将"创业型大学"视为知识型社会的主导者，突出了大学在创新和创业中的独特作用。从运行机制比较，创新系统结构（网络）决定了系统作为一个协调的、连贯的和稳定的实体的运行。三螺旋理论则强调相对独立的机构之间的互动，通过"扮演他人的角色"产生新奇感与互补，从而产生创新。从组织创新视角比较，创新系统强调"自我调节"/"自我纠正"过程通过反馈瞄准在"自组织"进化。三螺旋则突出"区域创新组织者，具有召集能力的个人或组织"。从创新形成角度比较，三螺旋发展相对独立的制度领域之间的互动，形成"三个三螺旋空间"：知识空间、共识空间和创新空间。创新系统则通过系统升级/演进和自组织进化达成创新。

创新系统理论将其要素按顺序排列，以促进技术和信息在企业、资本、创新平台等之间的传递。创新（生态）系统和技术发展是一系列参与者之间复杂关系的结果。系统，包括产业、大学和政府。当前的创新系统理论有一些术语与三螺旋相同，例如行动者、关系和相互作用，其根源概念来自"系统学或一般系统理论"，包括复杂系统、控制论、动力系统理论、耗散理论、协同学、突变理论等形式科学以及在自然和社会领域的应用科学与工程，例如运筹学、社会系统理论、系统生物学、人为因素、系统生态学、系统工程和系统心理学。

三螺旋理论中大学、产业和政府在三螺旋相互作用中都"扮演对方的角色"，尽管它们保持着各自的主要角色和独特的身份。大学通过研究刺激新公司的发展，将"知识的资本化"作为学术目标，从而发挥工业的作用。企业将培训发展到更高的水平,并通过合资企业分享知识,就像大学一样;政府在继续其监管活动的同时充当公共风险资本家。与强调政府或企业在创新中的作用的理论相反,三螺旋理论侧重于将大学作为创业和技术以及批判性探究的来源。

三螺旋模型假设后工业阶段经济发展的驱动力是生产和传播社会组织的知识,越来越多的产生知识机构在关键参与者之间的关系网络中发挥作用。

(三)知识经济的创新与大学的增强作用

人们越来越意识到,知识型社会的运作方式与专注于制造有形商品的工业社会不同。以知识为基础的经济与新知识来源的联系更加紧密,它们也在不断地转变,而不是植根于稳定的安排。促进基于先进技术(通常是大学或创新技术)的企业形成和革新的持续过程,是创新战略的核心。大学在知识经济社会中获得更高的地位和影响力,从而增强其独立性,因为它通过对创新的贡献而在社会中发挥更核心的作用。大学是创新动力的源泉,创业型大学会从当地环境中获取投入和问题,并将学术知识的产出转化为经济活动。三螺旋模型理论强调指出,大学在日益以创新为基础的社会中可以发挥更大的作用。实际上,关于大学在技术和知识转移中的适当作用的讨论是三螺旋理论的一个突出特点,该理论重新评估了大学在社会中的使命和作用。

以知识为基础的经济发展对大学使命与社会作用产生了重要影响,大学似乎正在经历第二次学术革命:除了高等教育和研究之间的差异,大学的经济功能越来越制度化。在知识经济社会中,大学已经外化到更大的社会中,三螺旋则已经内化在大学内部。正如企业,无论是与较老的机械产业还是较新的知识型产业相关,都离大学越来越近,大学也越来越接近各级政府。基础研究、教育和创业是新的环环相扣的学术三位一体。传统的象牙塔并没有倒下，相反，它通过融入创新动态而得到补充和增强，从而增加了其社会意义。创业大学是知识型经济的关键引擎和社会发展的驱动力。在以知识为基础的社会中，它已成为一个主要的制度领域，与工业和政府处于同一水平。大学也是在三螺旋中发展知识空间以及越来越多的创新和共识空间的关键参与者。

迄今为止，大学被视为人力资源和知识的来源，也被视为技术和未来产业。许多大学，例如日本，他们的技术创新几乎完全依赖着非正式关系的国家大学，现在也已经发展了正式转让技术的组织能力。大学还将其教学能力从教育个人扩展到在创业教育和孵化计划中塑造组织。此外，一些大学不再像孤立的孤岛那样进行技术转移，而是将其研究、教学和技术转移能力以新的形式结合起来，每个学术使命都增强了另一个。在学术界现在已经达成共识，拥有大学的地区其研究既面向实践又面向理论探究，相比缺少大学的地区具有更好链接当地产业和产生衍生产品的能力。大学系统的转变已经是一种全球现象。

由于知识生产和经济生产的性质不断变化，除了研究和高等教育，大学如今在区域和经济领域还发挥着第三个作用。

（四）三螺旋理论与创新政策

三螺旋理论模型强调自下而上的学习过程，有助于避免将系统具体化为创新的障碍。在企业界、学术界和政府之间的交流叠加中，可以开发新的选择和协同作用，以加强区域层面的知识整合。三螺旋在创新政策中引入了横向方法，被认为是机构领域之间的合作。因此，创新政策不仅仅是国家政府的"自上而下"倡议，还应被视为各级政府、企业、大学和非政府组织相互作用的累积结果，包括来自所有这些领域的成员，特别是在区域层面。三螺旋理论主张创新系统由自下而上、自上而下和横向举措的三种方式创建，科学、技术和创新政策是大学、产业和政府之间互动的结果，而不是独特的国家职能。

创新是一个永无止境的过程，三螺旋作为维持和发展过程的模型，是关于创新和企业家精神的普遍理论，未来它不仅有利于经济增长，也有利于社会发展，鼓励世界超越"主义"，走向三螺旋社会。在以三螺旋模型为核心的大学越来越普遍的时代，推广三螺旋变得更加可行。此外，三螺旋相互作用和关系的潜力，无论是在经典参与者之间，还是在可用的替代品之间，都可能发生在从"绿地"发展到"棕地"的衰退环境中。尽管每个区域发展项目都是一个独特的实例，具有其特殊性，但我们还可以识别出一些普遍的要素，例如三螺旋和创业大学。

现如今，无论是从研究到开发，还是从识别市场机会到产品推出，都不能再假定创新走的是传统线性路径。三螺旋提供了一个灵活的框架，可以从不同的起点进行指导创新，以实现以知识为基础的经济和社会发展的共同目标。三螺旋理论重塑了大学、产业和政府机构之间的制度安排，旨在加强人类需求、研究目标和资源提供者，科学、技术和社会，大学、行业和政府之间的互动。三螺旋模型引导我们在网络中平等地看待机构参与者，虽然它们的定位不同，但它们共同复制作用了知识的基础设施。最后，在制定创新政策选择的规范方面，三螺旋模型为寻找安排中的制度维度与这些安排所执行的社会功能之间的不匹配提供了动力。

三螺旋理论对由于传统市场与政府之间的功能差异而造成的政策制度安排差异提出了新的方案：即从知识生产与扩散转移的视角为区域或国家的科技创新政策提出了新的技术发展模型。这为促进区域发展而制定的产业政策与科技政策提供了非常有益的新思路。以知识为基础的经济体制成为当今主流。如今的政府治理意味着编纂高质量的政策选择，将新的创新活动领域设置为重组区。如果经济和科学政策分析未能考虑这些螺旋之间元素重组的潜力，可能将会错过知识经济发展带来重大技术创新变革的机遇。

第二节

构建产学研协同创新网络结构下区域创新绩效的一个分析框架

一、区域创新网络的有关概念

许多研究认为，区域特征会影响创新绩效、创新过程和企业的创新模式。通过前文的产学研协同创新网络结构对区域创新绩效的驱动机制分析部分，我们发现区域创新网络结构特征能够反映一定的区域特征，为此，本书的研究立足于区域产学研协同创新网络结构这一反映区域特征的重要变量上，构建区域创新绩效影响因素的分析框架。网络范式的出现使得人们对理解与知识流动和区域创新模式相关的网络结构的兴趣日益浓厚。本书探讨了企业、高校与其他参与者之间的知识网络结构，发现网络结构以及由此产生的结构性网络资本会影响区域创新和发展模式。

区域创新系统框架是分析区域创新过程的最常见和最科学的框架之一。它的核心是认为区域参与者不会孤立地进行创新，而是嵌入在相互关联和互动的区域创新过程中。这种相互关联和互动要求将区域视为"创新系统"，并暗示其创新的成功取决于区域参与者的创新能力及其互动结构。区域创新系统内的所有组织均能从区域知识溢出中受益。这是基于这样的假设，即由于地理和社会制度的接近，所有参与者都是广泛区域网络的一部分。这一论点意味着所有区域参与者都类似地嵌入区域网络中，并且网络结构在区域和区域创新系统类型之间几乎没有变化。然而，来自网络研究的见解显然与这种观点相冲突。相反，他们认为组织嵌入区域网络

［朱利安尼和贝尔（Giuliani & Bell），2005；博施马和特沃尔，2007］以及异质区域网络结构（弗莱明，2007）中存在显著的异质性。这两个方面都对知识传播具有重要意义，从而对区域创新系统中的创新活动产生了重要影响。总之，忽略了区域创新系统内的间接关系、异构网络嵌入性和区域网络的结构特征，就无法完全理解作为"交互元素系统"的区域创新系统。

（一）网络基本概念

如前面所述，区域产学研协同创新网络是在一定地理范围内，各种创新主体（企业、高校、研究机构及各种中介组织）交互作用与协同创新过程中，彼此建立起相对稳定并有利于创新的正式与非正式关系总和。根据网络理论，网络结构可以从网络个体结点特征与网络整体特征两个方面进行刻画。目前有关区域创新网络结构特征的研究一般从网络规模、网络密度、网络中心势、网络中心度、网络开放性、网络结构洞和网络连接等方面进行描述。本书认为，根据区域产学研协同创新网络的含义，可以从区域产学研协同创新网络整体特征和个体节点特征两方面进行结构描述，整体网络结构特征可以从网络规模、网络开放性、网络密度、中心性等方面度量；个体结构特征包括结构洞、中间人、区域（内部）连通性等方面。关于网络研究，我们专注于以下介绍的一些简单但常见的概念。

1. 网络规模和密度

在本书中，规模对应于区域内可能建立知识交流关系的组织数量（该区域的政府、高校、产业企业的数量）。网络密度与其规模密切相关，因为所有理论上可能的组合实现的概率通常会降低节点数量增加。这可以用单个节点启动和维护与其他节点的链接的能力受到限制来解释，尤其是当链接暗示某种社会关系的情况。因此，规模可能代表了最大的互动潜力，而密度则是信息、知识和创新在网络中传播速度的一般指标。

2. 中心性和集中化

在度中心性和中介中心性两个概念的基础上，还可以推导出网络整体集中度的度量。集中化可以得出关于网络宏观结构的结论。例如，最中心化的网络是一个星形网络，其中所有连接都集中在一个节点上，这意味着主导节点的度中心性和中介中心性处于最大值。在实践中，通过与这种理论上最大的集中式网络结构进行比较来评估网络的集中化。集中度低的网络通常被认为是非分层的，而高度集中的网络则相反。此外，网络的中心化及其节点之间的中心性分布是网络稳健性的粗略衡量标准，它是指网络结构对节点消失事件的弹性［考恩和乔纳德（Cowan & Jonard），2007］。网络越集中在一个或几个节点周围，当大多数中心节点消失时，其结构发生变化的可能性就越大。因此，中心化网络更容易发生结构变化，因为它们的结构不太健壮。

与网络的中心化相关的是它的碎片化，碎片化是指网络中组件的数量。一个组件由至少两个间接连接的节点组成，一个高度碎片化的网络会具有许多组件。换句话说，也就是存在多个子网络（组件），其中每个节点至少间接链接到组件中的所有其他节点，而没有一个节点链接到另一个组件中的节点。碎片化网络即使节点消失也很稳健，因为每个节点的关系只与它所属的组件有关。

（二）网络结构与层次

网络研究已经确定了许多网络结构，这些网络结构对网络成员之间的知识传播和权力结构具有特定的影响，其中最突出的两个是小世界型和核心—外围型网络。

小世界网络的特点是高度"集群"，即频繁出现至少三个完全链接的节点（也称为"集团"）。这些派系往往通过几个环节联系起来。此外，这些网络显示出类似于幂律函数的度（中心性）值分布：很少有节点具有高中心性，而许多节点具有低中心性。小世界结构通常支持网络中知识的有效传播，因为即使是低密度的大型网络也可以获得低节点到节点的距离（低平均最短路径长度）。这些网络中存在大量结构洞，也为产生创新。此外，由于连接派系的节点占据突出的经纪人位置（高中介中心性），网络的特点是强大的权力等级。

核心—外围型网络的特点是，如果一个网络的节点可以划分为两组：核心和外围，则网络具有核心—外围型结构。核心中的节点彼此紧密相连，外围的节点是稀疏互连的，外围节点要么是孤立的（根本没有链接），要么与核心节点的链接很弱。如果网络符合核心—外围型网络的条件，则它们的节点按层次顺序排列，属于核心的节点比外围节点更强大，也更有影响力。与小世界类型的网络相比，知识扩散在这个网络中往往效率较低。

二、产学研协同创新网络作用分析

（一）区域创新系统的网络结构

1. 交互式网络型区域创新系统的网络结构

根据本章第一节关于区域创新系统类型的讨论，交互式区域创新系统的密度可能相对较低，因为密度趋于降低，因为区域创新系统中交互组织的数量超过了参与者发起和维护链接的平均能力。网络理论表明，该区域创新系统的网络密度低于其他地区。这种区域创新系统的另一个特点是其参与者在声誉和吸收能力方面不同，这在很大程度上与网络规模差异有关。

鉴于商业部门被认为在这个区域创新系统中的知识生成活动中发挥着最重要的作用，可以预期大企业占据了大部分的中心位置，即它们在度中心性和中介中心性方面是最中心的。但是大企业的数量相对有限，这导致网络集中度总体上相对较低，这些参与者的突出地位使他们成为整合网络的经纪人（高中介中心性）。也就是说，这些企业连接了网络中原本不相连的部分，其中主要包括中小企业和研究实体，它们因此强加了一个分层网络结构。特别是公共研究机构对此类区域创新系统中的知识生产和传播做出了重大且积极的贡献，因此一般认为，与中小企业相比，这些大企业具有更高的程度和中介中心性。

所有上述这些特征——网络中心的分布不均、网络规模大、密度相对较低，对区域创新系统在其组织之间传播知识的能力具有重要意义。例如，区域创新系统的制度设置必须确保最核心的企业积极发挥其作为知识经纪人的作用。具有这种特征的网络结构除了领先企业是最核心的，还需要不平等的程度分布。（公共和私人）支持组织需要形成紧密相连的参与者群体，这对应网络术语中的集群过程。此外，小世界型结构的发展还要求支持组织的紧密联系，群体之间的互动很少，并且群体之间的大部分互动由领先企业倡导。

尽管在网络中占据中心位置的参与者数量相对较少，但小世界网络结构相对稳健。即使单个中心参与者因任何原因失败或消失，网络的最大部分也会保持完整。从这个意义上说，如果存在小世界网络结构在这种类型的区域创新系统中，就非常适合吸收中心节点的故障，这有助于这种类型区域创新系统的时间稳定性。

需要指出的，目前尚不清楚交互式网络区域创新系统知识网络中的小世界网络结构是否真的能带来高于平均水平的区域创新绩效。

2. 本地型区域创新系统的网络结构

该类区域网络独特的多组件结构往往显示出与前面讨论的核心—外围型的相似之处。核心—外围型网络结构反映了该类区域创新系统独特的等级结构，因为外围中小企业依赖于由领先企业和一些研究组织（高校和研究院所）组成的核心的"翻译活动"。

核心—外围型网络结构的平均密度分布很不均匀，因为网络有两个部分：核心中的组织紧密互连，意味着网络密度大，而外围组织的互联稀疏，网络密度低。核心组织在度中心性方面明显优于其他组织，因此本地型区域创新系统将显示出双峰度分布，少数组织（核心）具有较大的度中心性，而许多组织（外围的中小企业）具有低到中等的中心值。此外，核心节点与外围参与者的连接将在中介中心性方面占主导地位。但这并不是说外围的参与者（中小企业）根本不合作研发，尽管它们之间的互联很弱，但它们仍可能形成一些小的网络连接［朱利安尼，2007；莫里森和拉贝洛蒂（Morisson & Rabellotti），2009］。

核心—外围型网络结构很难预测整个网络的中心化，因为本地型区域创新系统中与研发相关的知识交流关系更集中在少数核心参与者身上，这导致本地型区域创新系统整体网络集中度高于交互式网络型区域创新系统。相比之下，本地型区域创新系统中的互动不如全球化型区域创新系统集中，因为其与研发相关的知识交流关系不像全球化型区域创新系统那样集中在单一的主导组织上，所以我们预计整体中心化会在交互式网络型区域创新系统和全球化型区域创新系统之间。

尽管中心化程度更高，但这个区域创新系统网络结构的鲁棒性[①]，特别是核心的鲁棒性预计会更高，因为核心与外围都广泛连接。这意味着在节点故障的情况下，其他节点将保持紧密互连。该结构的"弱点"是连接核心和外围的少数组织，如果其中之一失败，核心与外围之间完整的知识传播系统的整合将受到严重干扰［卡拉威（Callaway）等，2000］。

3. 全球化型区域创新系统的网络结构

全球化型区域创新系统区域内网络的规模可以从小到大不等，这取决于枢纽组织（即焦点参与者）的数量以及它们所领导的各个地区的规模。

[①] 鲁棒是 robust 的音译，也就是健壮和强壮的意思。

区域内跨国企业在本地网络中进行分包可以促进复杂供应商网络的出现，可能表现出小世界的特征。这需要分包的中小企业之间的大量协作，这种中心辐射型结构通常很少见，整个区域创新系统网络的密度会相对较低。即使在存在多个中心组织的情况下也是如此，因为它们相互间联系往往较弱。这些中心的特点是具有较高度的中心性。

枢纽组织也有资格成为该地区其他地区的看门人，因为它们是将该地区内部网络与该地区以外的参与者联系起来的唯一参与者。然而，枢纽不一定在中介中心性方面占主导地位，因为这可能是较小的区域参与者能够同时连接到多个中心网络的情况。这些较小的区域参与者本身并不是中心，而是位于该地区的高校或研究机构。它们能够为不同的行业提供服务和知识，从而与不同的子网络建立关系。这样的较小的区域参与者如果存在，这些参与者将显示中介中心性的最高值。

当一个全球化型区域创新系统围绕一个或几个中心形成时，它的网络是高度集中的，并且是所有区域创新系统类型中最大的网络中心化。如果枢纽不复存在（例如关闭或搬迁），中心辐射型网络尤其容易受到攻击。在这种情况下，区域创新系统的网络或至少相应地区的网络（如果存在多个枢纽）将失去其整合力并完全溶解。如果存在多个枢纽，则其他地区及其网络组件将保持不变。因此，网络的整体稳健性取决于该地区存在的枢纽组织和地区的数量。

（二）产学研创新网络作用分析

创新网络的产生背景是单一企业的创新能力的边界性与拥有知识资源的稀缺性，也是企业通过创新网络获取外部资源提高自身创新能力与核心竞争力的最佳途径。由于区域创新网络是一种异质性群体（由不同要素的成员组成）构成的网络系统，系统内存在大量异质性机构（企业、高校、研究院所、政府、金融机构、中介机构等），网络系统内拥有的知识无论是广度与深度均是单一企业或其他异质性组织无法比拟的。创新网络一方面会提升企业的异质能力，引发其竞争行为动机，从而推动其自身创新以及与高校、研究院所等异质性组织协同创新行为；另一方面企业竞争行为动机受到创新网络中心度、结构自主性、结构等位和网络密度等网络机制的影响。

高度连通的网络提高了信息传播的广度和深度。在纵向上，网络成员通过价值链上下游的关系互相联结，一方面能促使产业链中主导企业对产业链外的其他核心企业产生竞争效应、示范效应及合作效应，同时对产业链内其他非核心企业或上下游协作企业形成技术溢出和技术转移扩散效应；在横向上，网络成员通过互补产品和服务、使用相似的专业投入、技术或者制度等实现联结，促进了成员间的交流沟通，提高了信息传播的广度和深度，改进了企业挖掘创新信息的效率，推动了组织间学习的有效开展，有助于企业创新绩效的提升。具体来看，创新网络对焦点企业的创新活动具有以下几方面作用：

（1）网络内联系渠道广泛。产学研创新网络由异质性组织构成（不同要素的成员组成），相对于单一企业，有助于企业寻找创新机会与学习新知识。网络内企业通过与高校和科研机构的合作交流，可以成为新知识和新技术的受益者，了解最新科技动态，使得技术创新可能性大大增强。网络内企业通过与政府部门的沟通，可以及时获取行业政策的最新变动与政府政策导向，利于企业获取更多的创新机会。网络内企业与金融机构等中介机构的交流，可以获得创新所需的成本更低的融资以及其他信息。网络内企业与顾客等交流，能获取产品开发与市场需求等方面的信息，利于企业创新产品以适应市场需求的变化。网络内企业与供应商等沟通，可以获得潜在的原材料信息以及改善工艺流程的建议，提高企业创新的可能性。

（2）网络内异质性组织之间联系密切。面对激烈的市场变化与技术竞争，产学研创新网络将企业与政府、高校、研究院所、用户等相关异质性组织密切联系起来，整体提高了单一企业面对外部环境变化的适应性与灵活性，在一定程度上降低了企业的创新难度并分散了创新风险，从而提升了企业创新的愿望与动机。

（3）创新网络提供创新支撑。由于创新活动具有外部性与公共产品性质，单一企业出于风险与利益等多方面考虑，创新动机往往受限。产学研协同创新网络中各节点由于是异质性组织，可以带来企业不具备的各种稀缺性资源，也为创新带来重要保证和支撑。例如，政府成为产学研协同创新网络的一个重要节点，可为企业提供财政补助、贴息贷款、税收减免、人才引进等方面的政策支撑。高校与研究院所作为网络内知识创造与传播的重要节点，可以为企业创新提供新知识和新技术的创新支撑。

（三）产学研协同创新网络结构下区域创新绩效的理论框架

目前学术界已有不少的研究实证检验了创新网络结构、网络形式和组织绩效之间的关系。结果表明，网络规模、网络强度、网络开放性、网络形式和组织绩效之间存在显著的正相关关系，证实了创新网络尤其是创新网络结构的有用性。企业与网络中的高绩效公司（横向关系）、研究机构和大学的联系与协同创新，缓和了单一企业创新和研发努力的绩效递减，并帮助单一企业应对经济环境的负面冲击影响。但是这方面的研究主要集中在企业层面或者产业层面，对于区域产学研协同创新网络结构的深入研究，特别是其对区域创新绩效的影响效应研究则基本处于空白状态。

区域产学研协同创新活动具有网络属性特征，一个区域创新网络运行状态与水平如何，对区域创新绩效的驱动效应应该通过什么来反应？总结国内外学者的观点，产学研创新网络结构是一个讨论较多的视角。不同之处在于，学者们对网络结构的讨论及实证效应仍有分歧。另外，在这个理论分析框架中，区域创新环境也是影响创新绩效的一个重要因素。区域创新环境是指创新基础设施，这类创新基础设施包括区域经济发展水平、研究与试验发展经费投入强度、地区电信、互联网等信息化基础设施、区域人力资本质量、区域金融支持水平以及地理区位等因素。有关区域创新环境的分析详见第四章内容。

上述理论框架是作为后文第五章的实证分析的理论模型基础。具体来讲，关于创新网络结构特征对区域创新绩效的影响效应，本书将从网络规模、网络开放度、网络结构洞、网络密度等几方面进行理论假设，然后通过实证研究进行检验。这个理论框架包含三个关键基础概念：产学研协同创新网络结构、区域创新基础设施和区域创新绩效（下面分别进行阐述）。

如果从产学研创新网络结构特征来分析，网络规模指区域产学研协同创新网络各创新主体的数量多少，反映了协同创新网络的各节点基本构成。创新网络规模反映了区域内网络创新资源的多寡，规模越大说明区域中异质性知识组织群体（不同要素的成员）越多。这些群体包括区域内高校、研究机构、政府、企业、创新中介机构等异质性知识组织。通常来看，产学研协同创新网络规模越大，网络拥有的创新资源越丰富，网络内各节点相互交流的机会越多，异质性知识学习交流与传播、各异质性组织之间产生协同创新的机会也会越多，区域网络的创新能力也会更强。

网络开放性是指区域内产学研各主体与区域外的创新主体互换远距离知识与异质性资源的过程。协同创新网络本质上是一种开放式创新，相对于传统个体创新模式，网络的开放性使产学研协同创新网络中各异质性主体间相互开放，互换关键的异质性互补知识资源，从而引入外部的创新能力。通常来讲，区域产学研协同创新网络开放性程度越高，表明网络的联系强度越高，各创新主体越容易从网络系统内外的异质性组织中获取互补性知识、信息与新技术等创新要素，提升自身的创新能力。同时客观上也实现了创新在区域范围内的扩散，从而增强区域创新能力，最终促进区域创新绩效的整体提升。

网络结构洞是网络中的某个或某些个体和有些个体发生直接联系,但与其他个体不发生直接联系,无直接联系或关系间断的现象,从网络整体看好像网络结构中出现了"洞穴"。一般来讲,区域产学研协同创新网络的结构洞越多,越有利于信息与知识在异质性创新主体之间流动,从而有利于协同创新活动产生,促进区域创新绩效提高。

网络密度也称网络联系强度,网络联系强度描述的是行为主体的联系频率和组织资源对联系的承诺,反映出关系的强度或网络成员相互交流的程度。相关研究表明,网络联系有助于组织间的深度互动,因此认为联系强度对创新绩效存在正向影响(孙丽文等,2012)。

网络密度与其规模密切相关,因为随着节点数量的增加,实现所有理论上可能的组合的可能性通常会降低。规模可能代表了最大的互动潜力,而密度则是信息、知识和创新在网络中传播速度的一般指标。艾辛格里奇等(2010)借鉴社会网络理论,建立了区域集群绩效模型。绩效的区域集群是由网络强度和网络开放性支撑的,但这些因素对集群整体绩效的影响受环境不确定性的调节。其中网络强度对集群性能的正向影响随着环境不确定性的增大而减小,通常来讲,产学研协同创新网络密度越大,网络节点之间联系强度也越大,说明产学研各方主体之间开展协同创新的动机越强,互补性信息、知识资源等在异质性创新主体之间共享程度可能更高,有助于提高各方创新能力,进而促进区域创新绩效的提升。

区域创新基础设施是指促进区域创新行为、提高区域产学研创新绩效的环境因素,为区域创新活动开展提供良好平台,对区域创新水平的提升产生积极作用。区域创新基础设施主要包括经济增长水平、信息基础设施、研发投入强度、地理区位、政府支持强度、企业创新活力、市场开放程度和产业结构等方面因素。本书把这些因素归纳为经济环境基础设施、产学研各主体地位和社会文化环境三个方面。区域创新绩效的含义请见第一章第二节相关综述部分。

本章参考文献

[1] David Doloreux, Saeed Parto. Regional innovation systems: Current discourse and unresolved issues [J]. Technology in Society, 2005 (27): 133-153.

[2] Philip Cooke. Regional innovation systems: Competitive regulation in the Europe [J]. Geoforum, 1992 (23): 365-382.

[3] P Cooke, M G Uranga, G Etxebarria. Regional innovation systems: An evolutionary perspective [J]. Environment and Planning, 1998 (30): 1563-1584.

[4] Philip Cooke. Regional innovation systems: general findings and some new evidence from biotechnology clusters [J]. The Journal of Technology Transfer, 2002 (27): 133-145.

[5] Elvira Uyarra. Regional innovation systems revisited: networks, institutions, policy and complexity [R]. The Role of the Regions, 2011: 1-17.

[6] M. E. Porter. The Adam Smith address_ Location, clusters, and the "new" microeconomics of competition [J]. Business economics, 1998, 33 (01): 7-13.

[7] Rui Baptista, Peter Swann. Do firms in clusters innovate more? [J]. Research Policy, 1998, 27 (5): 525-540.

[8] Rui Baptista, Peter Swann. A comparison of clustering dynamics in the US and UK computer industries [J]. Journal of Evolutionary Economics, 1999, 9 (03): 373-399.

[9] Philip Cooke. The role of research in regional innovation systems: new models meeting knowledge economy demands [J]. International Journal of Technology management, 2004 28（3-6）: 507-533.

[10] BT Asheim, L Coenen. Knowledge bases and regional innovation systems: Comparing Nordic clusters [J]. Research Policy, 2005, 34 (08): 1173-1190.

[11] A Morrison, R Rabellotti. Knowledge and Information Networks in an Italian Wine Cluster [J]. European Planning Studies, 2008, 17 (07): 983-1006.

[12] Federico Munari, Maurizio Sobrero and Alessandro Malipiero. Absorptive capacity and localized spillovers: focal firms as technological gatekeepers in industrial districts［J］. Industrial and Corporate Change, 2012, 21 (02) : 429-462.

[13] BT Asheim, A Isaksen. Regional Innovation Systems: The Integration of Local 'Sticky'and Global 'Ubiquitous' Knowledge［J］. The Journal of Technology Transfer, 2002, 27 (01) : 77-86.

[14] M. E. Porter. The Adam Smith address_ Location, clusters, and the "new" microeconomics of competition［J］. Business economics, 2005, 33 (01) : 7-13.

[15] ETZKOWITZ H, LEYDESDORFF L. The triple helix: university-industry-government relations: a laboratory for knowledge-based economic development［M］. 1995; 12-36.

[16] E Giuliani, M Bell. The Micro-Determinants of Meso-Level Learning and Innovation: Evidence from a Chilean Wine Cluster［J］. Research Policy, 2005, 34 (01) : 47-68.

[17] R Boschma, ALJ ter Wal. Knowledge Networks and Innovative Performance in an Industrial District: The Case of a Footwear District in the South of Italy［J］. Industry and Innovation, 2007, 14 (02) : 177-199.

[18] Lee Fleming, Santiago Mingo, David Chen. Collaborative Brokerage, Generative Creativity, and Creative Success［J］. Administrative Science Quarterly, 2007, 52 (03) : 443-475.

[19] R Cowan, N Jonard. Bilateral collaboration and the emergence of innovation networks［J］. Management science, 2007, 53 (07) : 1051-1067.

[20] KG Provan, A Fish, J Sydow. Interorganizational networks at the network level: A review of the empirical literature on whole networks［J］. Journal of Management, 2007, 33 (03) : 479-516.

[21] E Giuliani. The selective nature of knowledge networks in clusters: evidence from the wine industry［J］. Journal of Economic Geography, 2007, 7 (02) : 139-168.

[22] A Morrison, R Rabellotti. Knowledge and information networks in an Italian wine cluster［J］. European Planning Studies, 2009, 17 (07) : 983-1006.

[23] DS Callaway, MEJ Newman, SH Strogatz, DJ Watts. Network robustness and fragility: Percolation on random graphs［J］. Physical review letters, 2000, 85 (25) : 5468-

5471.

[24] Andreas B, Eisingerich, Simon J Bell, Paul Tracey. How can clusters sustain performance? The role of network strength, network openness, and environmental uncertainty [J]. Research policy, 2010, 39 (02): 239-253.

[25] 孙丽文，郭亚平. 创新网络结构属性对创新绩效的影响 [J]. 河北工业大学学报，2012, 41 (05): 107-113.

第四章
区域创新绩效的影响因素

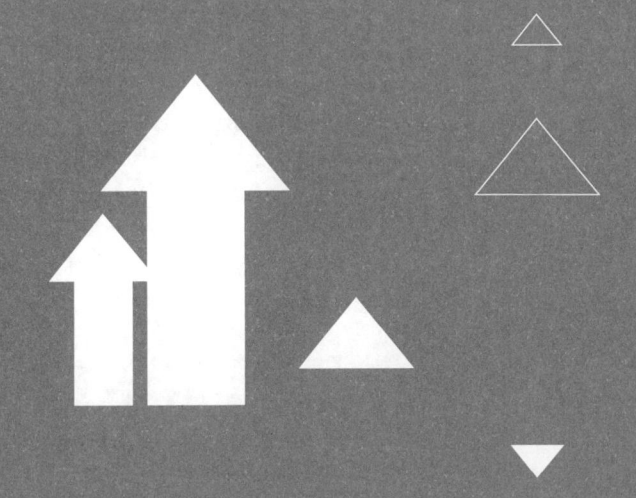

第一节
区域创新绩效的环境因素

一、区域创新环境基础设施

任何创新地区都必须拥有足够的基础设施，以实现成功的创新和社会经济发展。区域创新环境基础设施构成了区域创新绩效的重要影响因素，尤其是外部环境的影响对于各种不确定性下的创新至关重要。人们普遍认为，区域技术创新是一个复杂的系统，它不仅受系统内部因素的影响，而且受到外部系统因素影响。从影响区域技术创新绩效的系统内部因素来看，有学者发现区域创新绩效对创新具有很强的影响，包括挖掘新科学技术的创造能力、人力资本和社会资本。不同的政府政策或社会制度对区域创新绩效也有重要影响。企业、高校和研究机构如果有更近的地理位置或更多相似的专业可以联合研究，这也将提高区域创新绩效。许多学者一致认为，区域吸收能力的差异可能导致技术创新的扩散过程不同。他们发现吸收能力确实是竞争优势的重要来源，尤其是在知识动荡和知识产权保护强的领域。吸收能力增加了利用移动性和网络传送的远程知识库的溢价。不同区域系统间研究与发展要素流动造成的空间相关性也对区域创新绩效产生影响。创新要素在区域间的流动会导致知识溢出，最终推动区域创新绩效。

针对影响区域创新绩效的诸多内外部因素，如果要对其进行实证研究，必须界定一些控制变量，设定主观测变量对区域创新绩效的研究视角才能较为准确和深入研究主观测变量对区域创新绩效的影响效应。为此，本书将对区域创新绩效的一些主要环境影响因素定义为区域创新环境基础设施。区域创新环境基础设施是指能够促进区域创新活动和提高区域创新绩效的区域环境保障因素，它能为区域创新活动的开展提供良好平台，对区域创新水平的提升产生积极作用。区域创新环境基础设施主要包括经济增长水平、信息基础设施、研发投入强度、地理区位、政府支持强度、企业创新活力、市场开放程度和产业结构等方面因素。本书把这些因素归纳为经济环境基础设施、产学研各主体地位和社会文化环境三个方面[①]。

二、创新环境

对区域创新系统的研究主要集中在区域机构的制度和内部结构上。创新环境作为一个更广泛的概念框架很少被提及，却值得更多关注。除了创新制度体系，创新影响因素还包括创新环境、不同参与者互动以及管理复杂网络环境的实践等。在迈向新一代创新时，环境的动态变得越来越具有挑战性。

（一）创新环境的概念和内涵

创新环境是一个更新、更深入的概念框架，它强调组织是更广泛环境的一部分，包括不同类型的系统、集群和地理依赖关系。学术界目前关于创新环境的内涵并不一致。大致分为两类。一类把创新环境看成创新网络，即行为主体在长时间相互合作和学习中形成的复杂网络关系。根据［卡马尼（Camagni），1991］的说法，创新环境是一个在地理上有界的、

---

① 本书对区域创新环境的分类阐述是出于研究的方便与需要，包含了区域创新环境的主要因素。应该指出的是创新环境包含的因素很多，仍有一些因素本书并没有考虑在内，比如地方政府竞争与环境规制强度等因素。

区域上由非正式和社会关系组成的复杂网络。创新环境对外界具有区域凝聚力的特定形象和情感。在创新环境的情况下，一个目标是建立支持企业发展的可信任网络，从而通过网络活动提高企业的创新能力。可信任网络的运行建立在合作各方之间的信任之上，其基础是一些唤醒信任的要素，例如专业知识、声誉、价值观和运营方式。在开发创新环境时，正式（显性知识）和非正式（显性和隐性知识）的网络共享知识起着至关重要的作用。

另外一类认为，创新环境是创新主体在开展创新活动时所需要的支撑系统，包括文化环境、政治环境、经济金融环境、产业环境、人才环境、市场开放程度等。本书的理论分析对于以上两类分法并不做明确区别，实证研究以第二类分法进行界定。另外，从创新环境空间属性来看，创新环境可以分为国家、区域和企业层面。本书的研究界定为区域层面的空间属性。

（二）创新环境的构成要素

1. 经济环境基础设施

区域创新水平的经济基础设施主要包括区域经济增长水平、信息基础设施和产业结构三个方面。其中经济增长水平决定了创新人才要素、资金要素、信息要素等流向，一般来说，一个地区经济增长水平越高，该地区越能吸引创新人才、社会资本与信息的汇聚以及产学研各方主体的数量与质量也越高，所以经济增长水平往往与一个地区科技创新水平正相关。信息基础设施是区域技术创新和创新知识流动的载体，可以为一个地区的创新活动提供良好的平台。通常情况下，区域内信息基础设施越完善、越发达，越有利于该区域产学研协同创新活动，所以它也往往与一个地区科技创新水平正相关。国内有关研究也验证了这一结论。产业结构是反映一个地区产业结构升级优化状况与现代化产业体系发展水平的一个指标，它也与区域创新水平具有相关性。一般来讲，第三产业比重大的地区及高技术产业比重大的地区反映了较高的地区创新水平。

2. 产学研各主体地位

产学研各主体地位主要包括研发投入强度、政府支持强度和企业创新活力三个方面。区域研发投入强度一般指该地区研发经费支出与地区生产总值之比。这一指标反映了各地区对科技创新的投入力度与重视程度，理论上讲，这一指标越高，该地区创新绩效也越高。政府支持强度反映了区域产学研协同创新活动中地方政府的作用，一般用地区总的科技经费筹集金额中政府资助所占比重来衡量地方政府对创新活动的支持力度。依据三螺旋理论，区域创新活动离不开政府的支持，一方面，高精尖技术发展与区域现代产业体系规划都离不开政府的指导，但同时政府的过度干预也可能降低科研机构与企业直接进行创新活动的积极性，扭曲市场机制作用，所以政府支持强度可能具有"双刃剑"效应。企业创新活力反映一个区域市场主体企业作为产学研协同创新主体地位的作用，它以地区总的科技经费筹集金额中企业资金所占比重来衡量。一般来讲，这一指标越高，企业主动参与产学研协同创新活动的动机越强，越有利于一个区域的总体创新绩效产出。

3. 社会文化环境

社会文化环境包括地理区位、市场开放程度。地理区位可能对一个地区的创新能力及水平也会产生一定影响，进而产生差异化的区域创新绩效。这种影响可能是综合作用的结果，比如，发达地区相比落后地区有更好的创新传统，有区域人才、资金、信息等创新要素禀赋，有更先进的技术、更先进的商业系统与更高的科技成果转化效率等。市场开放程度反映了一个地区市场化水平以及区域的开放程度，这一指标越高，说明一个地区越开放，市场化水平越高，越有利于生产要素与创新要素的自由流动，也有利于知识在异质性创新主体之间的流动，进而促进协同创新活动，提高区域创新绩效。

三、环境因素的测度指标体系

决定一个区域整体创新绩效的是区域创新能力与水平。区域创新能力的形成机制非常复杂，目前学术界关于创新能力的来源尚未形成统一的看法。虽然关于区域创新能力的形成机制的认识没有完全统一，但是可以通过考察区域创新绩效的影响因素来分析区域创新整体水平与绩效问题。国外有学者研究表明，有一些地区拥有的创新资源很相近，但是创新绩效却相差很大，说明区域拥有的创新资源并不能完全解释区域创新能力与绩效。根据上一节的分析，区域创新绩效在很大程度上与该地区的创新环境有关，但是目前针对创新环境因素对于区域创新绩效的影响进行研究考察的文献尚不多见。

关于区域创新环境的现有研究主要有两个研究框架可以参考：①国外由欧洲创新研究小组最先提出，即创新主体所处的由文化环境、市场规模、基础设施、管理体制、金融支持、劳动者素质、政策与法规等众多要素构成的区域环境。②国内由中国科技发展战略小组提出，从基础设施水平、市场需求、劳动者素质、金融环境和创业水平五个方面考察创新环境。在以上两种框架基础上逐渐形成了学术界对于创新环境内涵的共识，但是对创新环境的测度指标还不统一。本书综合国内外相关研究，从产学研协同创新视角把区域创新环境因素归纳为经济环境基础设施、产学研各主体地位和社会文化环境三个方面，选取地区经济发展水平、信息基础设施、产业结构、区域研发投入强度、地方政府对创新活动的支持力度（政府支持强度）、地理区域和市场开放度一共六个分项指标，以期全面考察创新环境与区域创新绩效之间的关系，希望从创新环境建设角度为我国区域创新绩效的提升提出系统性建议。

在上述三大类创新环境因素六个分项指标中，关于地区经济发展水平，本书选用地区人均国内生产总值来度量，信息基础设施是区域科技创新与知识交换的载体。当代信息发展水平对区域创新影响越发重要，本书采用地区邮电业务总量占国内生产总值比重来测度区域信息基础设施水平。在产业结构方面，本书用各区域第三产业占比数据表征；区域研发投入强度利用研究与发展经费占地区国内生产总值比重来测度；地方政府对创新活动的支持力度（政府支持强度）以地区总的科技经费筹集金额中政府资助所占比重来衡量地方政府对创新活动的支持力度。市场开放程度变量采用进出口总额占国内生产总值的比重来测度。具体测度指标体系构建见表4-1。

表4-1 环境因素的测度指标体系

测度指标	定义	备注
地区经济发展水平	各区域人均GDP	表征该地区经济发展水平
地区信息基础设施水平	各区域邮电业务总量占GDP比重	表征该地区信息基础设施水平
地区产业结构特征	各区域第三产业占比	表征该地区产业结构特征
区域研发投入强度	各区域研究与发展经费占地区GDP比重	表征区域研发投入强度
地方政府对创新活动的支持力度	地区总的科技经费筹集金额中政府资助所占比重	表征政府对创新活动的支持力度
地区市场开放程度	各区域进出口总额占GDP的比重	表征该地区市场开放程度

第二节
区域创新绩效的产学研协同创新网络结构因素

如果认为不断优化的创新环境是区域创新能力与绩效的外在驱动因素，那么产学研协同创新网络内部结构的特征则是驱动区域创新绩效的内在动力，也是区域创新绩效最主要的影响因素。根据构建的"产学研协同创新网络结构下区域创新绩效的一个分析框架"，下面将对区域产学研协同创新网络结构变量进行测度指标体系的构建，并对各结构测度指标进行解析。

一、创新网络结构测度指标体系

"创新网络"由弗里曼（1991）提出后，学术界对创新网络相关研究日益流行。其中有关创新网络结构的研究取得不少进展，区域创新网络结构能够显著影响区域创新能力的结论已得到一定认同。目前，区域产学研协同创新网络结构因素在区域创新基础设施等环境因素约束条件下，对区域产学研协同创新水平影响的深入实证研究尚缺乏。

区域产学研创新网络结构测度指标体系的理论研究框架是基于前文有关区域产学研协同创新网络的分析基础上。网络结构特征可以从网络个体结点特征与网络整体特征两个方面进行刻画。目前有关区域创新网络结构特征的研究一般从网络规模、网络密度、网络中心势、网络中心度、网络开放性、网络结构洞和网络连接（网络强联系和弱联系）、网络集中度等方面进行描述。本书认为根据区域产学研协同创新网络的含义，产学研协同创新网络结构特征可以从网络规模、网络开放性、网络结构洞、网络密度（网络联系强度）四个方面度量。

上述创新网络结构因素是本书研究重点关注的产学研协同创新变量，也是影响区域创新绩效的重要影响因素。根据前面的分析，本书把产学研协同创新网络结构变量指标分类为网络规模、网络开放性、网络结构洞、网络密度（网络联系强度）四个方面。关于网络规模指标的选取国内外学者各有不同，本书选用各区域高校数量、各区域研发机构个数和各区域高新技术企业数三个指标来反映各区域产学研协同创新网络规模。在网络开放性选取方面，本书选用各区域外商直接投资额测度；参照于明洁等（2013）的指标选取，网络结构洞用各区域技术市场交易金额表征；网络密度（网络联系强度）选用各地区高等学校研究与发展经费外部支出（包括对其他研究机构和企业等研发经费支出）数据测度。相较以往研究，网络密度指标的选取是本研究的创新指标。具体测度指标体系构建见表4-2。

表4-2 创新网络结构的测度指标体系

项目分类	指标	定义	备注
网络规模	创新网络规模	各区域高校数量	表征网络结构规模
	创新网络规模	各区域研发机构数量	表征网络结构规模
	创新网络规模	各区域高新技术企业数	表征网络结构规模
网络开放性	创新网络开放度	各区域外商直接投资额	表征网络开放度
网络结构洞	创新网络结构洞	各区域技术市场交易金额	表征网络结构洞
网络密度	创新网络密度	各区域高等学校R&D经费外部支出	表征网络密度

二、网络结构指标解析

表4-2创新网络结构指标体系中网络结构包含网络规模、网络开放性、网络结构洞、网络密度（网络联系强度）四个项目分类，一共选取六个指标进行测度。下面分别进行解析。

（一）网络规模指标

由于数据可得性等原因，本书对于网络规模选取区域内高校数量、区域内研究机构数量、区域内高新技术企业数共三个指标进行测度[①]。这三个指标分别测度区域内产学研协同创新网络中三个最主要异质性创新主体的数量规模，能直接地体现产学研协同创新网络规模程度。

（二）网络开放性指标

本书对于网络开放性选取了各区域外商直接投资额指标进行测度。外商直接投资是一国的投资者（自然人或法人）跨国境投入资本或其他生产要素，以获取或控制相应的企业经营管理权为核心，来获得利润或稀缺生产要素为目的的投资活动。外商直接投资是一个区域或国家经济开放度的直接体现，有许多实证研究已经表明外商直接投资与对外开放度之间存在长期稳定的正向相关性。一个区域越开放，意味着区域内的创新主体越容易获取区域外部的新知识和技术，也更容易与外部区域进行知识交流与传播，从而促进区域创新活动。外商直接投资是一国或地区获取外国先进技术和知识的重要手段，从而促进本国（或本区域）企业通过学习和模仿来

[①] 这三个指标是选取了产学研协同创新网络中最重要的三个异质性创新主体，出于数据可得性与研究方便而忽略了网络内其他次要的创新组织，但这基本不会影响研究目的的实现。

提高生产效率与技术能力。外商直接投资可以带来发达国家的先进技术、管理方法与机器设备，发展中国家可以通过学习、模仿、创新来加速产业技术升级，所以外商直接投资会带来知识溢出效应。这个指标能较好地测度区域产学研协同创新网络的开放性程度。

（三）网络结构洞指标

本书对于网络结构洞研究选取各区域技术市场交易金额指标进行测度。技术市场交易金额是指从合同交易总额中扣除购置设备、仪器、零部件、原材料等非技术性费用后的剩余金额。技术市场交易金额在一定程度上反映了各区域科技创新和技术转移情况，反映了市场对技术的旺盛需求。根据统计，企业是技术市场交易的主体，成交额占总额的90%以上[①]。企业活跃在技术交易市场，表明企业在技术研发上投入加大，技术升级需求强烈以及参与技术交易市场的信心。无论是技术开发上的直接投入，还是为解决技术问题签订的服务或咨询合同，在未来，它们都是驱动创新的潜在能量。所以技术市场交易金额说明区域企业科技创新活力程度，是企业作为创新网络结构洞中间人的间接表征。另外，由于技术市场交易金额还有一部分是创新网络其他创新来源主体产生的，比如高校、研究院所等，这一指标也能够反映其他创新主体的创新活力程度。综上，该指标因此可以作为区域产学研协同创新网络结构洞的一个较好的测度指标。

（四）网络密度（网络联系强度）指标

本书对于网络密度的研究选取各区域高等学校研究与发展经费外部支出指标进行测度。高校研究与发展经费外部支出是一个区域的高等院校进行产学研合作时的研发经费支出总额，是以获得协同创新为目的的合作研

---

① 根据统计局官方数据估算。

发活动资金上的反映。高校研究与发展经费外部支出指标反映了高等院校进行产学研合作在资金上面的数量投入程度。一般来讲，该数额越大，说明高校与企业或研究院所的协同创新动机越强，与创新网络内其他异质性创新主体的联系强度也越大，该指标可以直观体现区域网络产学研合作的程度与联系强度。理论上，网络密度的测度指标还应该包括研究与开发机构的研究与发展经费外部支出和企业产学研经费支出两项指标，这两项指标可以反映企业和研究院所与其他异质性创新主体的协同创新动机与联系强度，但是由于这两项指标在科技统计年鉴的统计数据缺失较多，无法进行有效的实证研究而不得不舍弃。

本章参考文献

[1] R Camagni. *Innovation networks: spatial perspectives*［M］. 1991.

[2]　Tödtling, Franz ORCID: https: //orcid. org/0000−0003−1105−5149（1992）.

[3] Freeman C. Networks of innovators: a synthesis of research issue［J］. Research Policy, 1991, 20 (5): 499−514.

[4] Andreas B, Eisingerich, Simon J Bell, Paul Tracey. How can clusters sustain performance? The role of network strength, network openness, and environmental uncertainty［J］. Research policy, 2010, 39 (02): 239−253.

[5] SP Borgatti, MG Everett. Notions of position in social network analysis［J］. Sociological methodology, 1992: 1−35.

第五章
产学研协同创新网络结构对区域创新绩效的影响效应分析

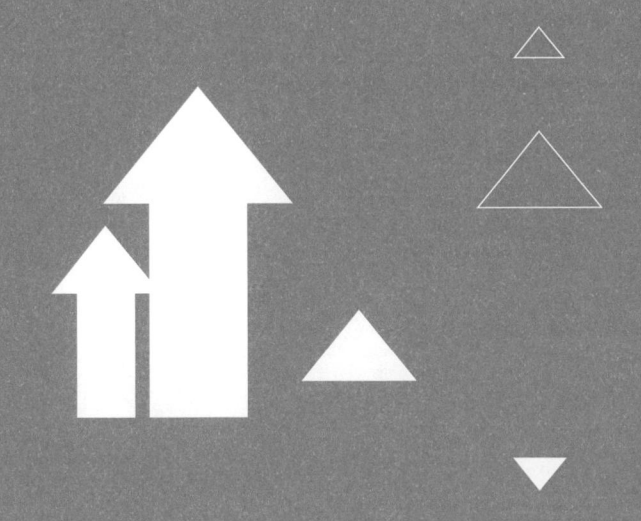

第一节
基于随机前沿方法的区域创新绩效研究

一、引言

关于区域知识资源优化配置效率——区域创新绩效研究一直是区域创新系统研究的一项重要课题，该类研究可以为区域创新政策的判断、制定和修正提供科学依据。与此同时，关于区域创新和知识网络的辩论经常强调区域创新行动者——行业与高校等科研机构之间相互联系的强度等结构特征，认为这是影响区域创新能力中最关键的因素。因此，深入研究区域产学研协同创新网络结构在产学研协同创新与区域创新绩效之间关系的作用就显得十分必要。

目前，对产学研协同创新与区域创新绩效关系的研究主要集中在区域创新效率的影响因素、三螺旋结构模型、技术生命周期的角度考察产学合作对区域创新产出的影响、产学研协同度对区域创新绩效的影响等方面。相比之下，只有少数研究对区域创新网络结构进行了一定分析［克拉特克，2002；史密斯（Smith），鲍威尔，2004］。从区域产学研协同创新网络结构视角分析产学研协同创新对区域创新绩效的研究还很少见。于明洁等（2013）认为，区域创新效率是影响区域创新能力的关键因素，而区域创新网络结构直接影响了区域创新效率的高低，并对网络结构变量对创新绩效的影响进行了实证，该研究的不足之处在于，并没有将区域创新环境基础设施的影响作用归纳入实证研究。刘丹等（2013）对协同创新网络结构与机理进行了理论分析。马捷等（2017）研究了欠发达地区产学研的区域创新网络结构。艾坦·穆勒和雷纳纳·佩雷斯（2019）借用经济学中的产业组织领域研究市场结构对市场绩效的影响，认为社会创新网络的成长是由社会网络的结构决定的，因此网络结构特征应该纳入创新绩效增长的研究。近年来，中外学者将创新网络结构与区域创新绩效联系起来所进行的探索性研究为本书提供了有意义的借鉴思路。本书在前人研究的基础上，将区域创新环境基础设施变量与产学研协同创新网络结构变量同时纳入实证研究。

二、研究假设

（一）产学研协同创新网络结构与区域创新绩效

基于上面的分析以及国内外相关研究成果，结合我国区域产学研协同创新网络结构的异质性与区域创新基础设施的不同特点，本书对影响区域创新绩效的产学研创新网络结构因素提出以下四个假设：

（1）在区域产学研创新网络中，产学研协同创新网络规模将与区域创新绩效更高水平的技术性能相关。即网络规模越大，区域创新绩效越高。

（2）在区域产学研创新网络结构中，网络开放性将与区域更高水平的创新绩效技术性能相关。即网络开放性越高，区域创新绩效越高。

（3）在区域产学研创新网络结构中，网络结构洞的存在与区域更高水平的创新绩效技术性能相关。即区域产学研协同创新网络结构洞越多，区域创新绩效越高。

（4）在区域产学研创新网络中，产学研协同创新网络密度将与区域创新绩效更高水平的技术性能相关。即网络密度越大，区域创新绩效越高。

（二）区域创新环境基础设施与区域创新绩效

根据前面关于区域创新环境基础设施的理论分析以及国内外有关成

果，本书将影响区域创新绩效的区域创新环境基础设施因素设定为控制变量。在本书主要考察产学研创新网络结构作为主要解释变量的同时，也将考察作为控制变量的创新环境基础设施对区域创新绩效的影响效应。根据前面的理论分析，本书对影响区域创新绩效的创新环境基础设施因素提出以下三个假设：

（1）在区域产学研创新网络中，经济环境基础设施将与区域创新绩效的技术性能相关。区域经济增长水平越高，区域创新绩效越好；信息基础设施越先进完善，区域创新绩效越好；越倾向于现代产业体系的高新技术产业与服务业占比越大，区域创新绩效越好。

（2）在区域产学研创新网络结构中，产学研各主体地位将与区域创新绩效技术性能相关。区域研发投入强度越大，区域创新绩效越好；政府支持强度应该会出现门槛效应，即支持强度足够大，会对区域创新绩效产生正向作用，但如果过大可能会起到负面作用。

（3）在区域产学研创新网络中，社会文化环境将与区域创新绩效的技术性能相关。市场开放程度越大，区域创新绩效越好。

三、研究设计

（一）样本与数据

本书以2008—2017年为时间窗口，根据各区域的统计年鉴与科技统计年鉴数据，选择中国30个省份区域作为研究样本。本书构建了30个省份10年数据组成动态面板数据，总观测样本达5400个。有关专利授权数、研究与发展人力资源和研究与发展财力资源数据来自《中国统计年鉴》和《中国科技统计年鉴》，产学研协同创新网络结构变量数据来自各区域统计年鉴、《中国统计年鉴》《中国科技统计年鉴》，创新环境基础设施变量数据来自各区域统计年鉴和各区域科技统计公报。数据处理使用Frontier4.1（一款专门用于完成随机前沿分析的软件）和Excel电子表格。

（二）变量选择和定义

1. 被解释变量

如果把区域产学研协同创新网络系统看成一个"投入—产出"系统，创新产出就是区域创新绩效，也是本书研究的被解释变量。长期以来，对区域创新绩效的研究结果尚未形成一种普遍接受的创新投入指标，但是在创新产出层面，专利是一个广泛为中外学者采用的指标。分析产学研协同创新对区域创新绩效技术性能的影响需要较长时间和多个区域的数据。而专利提供了多地区和较长时间内的一致、具体和可比的数据。专利被广泛认为是国家、地区、企业和行业技术绩效的指标。由于这个原因，本书区域创新绩效这一被解释变量选择专利指标来衡量。从国外文献看，专利指标大多采用"专利申请数"和"专利授权数"作为创新绩效具体产出指标来测量。本书选用发明专利授权数作为各区域创新绩效的测度指标，因为专利授权数更代表绩效实际产出。

2. 解释变量

解释变量包括创新投入变量与产学研协同创新网络结构变量。其中创新投入方面，一般把研究与发展人力资源和研究与发展财力资源作为创新体系的投入资源。具体而言，国内外相关研究选择研究与发展经费支出和研究与发展人员全时当量两个指标作为创新投入变量。作为本研究重点关注的解释变量，根据前面的分析，本书把产学研协同创新网络结构变量指标选择为网络规模、网络开放性、网络结构洞、网络密度（网络联系强度）四个方面。网络规模指标的选取国内外各有不同，本研究参考于明洁等（2013）选用指标，用各区域高校数量、各区域研发机构个数和各区域高新技术企业数三个指标来反应各区域产学研协同创新网络规模。在网络开放性选取方面，李习保（2007）采用地区的贸易专业化指数（TSI）来表示不同地区的对外开放性，衡量一个地区可以利用外部技术信息和知识的程度，本书选用各区域外商直接投资额测度。参照于明洁等（2013）的指标选取，网络结构洞用各区域技术市场交易金额表征。网络密度选用各地区高等学校研究与发展经费外部支出（包括对其他研究机构和企业等研发经费支出）数据测度[①]。相较以往研究，网络密度指标的选取是本研究的创新指标。

3. 控制变量

本书选用的控制变量是区域创新环境基础设施变量，包括区域经济增长水平、信息基础设施、产业结构、区域研发投入强度、政府支持强度、地理区域和市场开放程度共6个变量。其中区域经济增长水平选用地区人均国内生产总值来度量。信息基础设施是区域科技创新与知识交换的载体，当代信息发展水平对区域创新影响越发重要，出于数据可得性角度，本书参考本章文献，采用地区邮电业务总量占国内生产总值比重来测度区域信息基础设施水平，但与该文献对该指标理解正好相反。应该说当前信息社会中人们更多采用电脑、手机与移动互联网作为信息沟通的主要手段，信息手段的更新使得电脑、手机与移动互联网对传统信息沟通媒介的邮电业务产生了明显的"挤出效应"。即邮电业务量占国内生产总值比重越高可能恰恰说明该地区信息基础设施水平越低，所以本书就选用该指标作为地区信息发展水平的反向指标。在产业结构方面，与李婧等（2009）选取高技术产业规模以上企业增加值占全国比例作为衡量各省区产业结构的指标不同，本书产业结构用各区域第三产业占比数据表征，区域研发投入强度利用研究与发展经费占地区国内生产总值比重来测度。政府支持强度以地区总的科技经费筹集金额中，政府资助所占比重来衡量地方政府对创新活动的支持力度。市场开放程

[①] 企业产学研经费支出指标由于统计数据缺失太多而舍弃，各地区研究与开发机构研究与发展经费外部支出统计数据缺失海南、青海等多个省、市及自治区数据。

度变量根据左铠瑞等（2016）将市场开放程度作为影响创新效率的环境因素，采用进出口总额占国内生产总值的比重来度量。

（三）模型设定

1. 理论模型

效率评估方法主要分为非参数与参数方法，参数法一般采用随机前沿分析，非参数法一般采用数据包络分析。非参数法基于前沿函数，利用线性规划，如数据包络分析测定绩效（效率）单元的技术效率，无须设定具体函数形式，且对数据样本量要求不高，应用方便。缺点是效率单元测定结果离散度较大，由于掺杂随机误差项而导致效率评价存在偏差。随机前沿分析主要利用计量经济学方法对设定好的前沿生产函数中的未知参数进行估计，然后求出绩效（效率）单元的技术效率。随机前沿分析需要预先设定前沿生产函数，其优点是模型构建有经济理论基础支撑，可更深入地估计出各种外生变量对绩效单元的技术效率影响，对于政策的制定、评价都有很好的参考价值。而且，在数据使用面板数据的前提下，随机前沿分析相比较非参数的数学规划方法，能够对无效率项和随机误差项进行准确区分，由此测算的技术效率值将会更加精准。本书将采用随机前沿分析，以巴蒂斯和科埃利（Battese & Coelli，1995）提出的随机前沿模型作为基本模型，构建区域产学研协同创新知识生产函数，考察我国各区域区域创新效率，并分析各类绩效影响因素。

本书采用的随机前沿模型是由艾格等（Aigner，1977）以及米森和布洛克（Meeusen & Broeck，1977）分别提出，后来经巴蒂斯和科埃利（1995）提出的同时估计随机前沿生产函数和技术效率函数的面板数据扩展模型。模型的具体形式如下：

$$\ln Y_{it} = X_{it}\beta + (V_{it} - U_{it}); \quad i=1, 2\cdots, N; \quad t=1, 2, \cdots, T \qquad (1)$$

$$m_{it} = Z_{ti}\delta \qquad (2)$$

其中$\ln Y_{it}$是以对数形式表示的第i个区域产学研协同创新网络系统第t期的创新产出，X_{it}是第i个区域产学研协同创新网络系统第t期的投入向量，β是待估计参数向量。V_{it}是独立于U_{it}，且服从正态分布，均值为0，方差为δ_V^2的表示统计噪声的对称随机误差项，即V_{it}服从$N(0, \delta_V^2)$。统计噪声既来源于所忽略的与X_{it}相关的变量，也来源于测量误差和函数形式选择所带来的近似误差。由于产出值以随机变量$\exp(X_{it}\beta+V_{it})$为上限，所以式（1）定义的模型称为随机前沿生产函数。随机误差V_{it}可正可负，因此，随机前沿产出围绕着模型的确定部分$\exp(X_{it}\beta)$变动。U_{it}表示与第i个区域产学研协同创新网络系统在第t期的技术无效有关的非负随机变量，且服从$N(m_{it}, \delta_V^2)$的正半步截断分布。

随机前沿分析的主要目的是预测无效效应，最常用的产出导向的技术效率是可观测产出与相应随机前沿产出之比：$TE_{it}=Y_{it}/\exp(X_{it}\beta+V_{it})$ = $\exp(-U_{it})$表示技术无效性，测度相对前沿的技术效率水平。TE值在0和1间取值，作为技术有效的测度指标。如果将区域产学研协同创新活动当成一种知识生产行为，那么区域创新绩效就可以看成知识研发的生产效率，可以选择TE作为衡量区域创新绩效的指标。

上述公式（2）中$m_{it}=Z_{it}\delta$，表示效率损失指数，Z^{it}为影响区域产学研协同创新网络系统绩效的向量，δ为待估的参数向量。该参数反映对应变量对效率的影响方向和影响程度。巴蒂斯和科拉（Corra），（1977）建议令$y=\delta_U^2/(\delta_V^2+\delta_U^2)$，那么$y\in(0, 1)$，当$y=0$的假设被接受时，意味着$\delta_U^2=0$，表明随机误差项$V_{it}$起到支配作用，系统不存在技术无效率。而当$y$趋于1时，意味着前沿生产函数的误差主要来自技术效率的损失。

2. 实证模型

已有大量研究表明超越对数函数可以更好地对数据进行拟合，例如阿尔通巴斯和查克拉瓦蒂（Altunbas & Chakravarty，2001）证明使用此函数可以进行很好的预测，特别是其能够有效处理非平衡的或者说异质类数据，并得到良好的结果。其次，超越对数函数可以反映出解释变量对解释变量的交互作用。考虑到本研究各类创新网络结构数据属于异质类数据，所以在随机前沿生产函数的具体形式上，本书采用的生产函数是超越对数的生产函数，具体数学表达式如下：

$$\ln Y_{it}=\beta_0+\beta_1\ln K_{it}+\beta_2\ln L_{it}+\beta_3\ln^2 K_{it}+\beta_4\ln^2 L_{it}\\+\beta_5(\ln K_{it})(\ln L_{it})+(V_{it}-V_{it}) \quad (3)$$

技术效率函数为以下形式：

$$m_{in}=\delta_0+\delta_1 C_{it}+\delta_2 R_{it}+\delta_3 E_{it}+\\\delta_4 FDI_{it}+\delta_5 T+\delta_6 C.\exp_{it}+\delta_7 GDP_{it}+\\\delta_8 ICT_{it}+\delta_9 IS_{it}\delta_{10}RI_{it}+\delta_{11}GOV_{it}+\delta_{12}MAR_{it} \quad (4)$$

其中式（3）中 Y_{it} 表示区域创新绩效，用"专利授予数"作为各区域创新绩效的测度指标。K_{it} 表示区域产学研协同创新网络系统的研究与发展财力资源投入，用各地区研究与发展经费内部支出表征。L_{it} 表示区域产学研协同创新网络系统的研究与发展人力资源投入，用各地区研究与发展人员全时当量表征。

式（4）中分别从区域创新环境基础设施和产学研协同创新网络结构两方面来考察区域创新绩效的影响因素。其中产学研协同创新网络结构选用六个结构变量：C 为 collgee 变量表示各区域高校数量；R 为 research 变量表示各区域研发机构数量；E 为 enterprise 变量表示各区域高新技术企业数。这三个变量都是表征产学研网络结构规模的变量。FDI 是各区域外商直接投资额，用来表征网络开放度。T 为是各区域技术市场交易金额，用来表征网络结构洞。college.exp 是各区域高等学校研究与发展经费外部支出，这个变量表征网络密度。

区域创新环境基础设施选用六个变量：GDP 是表示各区域人均国内生产总值，用来表征该地区经济发展水平；ICT 是地区邮电业务总量占国内生产总值比重，用来表征地区信息基础设施水平；IS 是各区域第三产业占比数据，用来表征地区产业结构特征；RI 是各区域研究与发展经费占地区国内生产总值比重，用来表征区域研发投入强度；GOV是以地区总的科技经费筹集金额中政府资助所占比重来衡量地方政府对创新活动的支持力度；MRA是采用各区域进出口总额占GDP的比重来度量一省对国际贸易和竞争的开放程度，此变量用来表征地区市场开放程度。表5-1对技术效率函数中各解释变量做出了说明。

表 5-1　影响区域产学研协同创新网络技术效率的各因素变量定义

变量	变量定义	备注
college	各区域高校数量	表征产学研网络结构规模
research	各区域研发机构数量	表征产学研网络结构规模
enterprise	各区域高新技术企业数	表征产学研网络结构规模
FDI	各区域外商直接投资额	表征网络开放度
technology	各区域技术市场交易金额	表征网络结构洞
college.exp	各区域高等学校R&D经费外部支出	表征网络密度
GDP	各区域人均GDP	表征该地区经济发展水平
ICT	各区域邮电业务总量占GDP比重	表征该地区信息基础设施水平
IS	各区域第三产业占比	表征该地区产业结构特征
RI	各区域R&D经费占地区GDP比重	表征区域研发投入强度
GOV	地区总的科技经费筹集金额中政府资助所占比重	表征政府对创新活动的支持力度
MRA	各区域进出口总额占GDP的比重	表征该地区市场开放程度

四、实证结果与分析

（一）变量的描述性统计

表5-2是对中国三十个省、市及自治区2008年至2017年的样本进行的描述性统计结果。

表 5-2　各变量的描述性统计结果

变量	观测值数量	均值	标准差	最小值	最大值
Y	300	36128	55684	228	332652
K	300	3599166	4388650	33479	23436283
L	300	105731	115817	1726	565287
college（所）	300	86.1	44.4	9	356
research（所）	300	109.3	58.56	16	379
enterprise（家）	300	1782.6	4223.6	14	37033
FDI（亿美元）	300	1234	1956	23	17622
technology（万元）	300	2257862	5270203	5556	44868872
college.exp（万元）	300	19304.3	35482.7	34	228940
GDP（亿元/万人）	300	4.49	2.49	0.99	14.06
ICT（%）	300	0.05	0.03	0.01	0.16
IS（%）	300	44	9.6	28.1	80.6
RI（%）	300	1.5	1.1	0.23	6.08
GOV（%）	300	0.24	0.13	0.07	0.61
MRA（%）	300	0.31	0.37	0.02	1.71

（二）实证分析

在估计实证模型前，本书首先利用最大似然值检验方法对超越对数生产函数与cobb-douglas生产函数两种函数形式的优劣进行了统计检验。经过计算，似然比检验的统计量 LR 为 128.3，大于在 $\alpha=0.01$ 水平下的临界值 57.7，因此拒绝原假设，说明超越对数生产函数模型的确能更好地拟合区域产学研协同创新过程中的投入—产出关系。

本书应用 Frontier4.1 对中国30个省、市及自治区2008至2017年的创新数据进行实证分析，表5-3 给出了超越对数形式随机前沿生产函数的最大似然估计结果。

表 5-3　区域产学研协同创新网络随机前沿生产函数和效率方程估计结果

变量	估计系数	系数值	标准差	T 值
生产函数部分				
常数项	β_0	−9.7730***	1.0397	−9.3999
$\ln K$	β_1	−1.7789**	0.7168	−2.4817
$\ln L$	β_2	3.1347***	0.5527	5.6715
$\ln^2 K$	β_3	0.4170***	0.0745	5.5988
$\ln^2 L$	β_4	0.0986**	0.0478	2.0627
$\ln K \times \ln L$	β_5	−0.4840***	0.1074	−4.5071
无效率函数部分				
常数项	δ_0	1.2763***	0.2888	4.4187
college	δ_1	−0.0047***	0.0014	−3.4800
research	δ_2	0.0043***	0.0007	6.3600
enterprise	δ_3	−0.00004*	0.00002	−1.8792
FDI	δ_4	−0.0001**	0.00004	−2.3058
technology	δ_5	0.000000049***	0	3.3837
college.exp	δ_6	−0.000007***	0.000002	−2.9346
GDP	δ_7	0.06134**	0.0266	2.3024
ICT	δ_8	6.1013***	1.3193	4.6248
IS	δ_9	−0.0362***	0.0057	−6.3655
RI	δ_{10}	0.3487***	0.0962	3.6251
GOV	δ_{11}	−0.4030	0.2943	−1.3693
MRA	δ_{12}	−0.4417**	0.2004	−2.2046
其他统计信息				
σ^2		0.1307***	0.0149	8.7394
γ		0.5136836***	0.0722	7.1119
对数似然函数值		−96.777818		
LR统计量		128.2851***		

续表

变量	估计系数	系数值	标准差	T值
平均技术效率		0.64260260		
样本容量		300		

注："*""**""***"分别代表在10%、5%、1%水平上统计显著。

1. 总体评价

从表5-3的结果可以看出，本研究的随机前沿生产函数中技术无效率方差与总方差之比 γ 在1%水平上显著，其值为0.5136836，说明中国大多省区域产学研协同创新网络知识生产系统中的确存在非效率现象，效率损失约为50%左右。生产函数部分的参数估计全部通过了5%水平上的显著性检验，无效率函数部分基本也都通过了相应的显著性检验。对数似然函数值为-96.777818，LR统计量为128.2851，在1%水平上显著，说明了超越对数生产函数模型的选择与整体估计的有效性。中国各区域产学研协同创新网络知识生产系统的平均技术效率为0.64260260，说明该创新系统存在一定程度的技术非效率问题，同时也说明中国各区域存在较大的创新潜力，还有较大促进区域创新绩效的提升的空间。

2. 影响因素分析及研究假设检验

从表5-3的技术非效率影响因素的估计系数结果来看，可以对引起区域产学研协同创新网络系统从其结构影响因素与创新基础设施控制变量两方面来进行分析。

首先，从区域产学研协同创新网络结构变量（网络规模、网络开放性、网络结构洞、网络密度）四个方面分析。

网络规模的三个变量：第一个变量是各区域高校数量，$\delta_1 = -0.0047$，表明各省区域高校数量与区域创新绩效存在正相关，但是正相关关系不是很强。实证结果一方面验证了网络规模的假设，即产学研协同创新网络规模将与区域创新绩效更高水平的技术性能相关，即网络规模越大，区域创新绩效越高。另一方面，区域高校规模对区域创新绩效的影响有限，可以通过扩大区域高校数量促进区域创新水平的提升，但高校在产学研协同中的内涵作用建设才应该是促进区域创新绩效的有效手段。第二个变量是各区域研发机构数量，$\delta_2=0.0043$，表明各省区域研究机构数量与区域创新绩效存在负相关，但是负相关关系不是很强，实证结果表明现实中区域研究机构数量的增加不但没有提升区域创新绩效，反而有副作用，说明了我国区域研究机构在产学研协同创新方面发挥的作用很小，没有对区域创新绩效提高方面发挥应有作用，这方面有很大提高空间。网络规模的第三个变量是各区域高新技术企业数，$\delta_3= -0.00004$，表明各省高新技术企业数量与区域创新绩效存在正相关，但正相关关系不是很强，实证结果一方面验证了网络规模的假设，另一方面，区域高新技术企业数量对区域创新绩效的影响有限，可以通过增加高新技术企业数量促进区域创新水平的提升。

网络开放度的测度指标各区域外商直接投资额，$\delta_4= -0.0001$，实证结果表明该指标与区域创新绩效存在正向关系，区域产学研协同创新网络系统的开放度越高，区域创新绩效越好。该结果一定程度上验证了相关假设。

网络结构洞的测度指标是各区域技术市场交易金额，$\delta_5=0.000000049$，实证结果表明该指标与区域创新绩效关系不明显。该结果没有验证本书关于创新结构洞的相关假设。本研究与国内已有某些研究结论不同，表明现实情况是中国各区域产学研创新网络系统中结构洞的"中介效应"不明显。

网络密度的测度指标是各区域高等学校研究与发展经费外部支出，$\delta_6= -0.000007$，实证结果支持本书关于网络密度与区域创新绩效关系的假设，即产学研协同创新网络密度将与区域创新绩效更高水平的技术性能相关。网络密度越大，区域创新绩效越高。这一结果表明了产学研各方相互加强协同创新的重要性，此举措对促进区域创新绩效提升有明显的作用。

从区域创新环境基础设施等控制变量影响因素分析如下。

第一，地区经济发展水平用各区域人均国内生产总值表征。δ_7=0.06134，实证结果表明区域经济发展水平与区域创新绩效负相关，否定了原研究假设，这与直观常识不太相符。这里面原因比较复杂，本书认为这可能一方面由于本书选取的创新绩效指标是专利而非直接反映经济发展的指标，我们各区域普遍存在科技向经济转化绩效水平偏低，即科技成果转化经济成果率低的现象；另外一方面也间接证明过去中国区域创新绩效的提升与经济发展水平比较脱节，即间接证明了中国过去的经济增长更多来自非技术创新带来的粗放型规模增长，而非由技术创新带来的内涵式增长。过去多年经济发达地区由于仅仅依靠劳动力与资本红利而非技术创新就能大幅发展经济，反过来给区域技术创新带来"抑制效应"。同时这一结果也给经济落后区域发展经济指明了道路，即发挥"后发优势"，使技术创新成为该地区经济增长的主要推动力，使得区域经济增长与区域创新绩效真正实现正相关。

第二，地区信息基础设施水平用邮电业务总量占国内生产总值比重表征，δ_8=6.1013，实证结果表明该指标与区域创新绩效显著负相关。由于该指标是本研究选用的信息基础设施的反向指标，所以该实证结果表明地区信息基础设施水平与区域创新绩效正相关，验证了本书相关研究假设。

第三，该地区产业结构特征用各区域第三产业占比表征，δ_9= –0.0362，实证结果表明区域第三产业占比与区域创新绩效显著正相关，验证了本书相关研究假设，即产业结构中现代产业体系的高新技术产业与服务业占比越大，区域创新绩效越好。

第四，区域研发投入强度用各区域研究与发展经费占地区国内生产总值比重表征，δ_{10}=0.3487，实证结果表明区域研发投入强度与区域创新绩效显著负相关，本书相关研究假设没有通过检验。这一实证结果表明现实中我国区域研发投入并没有取得预期效果，一方面可能是由于研发资金使用效率不高，存在较大浪费现象；另一方面本书研究创新绩效产出指标采用的是区域专利授权数，而我国产学研协同创新科技成果转化率不高，研发经费并没有转化为实际创新成果，这也与我国实际情况相符合。更多的创新成果是以科研论文等"软形式"存在，而对专利等创新产出具有"挤出效应"。

第五，政府对创新活动的支持力度用地区总的科技经费筹集金额中政府资助所占比重表征，δ_{11}=-0.4030，没有通过显著性检验，实证结果并没有验证研究假设。说明政府仅仅增加资金资助不能完全起到推动区域创新产出的结果，政府对创新活动的支持应花更多精力放在创造良好的制度环境以及出台更多支持性政策方面。

第六，地区市场开放程度用各区域进出口总额占国内生产总值的比重表征，δ_{12}= -0.4417，实证结果表明地区市场开放程度与区域创新绩效正相关。区域市场开放程度越高，越有利于知识传播与流动，越有利于产学研各方开展相互协同创新活动，促进区域创新绩效。本结果验证了相关研究假设。

3. 区域创新技术效率的测算及分析

根据实证结果，全国30个省、市及自治区2008—2017年十年的区域创新绩效及各省绩效年均值具体见表5-4，并根据表中数据做出各年份全国平均创新绩效变化趋势见图5-1。从表5-4与图5-1可以看出，2008—2017年，大多省、市及自治区区域创新绩效虽有一定波动，但是总体均表现出逐年上升的趋势，全国每年创新绩效平均值也是逐年上升，从2008年的0.5010上升到2017年0.8090。说明近年我国产学研协同创新区域创新绩效上升很快，已经达到比较高的水平，但仍然有一定提升空间。

表5-4　2008—2007年全国30个省、市及自治区区域创新绩效结果[①]

区域	2008年	2009年	2010年	2011年	2012年	2013年	2014年	2015年	2016年	2017年
北京	0.2370	0.2780	0.4295	0.3865	0.3957	0.7209	0.6835	0.6477	0.6074	0.6618

---

① 本书中表格因数据缺失的原因未包含西藏自治区、台湾地区、香港特别行政区及澳门特别行政区。

续表

区域	2008年	2009年	2010年	2011年	2012年	2013年	2014年	2015年	2016年	2017年
天津	0.3816	0.3934	0.4746	0.4007	0.4258	0.4376	0.4152	0.5415	0.6276	0.8104
河北	0.5003	0.4859	0.5863	0.5656	0.6098	0.6239	0.6192	0.7347	0.7510	0.8308
山西	0.2820	0.2897	0.3552	0.3604	0.4308	0.4624	0.4433	0.6638	0.7162	0.6896
内蒙古	0.3955	0.3272	0.3507	0.3236	0.3310	0.3538	0.3585	0.4203	0.4447	0.5610
辽宁	0.4328	0.4151	0.4962	0.4717	0.5037	0.5078	0.4873	0.6982	0.7328	0.7532
吉林	0.4279	0.3451	0.4347	0.4639	0.4526	0.4678	0.4841	0.5371	0.6084	0.7151
黑龙江	0.3488	0.2864	0.3966	0.5755	0.7075	0.7113	0.6717	0.7904	0.8411	0.9015
上海	0.7422	0.7476	0.8850	0.7447	0.7422	0.6931	0.6649	0.7973	0.7342	0.8008
江苏	0.7190	0.8113	0.8940	0.9311	0.9344	0.9307	0.9392	0.9238	0.9130	0.9644
浙江	0.8056	0.8278	0.9202	0.9341	0.9140	0.8322	0.8666	0.9390	0.9188	0.9544
安徽	0.4139	0.4774	0.7235	0.7696	0.7546	0.7083	0.7872	0.7405	0.7709	0.8279
福建	0.5751	0.5993	0.6797	0.6823	0.7098	0.7359	0.9169	0.8193	0.8374	0.8954
江西	0.3409	0.3636	0.4294	0.5037	0.5951	0.6177	0.6324	0.8171	0.8481	0.8553
山东	0.3879	0.4179	0.5224	0.5034	0.5320	0.5167	0.5717	0.5749	0.6082	0.8453
河南	0.4399	0.3894	0.4744	0.4795	0.5480	0.5538	0.5498	0.7188	0.7355	0.8466
湖北	0.4624	0.4082	0.5317	0.4788	0.5147	0.5383	0.5287	0.5830	0.6509	0.7432
湖南	0.4684	0.4733	0.6292	0.6003	0.6394	0.6373	0.6204	0.6755	0.7013	0.7930
广东	0.7511	0.7850	0.8313	0.8200	0.7961	0.8243	0.7933	0.8616	0.8806	0.9721
广西	0.5097	0.4439	0.4441	0.4592	0.5049	0.5717	0.6190	0.7848	0.8043	0.7893
海南	0.7835	0.8464	0.8478	0.8110	0.8206	0.8544	0.8842	0.9031	0.8761	0.8699
重庆	0.6000	0.6194	0.7376	0.7868	0.8236	0.8634	0.8836	0.8989	0.8794	0.8476
四川	0.4564	0.5399	0.6844	0.6559	0.7708	0.8282	0.7762	0.8511	0.8603	0.8783
贵州	0.7009	0.6244	0.8181	0.7940	0.8830	0.8948	0.9077	0.9170	0.8715	0.8497
云南	0.5055	0.5751	0.6322	0.6407	0.7114	0.7318	0.7735	0.7618	0.7592	0.7363

续表

区域	2008年	2009年	2010年	2011年	2012年	2013年	2014年	2015年	2016年	2017年
陕西	0.2784	0.3126	0.4426	0.4908	0.5080	0.5761	0.5718	0.6894	0.8338	0.7905
甘肃	0.3280	0.3063	0.3871	0.4915	0.5476	0.5999	0.6269	0.6881	0.7729	0.8030
青海	0.5370	0.4748	0.3211	0.4305	0.4187	0.3881	0.4530	0.7517	0.7408	0.6840
宁夏	0.6277	0.6723	0.7166	0.5079	0.5387	0.5981	0.6113	0.6470	0.7161	0.7374
新疆	0.5917	0.5290	0.5544	0.5716	0.6126	0.6920	0.7493	0.8620	0.8260	0.8616
均值	0.5010	0.5022	0.5877	0.5878	0.6226	0.6491	0.6630	0.7413	0.7623	0.8090

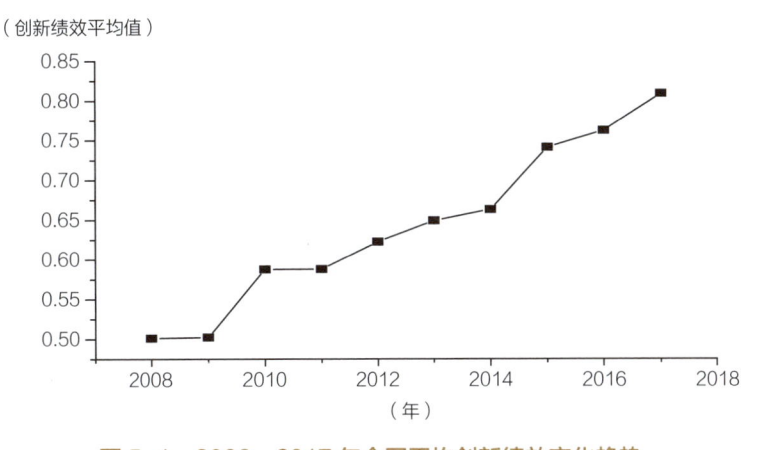

图 5-1 2008—2017 年全国平均创新绩效变化趋势

表5-5则列出中国各省、市及自治区区域历年平均创新绩效排名结果，从中可以看出江苏、浙江、海南和广东等东部沿海省份排名靠前，这些东部沿海省、市及自治区区域创新绩效均已达到0.8以上，表现出较高的创新技术效率水平；而内蒙古、山西、吉林等中西部省、市及自治区创新效率值均在0.5以下，说明这些省份区域创新绩效还有较大的提升空间。值得注意的是，近年来一些西部省、市及自治区如贵州、重庆、四川等区域创新绩效得到较大提升，平均创新绩效均在0.7以上，说明近年这些西部地区在产学研协同创新、创新基础设施及依靠科技创新促进产业升级等方面均取得很大进步，这给其他落后地区提供了宝贵的发展经验。另外，四大直辖

市中除了重庆、上海排名靠前以外，北京与天津均排名靠后，平均创新绩效均在0.5左右，低于全国平均值0.6426（见表5-3），说明即使像北京、天津这样的创新资源聚集的地区，由于创新效率利用率低下、产学研协同创新不足等原因，仍然可能导致整体区域创新绩效较低。

表5-5　全国30个省、市及自治区历年平均区域创新绩效排名结果

区域	平均绩效	排名	区域	平均绩效	排名
北京	0.5048	26	河南	0.5736	19
天津	0.4908	28	湖北	0.5440	24
河北	0.6308	14	湖南	0.6238	15
山西	0.4693	29	广东	0.8315	4
内蒙古	0.3866	30	广西	0.5931	18
辽宁	0.5499	21	海南	0.8497	3
吉林	0.4937	27	重庆	0.7940	6
黑龙江	0.6231	16	四川	0.7302	9
上海	0.7552	7	贵州	0.8261	5
江苏	0.8961	1	云南	0.6828	12
浙江	0.8913	2	陕西	0.5494	22
安徽	0.6974	10	甘肃	0.5551	20
福建	0.7451	8	青海	0.5200	25
江西	0.6003	17	宁夏	0.6373	13
山东	0.5480	23	新疆	0.6850	11

五、结论及政策含义

本书研究基于异质性创新网络结构视角，假设区域产学研协同创新

网络规模、网络开放性、网络结构洞、网络密度四个方面对区域创新效率产生影响，并在增加区域创新环境基础设施等诸多控制变量基础上，通过对中国30个省份地区在区域创新绩效的表现进行分析，本书发现有证据表明，产学研协同创新网络规模对区域创新绩效影响并不明显。同样，网络结构洞的"中介效应"的研究假设也没有得到验证。与此同时，我们注意到网络开放性和网络密度与区域创新绩效关系的研究假设均得到验证。说明了区域产学研协同创新网络系统开放程度与产学研各方相互加强协同创新，在区域创新绩效方面发挥着重要作用，它们均对区域创新绩效的提升有明显促进作用。此外，对区域创新环境因素对创新绩效的影响作用进行分析，结果表明地区信息基础设施水平、地区产业结构特征、地区市场开放程度等因素均对区域创新绩效产生正向影响，验证了研究假设。但政府对创新活动的支持力度与区域研发投入强度相关假设都没有得到验证。地区经济发展水平对区域创新绩效的假设被否定，间接验证了我国过去经济增长的"粗放性"，与科技创新关联度不高。

因此，这些发现可能对区域创新政策制定者和产学研各主体都有启示。对决策者来说，注重创造更先进的地区信息基础设施水平，促进地区产业结构优化升级，打造更开放的市场环境等对于营造产学研协同创新的区域创新环境是至关重要的，这一点可能促使他们制定包含当地科技创新绩效标准的相关科技政策。如何加强区域科技资金使用效率，使得创新投入与创新产出实现更高匹配，区域经济增长如何与技术创新产生更高关联度是各地政府今后重点思考的问题。此外，本书的研究结果强烈表明，产学研协同创新网络结构因素的作用和影响具有重要意义，这为产学研各创新主体今后开展产学研创新活动给出了一定的指导方向，比如，通过加强协同创新网络开放度与密度等创新网络结构优化措施可以促进区域创新绩效的提升。

当然，应该指出本书的研究由于实证方法、模型与测度指标选取、数据可得性等问题，仅仅通过验证本书有关研究假设得出提高区域创新绩效的结论还具有一定局限性。未来的研究旨在进一步充实和细化目前的观察结果，可能会解决目前研究设计中隐含的几个限制。首先，在本研究中，由于随机前沿分析方法的限制，只选取专利授权数一个创新绩效指标，未来的研究将会对创新产出变量做进一步深入分析。同时，引入更多、更全面的产学研协同网络结构指标，可能会揭示本书的研究结果在多大程度上是可靠和结论性的。其次，由于数据的可得性，本书选取的区域科技统计年鉴中的有关数据替代现实中产学研协同创新指标数据可能导致研究实际低估或高估了创新绩效值。此外，网络规模指标中企业数据和研究机构数据的缺失也是本研究的不足之处，今后，如能收集到更符合实际的产学研协同创新数据将会进一步提高研究结论的准确性。最后，未来的研究可能考虑产学研协同创新行为对区域创新绩效影响的"滞后效应"，以验证模型结果的稳健性。

第二节
基于网络数据包络分析模型的区域创新绩效研究

为深入研究创新网络结构因素和创新基础设施对区域创新绩效的影响作用,本书以中国30个省、市、自治区的区域创新绩效为研究对象,运用各区域的科技统计数据,采用两阶段网络数据包络分析乘法模型,测算各区域创新效率,并分析影响其各阶段创新效率的变化原因,得出研究结论,并对区域科技政策提出一些建议。

一、文献回顾

近年来随着区域创新系统及网络研究的兴起,关于区域创新绩效的研究成为一个主要研究方向,并且已经取得不少成果。从研究方法归纳,主要将国内相关研究成果概括为如下两个方面:①参数法,如基于随机前沿分析方法。代表性成果有:张宗益等(2006)利用对数型柯布-道格拉斯(Cobb-Douglas)生产函数的随机前沿模型,实证研究了1998—2003年我国区域技术创新效率。李习保(2007)利用1998—2006年的面板数据,采用对数线性柯布-道格拉斯前沿生产函数模型对我国区域创新环境对创新活动效率的影响进行了实证分析。史修松等(2009)运用随机前沿函数分析方法,测算了中国省级区域创新效率及其空间差异。苏屹等(2013)利用超越对数知识生产函数的随机前沿模型,对中国区域创新效率及影响因素进行了实证分析。②非参数法,如基于数据包络分析模型方法。代表性成果有：刘顺忠等（2002）运用传统数据包络分析方法的CCR模型[①]分析评价了我国各区域创新系统的创新效率。官建成等（2005）基于两阶段数据包络分析的CCR模型分别对区域创新活动的技术有效性、经济有效性以及综合有效性进行了评价。白俊红等（2009）利用DEA-Tobit两步法对我国区域创新效率的环境影响因素进行了实证检验。迟国泰等（2010）运用超效率数据包络分析方法测评了我国部分省份科技创新效率。左铠瑞等（2016）利用并联数据包络分析模型对我国区域研究与发展效率及影响因素进行了测度。

随机前沿分析主要利用计量经济学方法对设定好的前沿生产函数中的未知参数进行估计后，求出绩效单元的技术效率。其优点是模型构建有经济理论基础支撑，可更深入地估计出各种外生变量对绩效单元的技术效率影响。但是利用该方法分析创新效率时，由于对于创新过程没有一个清晰的理论模型和生产函数形式来连接投入和产出，因此在不确定的背景下，数据包络分析比随机前沿分析更合适。另一方面采用随机前沿分析方法时，创新产出指标只能取一个指标，而区域创新系统是一个多投入和多产出的复杂知识网络系统。非参数法基于前沿函数，利用线性规划，如数据包络分析来测定绩效单元的技术效率，这种方法无须设定具体函数形式，且对数据样本量要求不高，应用方便。该方法对多投入和多产出的网络系统的效率评估具有优势。

根据以往研究，前人学者各自采用不同的方法和时期数据，对区域创新效率进行了测度研究，但仍存在以下三点不足：①随着对区域创新网络系统机理研究的深入，基于三螺旋结构模型的知识创新与区域创新效率关系的研究成为近年热点，但以往对区域创新效率测评的研究很少考察区域

[①] CCR 模型是数据包络分析（DEA）模型的一种，名称取自查恩斯（A. Charnes）、库珀（W. W. Cooper）、罗兹（E. Rhodes）三位运筹学家的名字。

创新系统作为网络系统的结构属性，只有少数国外研究对区域创新网络结构进行了一定分析（克拉特克，2010；欧文-史密斯和鲍威尔，2004）。国内从区域创新网络结构视角分析区域创新效率影响因素的研究还很少见。②传统数据包络分析模型将决策单元作为"黑箱"而不考虑其内部结构与机理，降低了复杂网络生产系统决策单元的效率测评准确性。网络数据包络分析模型相比传统数据包络分析方法来说，网络系统的生产决策单元在效率分析方面更具有优势，但目前运用两阶段网络数据包络分析方法对区域创新效率的研究仍不够深入。③国内创新效率研究虽运用了两阶段网络数据包络分析模型，但关于系统综合效率在两阶段效率分解方面研究尚待深入研究。

基于以上研究，本书将利用两阶段网络数据包络分析方法的乘法模型，采用2013—2017年的科技统计数据，对我国区域创新网络效率进行测评，并将创新网络结构变量作为影响区域创新网络系统技术效率的解释变量来展开研究。

二、模型介绍与数据说明

（一）研究方法

数据包络分析是一种非参数技术，用于测量多个输入、产生多个输出的决策单元（Decision Making Units，DMUs）的绩效。基本的数学模型是线性规划。两种基本的数据包络分析模型，即CCR模型和BCC模型纯技术效率模型，已经分别成为固定收益和可变收益规模假设下的绩效衡量标准。传统的数据包络分析处理一个阶段的生产过程，只是将决策单元作为一个投入-产出的"黑箱"系统，不考虑决策单元内部结构。然而在许多情况下，忽略系统内部划分的操作可能产生误导性的效率值，因此提出了网络数据包络分析来解决这个问题［法勒和格罗斯科夫（Fare & Grosskopf），2000］。该范式把决策单元"黑箱"的内部结构作为多阶段过程，其底层结构表明了各个阶段中间产品的流动，前一阶段的产出作为后一阶段的投入，在效率评估中起着关键作用。大量研究表明，运用网络数据包络分析模型衡量具有网络结构的系统效率，测量结果更加准确且能够具体分析系统无效性来源［颜（Kao），2008］。

从结构方面来说，基本的两级结构是研究最广泛的，网络数据包络分析模型效率分解有两种类型：乘法模型和加法模型。在乘法效率分解中，总效率被定义为两个阶段效率得分的乘积；而在加法效率分解中，总效率被定义为两个阶段效率得分的加权平均值。本书借鉴参考颜和黄（Hwang，2008）的乘法模型，该模型假设：①规模报酬不变（CRS）；②两个阶段的权重是相同的。

假设有 n 个决策单元，并且每个 DMU_j（$j=1, 2, \cdots, n$）都有 m 个输入到第一个阶段 X_{ij}，（$i=1, 2, \cdots, m$），该阶段的 D 输出 Z_{dj}，（$d=1, 2, \cdots, D$）。这些 D 输出后成为第二个的输入阶段，称为中间措施。输出从第二阶段开始，用 r 表示（$r=1, 2, \cdots, s$）。可以计算出第一阶段和第二阶段 DMU_{j0} 的CRS效率值在以下两个CCR模型（1）和（2）中：

$$\theta_{j0}^1 = \max \sum_{d=1}^{D} \eta_d^A z_{dj0} \Big/ \sum_{i=1}^{m} v_i x_{ij0}$$
$$\text{s.t.} \sum_{d=1}^{D} \eta_d^A z_{dj} \Big/ \sum_{i=1}^{m} v_i x_{ij} \leq 1, \ j=1, 2, \cdots, n \quad (1)$$
$$\eta_d^A, \ V_i > 0$$

$$\theta_j^2 = \max \sum_{r=1}^{s} \mu_r y_{rj0} \Big/ \sum_{d=1}^{D} \eta_d^B z_{dj0}$$
$$\text{s.t.} \sum_{r=1}^{s} \mu_r y_{rj} \Big/ \sum_{d=1}^{D} \eta_d^B z_{dj} \leq 1, \ j=1, 2, \cdots, n \quad (2)$$
$$\eta_d^B, \ u_i > 0$$

总体CRS效率值CCR模型（3）可根据以下公式计算：

$$\max \sum_{r=1}^{s} \mu_r y_{rj0} \Big/ \sum_{i=1}^{m} v_i x_{ij0}$$
$$\text{s.t.} \sum_{r=1}^{s} \mu_r y_{rj} \Big/ \sum_{i=1}^{m} v_i x_{ij} \leq 1, \ j=1, 2, \cdots, n \quad (3)$$
$$V_i, \ U_i > 0$$

测量模型DMU的整体效率由下式给出：

$$\theta_{j0} = \max \left(\sum_{d=1}^{D} \eta_d^A z_{dj0} \Big/ \sum_{i=1}^{m} v_i x_{ij0} \right) \times \left(\sum_{r=1}^{s} \mu_r y_{rj} \Big/ \sum_{d=1}^{D} \eta_d z_{dj} \right)$$
$$= \sum_{r=1}^{s} \mu_r y_{rj0} \Big/ \sum_{i=1}^{m} v_i x_{ij0}$$
$$\text{s.t.} \sum_{d=1}^{D} \eta_d^A z_{dj} \Big/ \sum_{i=1}^{m} v_i x_{ij} < 1, \ j=1, 2, \cdots, n \quad (4)$$
$$\sum_{r=1}^{s} \mu_r y_{rj} \Big/ \sum_{d=1}^{D} \eta_d z_{dj} < 1, \ j=1, 2, \cdots, n$$
$$V_i, \ U_i, \ \eta_d > 0$$

以上$\eta_d^A = \eta_d^B = \eta_d$ false，从模型（4）的目标函数可以看出整体效率是两阶段效率的乘积。

（二）两阶段网络数据包络分析模型建立

实际上，区域创新系统可以被看作一个具有一定网络结构属性的知识创新"投入—产出"生产系统。区域知识创新活动是一个复杂网络系统行为，可以视为大学（或科研机构）与企业等异质性组织之间知识流动的过程，可以将知识创新活动分为知识共享、知识创造和知识优势的三个阶段。本书借鉴前人学者研究，将区域知识创新活动分为知识创造与知识转化两个阶段，选择迪米特里斯等（Dimitris，2016）归纳的四种类型、两阶段串联网络数据包络分析中的乘法模型，把国内三种专利授权量作为中间变量，既作为知识创造子系统的产出，也作为知识转化子系统的投入。同时引入创新网络结构变量作为第二阶段的系统外部投入，构建的两阶段网络数据包络分析模型如图5-2所示。区域知识创新网络系统的总效率分解为知识创造子系统效率与知识转化子系统效率，系统的整体效率是两个阶段协调的结果。考虑到创新活动具有风险性与不确定性，创新产出往往不可控，但创新投入相对可控，因此，本模型每一阶段选用投入导向的CCR模型，总效率分解采用前述乘法模型分解方法。

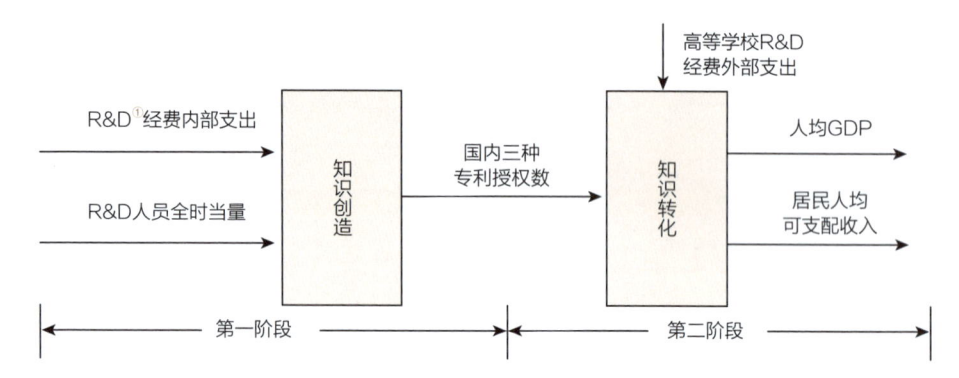

图 5-2　区域知识创新网络效率两阶段模型

（三）效率影响因素模型

为进一步深入分析网络数据包络分析方法测度的两阶段技术效率值的影响因素，本书采用回归模型进行效率影响因素分析。因为数据包络分析分析的技术效率值在0—1，属于典型的因变量受到某种约束情况，所以采用Tobit回归模型。具体形式如下：

$$y_i^* = \delta x_i + \varepsilon i \quad N(0, \sigma^2)$$
$$y_i = y_i^* \quad y_i^* > 0 \tag{5}$$
$$y_i = 0 \quad y_i^* \leq 0$$

上述公式（5）中 y_i^* 为因变量向量；y_i 为知识创新效率值；x_i 为区域知识创新网络系统效率影响因素的向量；δ 为参数向量，该参数反映自变量对效率的影响方向和影响程度。

---

① R&D：全称为 Research and Development，科学研究与试验发展。

（四）指标选取

1. 第一阶段投入产出指标

在创新投入方面，相关研究一般把研究与发展人力资源和研究与发展财力资源作为创新体系的原始投入资源。区域研究与发展经费内部支出和研究与发展人员全时当量是学者广泛采用的创新系统投入指标。R&D经费内部支出可以反映区域知识创新网络系统的财力资源投入，研究与发展人员全时当量可以反映区域知识创新网络系统的人力资源投入。因此，本书选取这两个指标作为区域知识创新网络系统效率的第一阶段创新投入指标。

如果把区域知识创新网络系统看成是一个"投入—产出"系统，创新产出就是区域创新绩效。长期以来，对区域创新绩效的研究结果尚未形成一种被普遍接受的创新投入指标，但是在创新产出层面，专利是一个广泛为中外学者采用的指标。分析区域创新绩效技术性能的变化及影响因素需要较长时间和多个区域的数据，而专利提供了多地区较长时间内的一致、具体和可比的数据。专利被广泛认为是国家、地区、公司和行业技术绩效的指标。由于这个原因，本书第一阶段知识创造的产出变量选择专利指标来衡量。本书选用国内三种专利授权数作为各区域知识创造绩效的测度指标，因为专利授权数更代表绩效实际产出。

2. 第二阶段投入产出指标

利用传统数据包络分析方法分析创新系统往往只是把专利作为最终创新产出，但实际上虽然专利是公认的衡量知识创造和新技术的指标，但无法作为描述知识转化为经济成果的指标。鉴于此，本书在区域知识创新网络系统效率第二阶段的投入产出指标选取上，侧重考查知识转化成经济成果的效率。首先，将第一阶段的产出（三种专利授权数）作为第二阶段的一种投入。其次，根据国内外学者对创新网络结构特征的研究。学者认为，创新网络的成长是由网络的结构决定的，因此网络结构特征应该纳入创新绩效增长的研究。学者认为，知识创新网络密度越大，网络节点之间联系强度也越大，这说明产学研各方主体之间开展协同创新的动机越强，互补性信息、知识资源等在异质性创新主体之间共享程度可能越高，有助于提高各方创新能力，进而促进区域知识转化效率的提升。本书选择刻画区域创新网络结构关键指标之一的网络密度（网络联系强度）作为系统外部投入变量，这里具体选择高等学校研究与发展经费外部支出（包括对其他研究机构和企业等研发经费支出）作为刻画创新网络结构密度的指标。

人均国内生产总值可以反映各区域经济发展水平，居民人均可支配收入则反映各区域人民实际生活水平的提高。这两项指标能反映科技创新对各区域经济的促进与人民生活改善作用，所以选择这两项作为第二阶段的知识转化产出指标。

三、实证结果分析

本书以中国省份区域创新绩效为研究对象，采用2013—2017年我国30个省份有关创新指标统计数据，利用两阶段网络数据包络分析模型进行区域创新网络效率实证分析。有关专利授权数、研究与发展人力资源和研究与发展财力资源数据来自《中国统计年鉴》和《中国科技统计年鉴》，创新网络结构变量数据来自各区域统计年鉴、《中国统计年鉴》《中国科技统计年鉴》，数据处理使用DEAP2.1软件。考虑到区域知识创新活动进行知识创造与知识转化均具有时间滞后性，借鉴有关研究，将知识创造与知识转化两阶段投入产出时间延迟定为1年，第一阶段知识创造投入时间为2013—2015年，第一阶段产出时间与第二阶段知识创造投入时间为2014—2016年，第二阶段知识转化产出时间为2015—2017年。

（一）第 1 阶段结果

从表5-6数据分析，2013—2015年在知识创造阶段只有浙江省的技术效率为1，达到了数据包络分析技术有效。江苏、贵州、四川、重庆、安徽等省份的创新技术效率在0.6—1，表明该部分区域的知识创造技术效率处于较好水平。山西、内蒙古、吉林、宁夏等省份的创新技术效率在0.4以下，表明这部分地区的知识创造技术效率水平偏低，需要通过提高创新资源使用效率避免不必要浪费来提升知识创造效率水平。

表5-6　全国 30 个省、市及自治区区域知识创造阶段创新技术效率

区域	2013年	2014年	2015年	均值	区域	2013年	2014年	2015年	均值
北京	0.509	0.552	0.589	0.550	河南	0.362	0.461	0.516	0.446
天津	0.434	0.474	0.460	0.456	湖北	0.351	0.397	0.444	0.397
河北	0.371	0.430	0.462	0.421	湖南	0.425	0.457	0.445	0.442
山西	0.282	0.295	0.372	0.316	广东	0.592	0.685	0.775	0.684
内蒙古	0.178	0.218	0.230	0.209	广西	0.392	0.474	0.641	0.502
辽宁	0.339	0.364	0.423	0.375	海南	0.378	0.471	0.522	0.457
吉林	0.230	0.262	0.330	0.274	重庆	0.762	0.960	1.000	0.907
黑龙江	0.406	0.454	0.524	0.461	四川	0.709	0.782	0.769	0.753
上海	0.502	0.519	0.538	0.520	贵州	0.698	0.983	0.764	0.815
江苏	0.708	0.723	0.676	0.702	云南	0.471	0.550	0.502	0.508
浙江	1.000	1.000	1.000	1.000	陕西	0.403	0.494	0.753	0.550
安徽	0.669	0.657	0.713	0.680	甘肃	0.336	0.367	0.483	0.395
福建	0.510	0.671	0.840	0.674	青海	0.214	0.370	0.550	0.378
江西	0.524	0.800	1.000	0.775	宁夏	0.285	0.302	0.480	0.356
山东	0.430	0.493	0.474	0.466	新疆	0.546	0.806	0.668	0.673
					均值	0.467	0.549	0.598	0.538

（二）第 2 阶段结果

从表5-7数据分析，青海三年知识转化阶段创新技术效率均为1，达到数据包络分析技术有效。海南有两年技术效率为1，宁夏与内蒙古的知识转化阶段创新技术效率也相对较高。与第一阶段相比较，这些地区的知识转化创新效率相比第一阶段都有很大提升，表明虽然这些地区知识创造创新技术效率较低，但是知识转化效率较高。同时，与第一阶段较高的知识创造技术效率相比，江苏、贵州、四川、重庆、安徽等省、市及自治区在第二阶段知识转化创新技术效率却很低。以上结论说明知识创造与知识转化是相对独立的两个阶段，两者的创新效率并不必然成正比，这给我国由于地域辽阔但创新资源匮乏造成创新资源分布不均匀的困境提供了一个解决思路，即可以利用一些经济文化中心区域的知识创造高效率，与某些创新资源相对匮乏但经济市场广阔的区域进行跨区域知识创新活动，进行优势互补，共同提升整体创新效率。

表 5-7 全国 30 个省、市及自治区区域知识转化阶段创新技术效率

区域	2014年	2015年	2016年	均值	区域	2014年	2015年	2016年	均值
北京	0.025	0.039	0.041	0.035	河南	0.083	0.126	0.038	0.082
天津	0.084	0.086	0.093	0.088	湖北	0.028	0.040	0.044	0.037
河北	0.075	0.046	0.056	0.059	湖南	0.031	0.044	0.050	0.042
山西	0.149	0.134	0.156	0.146	广东	0.043	0.030	0.012	0.028
内蒙古	0.473	0.365	0.337	0.392	广西	0.160	0.095	0.107	0.121
辽宁	0.050	0.073	0.079	0.067	海南	1.000	0.705	1.000	0.902
吉林	0.115	0.171	0.170	0.152	重庆	0.070	0.042	0.054	0.055
黑龙江	0.047	0.074	0.084	0.068	四川	0.014	0.020	0.024	0.019
上海	0.039	0.063	0.066	0.056	贵州	0.157	0.086	0.136	0.126
江苏	0.009	0.011	0.017	0.012	云南	0.140	0.101	0.116	0.119

续表

区域	2014年	2015年	2016年	均值	区域	2014年	2015年	2016年	均值
浙江	0.023	0.012	0.016	0.017	陕西	0.031	0.043	0.036	0.037
安徽	0.034	0.031	0.030	0.032	甘肃	0.103	0.149	0.161	0.138
福建	0.079	0.034	0.045	0.053	青海	1.000	1.000	1.000	1.000
江西	0.072	0.059	0.059	0.063	宁夏	0.476	0.710	0.583	0.590
山东	0.029	0.020	0.026	0.025	新疆	0.223	0.147	0.219	0.196
均值	0.162	0.152	0.162	0.159					

从我国整体区域而言，知识转化阶段的创新技术效率（三年均值0.159）相比知识创造阶段的技术效率（三年均值0.538）要低得多，说明我国各区域的科技成果转化率低下，大量创新资源的原始投入并没有有效转化为经济成果，科技创新对我国经济增长的贡献还远远不足。

表5-8数据显示，中国各省、市及自治区域两阶段整体知识创新效率均较低。因为区域知识创新网络系统的整体效率是两个阶段效率值相乘所得的结果，由前面分析可知整体效率较低主要是由于系统第二阶段的知识转化技术效率低下造成的。

表5-8 全国30个省、市及自治区区域知识创新网络两阶段创新综合技术效率

区域	2013—2015年	2014—2016年	2015—2017年	均值	区域	2013—2015年	2014—2016年	2015—2017年	均值
北京	0.013	0.022	0.024	0.020	河南	0.030	0.058	0.020	0.036
天津	0.036	0.041	0.043	0.040	湖北	0.010	0.016	0.020	0.015
河北	0.028	0.020	0.026	0.025	湖南	0.013	0.020	0.022	0.018
山西	0.042	0.040	0.058	0.047	广东	0.025	0.021	0.009	0.018
内蒙古	0.084	0.080	0.078	0.081	广西	0.063	0.045	0.069	0.059
辽宁	0.017	0.027	0.033	0.026	海南	0.378	0.332	0.522	0.411

续表

区域	2013—2015年	2014—2016年	2015—2017年	均值	区域	2013—2015年	2014—2016年	2015—2017年	均值
吉林	0.026	0.045	0.056	0.042	重庆	0.053	0.040	0.054	0.049
黑龙江	0.019	0.034	0.044	0.032	四川	0.010	0.016	0.018	0.015
上海	0.020	0.033	0.036	0.030	贵州	0.110	0.085	0.104	0.100
江苏	0.006	0.008	0.012	0.009	云南	0.066	0.056	0.058	0.060
浙江	0.023	0.012	0.016	0.017	陕西	0.013	0.021	0.027	0.020
安徽	0.023	0.020	0.021	0.021	甘肃	0.035	0.055	0.078	0.056
福建	0.040	0.023	0.038	0.034	青海	0.214	0.370	0.550	0.378
江西	0.038	0.047	0.059	0.048	宁夏	0.136	0.214	0.280	0.210
山东	0.012	0.010	0.012	0.011	新疆	0.122	0.119	0.146	0.129
均值	0.076	0.083	0.097	0.085					

（三）DEA-Tobit 结果

为进一步深入分析造成区域创新效率较低的原因，本书运用公式（5）（6）的Tobit模型，以2013—2017年中国大多省、市及自治区两个阶段的知识创新技术效率为因变量，从区域创新基础设施和创新网络结构两方面，选取网络规模、网络开放性、网络结构洞、网络密度（网络联系强度）、区域经济增长水平、信息基础设施、产业结构、区域研发投入强度、政府支持强度、市场开放程度为自变量，数据来自各区域统计年鉴、《中国统计年鉴》《中国科技统计年鉴》，数据处理使用stata.12软件，回归结果见表5-9。

表 5-9　全国 30 个省、市及自治区区域知识创新技术效率影响因素的 Tobit 回归结果

解释变量	第一阶段 系数	第一阶段 Z 值	第二阶段 系数	第二阶段 Z 值	两阶段综合技术效率 系数	两阶段综合技术效率 Z 值
创新网络规模（college）	0.0003057	1.10	0.0000553	0.30	−0.00000304	−0.02
创新网络规模（research）	−0.0008128	−0.99	−0.0028747	−3.81***	−0.0011034	−3.93***
创新网络规模（enterprise）	0.0001627	3.41***	6.34e−06	0.16	0.0000147	0.87
创新网络开放度（FDI）	−0.0000985	−2.91***	0.16	0.72	0.00000725	0.60
创新网络结构洞（technology）	−4.41e−09	−0.39	−9.54e−10	−0.13	5.32e−10	0.13
创新网络密度（college.exp）	1.89e−06	1.34	−3.13e−07	−0.32	−3.25e−07	−0.54
地区经济发展水平（GDP）	0.0227149	1.24	0.0014797	0.12	0.0071886	0.99
地区信息基础设施水平（ICT）	7.986778	3.58***	−0.8956167	−0.98	−1.141485	−1.89
地区产业结构特征（IS）	0.0091453	1.95*	−0.000762	−0.36	0.0028329	2.11**
区域研发投入强度（RI）	−0.0335992	−0.46	−0.0967508	−1.75	−0.0875269	−3.11***
地方政府对创新活动的支持力度（GOV）	−0.4651211	−1.43	0.500749	2.42**	0.3874827	3.39***
地区市场开放程度（MRA）	−0.2682271	−2.09**	0.008899	0.10	0.0462486	0.96

续表

解释变量	第一阶段 系数	第一阶段 Z值	第二阶段 系数	第二阶段 Z值	两阶段综合技术效率 系数	两阶段综合技术效率 Z值
常数项	-0.0241686	-0.13	0.5127457	3.53***	0.0618177	0.81
Wald chi^{2}false（12）	56.66		33.14		66.96	

注："*""**""***"分别代表在10%、5%和1%水平上统计显著。

在表征创新网络结构规模的三个变量中，各区域高校数量在知识创新效率的两个阶段的影响作用都不显著，对两阶段综合技术效率的影响也不显著，这说明高校数量对我国区域创新效率的提升不明显，各地区不能仅仅通过简单增加高校数量来提升区域创新能力与效率。各区域研发机构数量对第二阶段知识转化效率的影响在统计上显著，但影响方向为负，两阶段综合创新技术效率也呈现负向影响，这说明研发机构数量的增加反而降低了区域创新效率，也反映出我国研发机构数量的增加在知识创新中的实际作用较低，存在创新资源浪费情况。各区域高新技术企业数对第一阶段的知识创造效率的影响在统计情况来看呈显著正向，但对第二阶段的知识转化与两阶段的综合技术效率在统计上没有显著影响。

实证结果表明，企业在我国区域产学研知识创新中起到了主导作用，高校与研究院所的作用远远不足。以上三个变量的系数在各阶段均较小，总体上反映出产学研三方数量的简单增加不能对区域创新绩效产生明显提升作用，所以区域知识创新过程不能仅仅依靠产学研网络规模的扩大，而需要进一步发挥三方的协同内涵质量作用。

创新网络开放度对区域知识创造阶段呈现在统计上的呈显著负面影响，对知识转化阶段及综合阶段影响均不显著。这表明区域创新网络的开放度越高，区域之间的产学研合作可能越频繁，越有利于进行知识创造，但知识转化更多需要具体结合当地市场的区域内活动。

创新网络结构洞的测度指标是各区域技术市场交易金额，实证结果表明该指标对区域知识创造、知识转化及综合阶段创新效率影响均不显著。这表明在现实情况中，中国各区域知识创新网络系统中结构洞的"中介效应"不明显。

网络密度的测度指标是各区域高等学校研究与发展经费外部支出，实证结果表明该指标对区域知识创造、知识转化及综合阶段创新效率影响均不显著。这表明现实情况是中国各区域知识创新网络系统中产学研各方的协同度远远不足，今后应改善协同方式，相互加强协同创新深度。

从区域创新基础设施等影响因素分析如下。

第一，地区经济发展水平用各区域人均国内生产总值表征。实证结果表明该指标对区域知识创造、知识转化及综合阶段创新效率统计上均不显著。实际系数虽为正，但数值均较小，说明区域经济水平的提升并不必然对知识创新效率产生影响，也间接反映中国过去的区域经济发展水平提升与技术创新相对脱节，即中国过去的区域经济增长更多来自非技术创新带来的粗放型增长，而非由技术创新带来的内涵式增长。

第二，地区信息基础设施水平用邮电业务总量占国内生产总值比重表征，实证结果表明该指标对第一阶段的知识创造效率呈显著的正向影响，对第二阶段知识转化与两阶段的综合技术效率影响方向为负，但统计数据不显著。这表明地区信息基础设施水平的提升对区域知识创造绩效呈现明显正相关；而由于目前各地区信息基础设施水平更多呈现网络化与移动互联网趋势，对邮电业务具有"挤出效应"，所以在知识转化阶段，需对应以互联网化为标准效率更高的信息基础设施水平。

第三，地区产业结构特征用各区域第三产业占比表征，实证结果表明区域第三产业占比对第一阶段的知识创造效率的影响与两阶段的综合技术效率影响在统计上呈正向影响，对第二阶段的知识转化影响方向为负，但统计上不显著。这总体表明产业结构中现代产业体系的高新技术产业与服务业占比越大，区域创新效率越高。

第四，区域研发投入强度用各区域研究与发展经费占地区国内生产总值比重表征，实证结果表明区域研发投入强度与区域总体知识创新效率呈显著负相关。这一实证结果表明，现实中我国区域研发投入并没有取得预期效果，可能是由于研发资金使用效率不高，存在较大浪费现象。另外我国知识创新科技成果转化率不高，研发经费并没有转化为实际创新成果，这也与我国实际情况相符合。

第五，政府对创新活动的支持力度用地区总的科技经费筹集金额中政府资助所占比重表征，实证结果表明政府对创新活动的支持力度对第二阶段的知识转化效率影响与两阶段的综合技术效率影响统计上正向显著，对第一阶段的知识创造效率影响方向为负，但在统计上不显著。这说明政府支持对我国区域知识创新活动总体起较为明显的正向促进作用，但在知识创造阶段，政府资金的投入存在浪费现象，并对产学研其他主体的投入可能会产生"挤出效应"。

第六，地区市场的开放程度用各区域进出口总额占国内生产总值的比重表征，实证结果表明该指标对区域知识创造效率呈显著负向影响，对区域知识转化及综合阶段创新效率影响均不显著。这总体上表明我国地区市场开放程度对区域知识传播与流动的促进作用不明显，导致对区域创新效率影响不显著。

四、结论与政策建议

本书研究通过滞后1期的两阶段网络数据包络分析乘法模型，对中国区域创新网络系统效率进行了测度，同时从创新网络结构与创新基础设施两方面分析了区域创新效率的影响因素。

研究发现，中国各省、市及自治区区域两阶段知识创新整体效率均较低，整体效率较低主要是由于第二阶段的知识转化技术效率低下造成的。网络结构中网络开放性和网络规模对于区域创新效率具有一定作用，网络密度与网络结构洞的影响效应不明显，创新环境对区域创新绩效则具有重要影响作用。企业目前对我国区域产学研创新活动起主导作用，高校与研究院所的作用则远远不足。地区经济发展水平对区域创新效率的影响较小，间接验证了我国过去经济增长呈现"粗放性"，与知识创新关联度不高。过去多年来，许多地区由于仅仅依靠劳动力与资本红利而非技术创新就能大幅发展经济的情况反过来给区域技术创新带来"抑制效应"。同时这一结果也给经济落后的区域发展经济指明了道路，即发挥"后发优势"，使知识创新成为该地区经济增长的主要推动力，使得区域经济增长与区域创新效率真正实现正相关。

这些研究发现，对区域创新政策制定者和产学研各主体都有启示。对决策者来说，今后需要把科技政策制定重点放到如何有效提升科技知识成果转化效率方面。具体可以从提升区域产学研各方主体自身内涵建设、加强产学研协同创新活动、继续发挥企业，特别是高新技术企业在区域知识创新中起到的主导作用、大力促进高校与研究院所在区域知识创新中的作用等方面着手，制定相应的科技政策。同时，注重创造更先进的地区信息基础设施水平，促进地区产业结构优化升级，提高政府科技资金使用效率，打造更开放有效的市场环境等有利于知识创新的区域创新环境也至关重要，这一点可能促使它们制定包含当地科技创新绩效标准的相关科技政策。如何使得创新投入与创新产出实现更高匹配，区域经济增长如何与技术创新实现更高关联也是各地政府今后应重点思考的问题。对产学研各主体而言，研究发现也为产学研各创新主体今后开展产学研创新活动给出了一定的指导方向。研究表明，高校及研究院所在区域创新活动中的作用还有巨大提升空间，今后加强与企业协同创新是促进区域创新绩效的重要方向和手段。

本章参考文献

[1] Philip Cooke. Regional innovation systems: general findings and some new evidence from biotechnology clusters [J]. The Journal of Technology Transfer, 2002 (27): 133-145.

[2] Stefan Krätke. Network Analysis of Production Clusters: The Potsdam/Babelsberg Film industry as an example [J]. European Planning Studies, 2002, 10 (1): 27-54.

[3] Jason Owen-Smith, Walter W. Powell. Knowledge Networks as Channels and Conduits: The Effects of Spillovers in the Boston Biotechnology Community [J]. Organization Science, 2004, 15 (1): 5-21.

[4] 于明洁, 郭鹏, 张果. 区域创新网络结构对区域创新效率的影响研究 [J]. 科学学与科学技术管理, 2013, 34 (08): 56-63.

[5] 刘丹, 闫长乐. 协同创新网络结构与机理研究 [J]. 管理世界, 2013, (12): 1-4.

[6] 马捷, 陈威. 欠发达地区官产学研的区域创新网络结构研究——基于府际协议的量化实证 [J]. 电子科技大学学报（社科版）, 2017, 19 (04): 1-7.

[7] Eitan Muller, Renana Peres. The effect of social networks structure on innovation performance: A review and directions for research [J]. International Journal of Research in Marketing, 2019 (36): 3-19.

[8] Freman C. Networks of innovators: a synthesis of research issue [J]. Research Policy, 1991, 20 (5): 499-514.

[9] Granovetter M. Economic action and social structure: The problem of embeddedness [J]. American Journal of Sociology, 1985, 91 (3): 481-510.

[10] Burt R S. *Structure Holes: The Social Structure of Competition* [M]. Boston: Harvard University Press, 1992.

[11] McEvily B, Zaheer A. Bridging ties: A source of firm heterogeneity in competitive capabilities [J]. Strategic Management Journal, 1999 (20): 1133-1156.

[12] 张秀萍，卢小君，黄晓颖. 基于三螺旋理论的区域协同创新网络结构分析［J］. 中国科技论坛，2016 (11)：82-88.

[13] Stefan Krätke. Regional knowledge networks: A network analysis approach to the interlinking of knowledge resources［J］. European Urban and Regional Studies, 2010, 17 (1)：83-97.

[14] Andreas B. Eisingerich, Simon J. Bell, PaulTracey. How can clusters sustain performance? The role of network strength, network openness, and environmental uncertainty.［J］. Research Policy, 2010, 39 (2)：239-253.

[15] Martin Everett, Stephen P. Borgatti. Ego network betweenness［J］. Social Networks, 2005, 27 (1)：31-38.

[16] Philip Cooke. The New Wave of Regional Innovation Networks: Analysis, Characteristics and Strategy［J］. Small Business Economics, 1996, 8 (2)：159-171.

[17] 侯鹏，刘思明，建兰宁. 创新环境对中国区域创新能力的影响及地区差异研究［J］. 经济问题探索，2014 (11)：73-80.

[18] Zvi Griliches. Patent statistics as economic indicators: A survey［J］. Journal of Economic Literature, 1990, 28 (4)：1661-1707.

[19] Acs Z J, Anselin L, Attila V. Patents and innovation counts as measures of regional production of new knowledge［J］. Research Policy, 2002, 31 (7)：1069-1085.

[20] David D, Saeed P. Region innovation systems: Current discourse and unresolved issues［J］. Technology in Society, 2005, 27 (2)：133-153.

[21] Jaffe A B. Real effects of academic research［J］. American Economic Review, 1989, 79 (5)：957-970.

[22] 李习保. 区域创新环境对创新活动效率影响的实证研究［J］. 数量经济技术经济研究，2007, (8)：13-24.

[23] 李婧，谭清美，白俊红. 中国区域创新效率及其影响因素［J］. 中国人口·资源与环境，2009, 19 (06)：142-147.

[24] 左铠瑞，宫建成. 中国区域R&D效率变化测度及其影响因素研究［J］. 科学学与科学技术管理，2016, 37 (04)：79-88.

[25] 顾乃华，毕斗斗，任旺兵. 中国转型期生产性服务业发展与制造业竞争力关系研究——基于面板数据的实证分析［J］. 中国工业经济，2006, (09)：14-21.

[26] Battese G E, Coelli T J. A model for technical inefficiency effects in a stochastic production frontier for panel data［J］. Empirical Economics, 1995, 20 (11)：325-332.

[27] Aigner D J, C A K Lovel, P Schmidt. Formulation and Estimation of Stochastic Frontier Production Function Models［J］. Journal of Econometrics, 1977, 6 (01)：21-37.

[28] Meeusen W, J van den Broeck, Efficiency Estimation from Cobb-Douglas Production Functions with Composed Error［J］. International Economics Review, 1977, 18 (02)：435-444.

[29] Battese G E, Corra G S. Estimation of a Production Frontier Model：With Application to the Pastoral Zone of Eastern Australia［J］. Australian Journal of Agricultural Economics, 1977 (21)：169-179.

[30] Altunbas Y, Chakravarty S P. Frontier cost functions and bank efficiency［J］. Economics Letters, 2001, 72 (2)：233-240.

[31] EITAN MULLER, RENANA PERES. The effect of social networks structure on innovation performance: A review and directions for research［J］. International Journal of Research in Marketing, 2019 (36)：3-19.

[32] 张宗益，周勇，钱灿，赖德林. 基于SFA模型的我国区域技术创新效率的实证研究［J］. 软科学，2006 (2)：125-128.

[33] 李习保. 区域创新环境对创新活动效率影响的实证研究［J］. 数量经济技术经济研究，2007 (8)：13-24.

[34] 史修松，赵曙东，吴福象. 中国区域创新效率及其空间差异研究［J］. 数量经济技术经济研究，2009 (3)：45-50.

[35] 苏屹，李柏洲. 基于随机前沿的区域创新系统创新绩效分析［J］. 系统工程学报，2013 (1)：125-133.

[36] 刘顺忠，官建成. 区域创新系统创新绩效影响的评价［J］. 中国管理科学，2002 (1)：75-78.

[37] 官建成，何颖. 基于DEA方法的区域创新系统的评价［J］. 科学学研究，2005 (2)：265-272.

[38] 白俊红，江可申，李婧，等. 区域创新效率的环境影响因素分析——基于DEA-Tobit两步法的实证检验［J］. 研究与发展管理，2009 (2) : 96-101.

[39] 迟国泰，隋聪，齐菲. 基于超效率 DEA 的科学技术评价模型及其实证［J］. 科研管理，2010 (2) : 94-104.

[40] 左铠瑞，宫建成. 中国区域R&D效率变化测度及其影响因素研究［J］. 科学学与科学技术管理，2016 (4) : 79-88.

[41] HOLLANDERS, H., CELIKEL-ESSER, F. Measuring innovation efficiency［R］. INNO Metrics 2007 report, European Commission, DG Enterprise, Brussels.

[42] 张秀萍，卢小君，黄晓颖. 基于三螺旋理论的区域协同创新网络结构分析［J］. 中国科技论坛，2016 (11) : 82-88.

[43] 于明洁，郭鹏，张果. 区域创新网络结构对区域创新效率的影响研究［J］. 科学学与科学技术管理，2013 (8) : 56-63.

[44] 刘丹，闫长乐. 协同创新网络结构与机理研究［J］. 管理世界，2013 (12) : 1-4.

[45] 马捷，陈威. 欠发达地区官产学研的区域创新网络结构研究——基于府际协议的量化实证［J］. 电子科技大学学报（社科版），2017 (4) : 1-7.

[46] STEFAN KRäTKE. Regional knowledge networks: A network analysis approach to the interlinking of knowledge resources［J］. European Urban and Regional Studies, 2010 (1) : 83-97.

[47] JASON OWEN-SMITH, WALTER W. POWELL. Knowledge Networks as Channels and Conduits: The Effects of Spillovers in the Boston Biotechnology Community［J］. Organization Science, 2004 (1): 5-21.

[48] CHARNES A, COOPER WW, RHODES E. Measuring the efficiency of decision making units［J］. European Journal of Operational Research, 1978 (2) : 429-444.

[49] BANKER RD, CHARNES A, COOPER WW. Some models for estimating technical and scale inefficiencies in data envelopment analysis［J］. Management Science, 1984 (30) : 1078-1092.

[50] FäRE R, GROSSKOPF S. Network DEA［J］. Socio-Economic Planning Sciences, 2000 (1) : 35-49.

[51]　CHIANG KAO. Network data envelopment analysis: A review［J］. European Journal of Operational Research, 2014 (2)：1–16.

[52]　C KAO, SN HWANG. Efficiency decomposition in two-stage data envelopment analysis: An application to non-life insurance companies in Taiwan［J］. European Journal of Operational Research, 2008 (1)：418–429.

[53]　涂振洲, 顾新. 基于知识流动的产学研协同创新过程研究［J］. 科学学研究, 2013 (9)：1381–1390.

[54]　赵文平, 杨海珍. 基于DEA的西部区域创新网络效率评价［J］. 科研管理, 2016 (9)：393–400.

[55]　DIMITRIS K. DESPOTIS N, DIMITRIS SOTIROSo, GREGORY KORONAKOS. A network DEA approach for series multi-stage processes［J］. Omega, 2016 (61)：35–48.

[56]　GUAN, J. C., & CHEN, K. H. Modeling the relative efficiency of national innovation systems［J］. Research Policy, 2012 (41)：102–115.

[57]　JAFFE A B. Real effects of academic research［J］. American Economic Review, 1989 (5)：957–970.

[58]　ZVI GRILICHES. Patent statistics as economic indicators: A survey［J］. Journal of Economic Literature, 1990 (4)：1661–1707.

[59]　ACS Z J, ANSELIN L, VARGA A. Patents and innovation counts as measures of regional production of new knowledge［J］. Research Policy, 2002 (7)：1069–1085.

[60]　吴中超. 基于随机前沿的区域创新绩效研究：创新网络结构视角［J］. 技术经济, 2020 (4)：120–131.

[61]　PHILIP COOKE. The New Wave of Regional Innovation Networks: Analysis, Characteristics and Strategy［J］. Small Business Economics, 1996 (2)：159–171.

[62]　ANDREAS B. EISINGERICH, SIMON J. BELL, PAUL TRACEY. How can clusters sustain performance? The role of network strength, network openness, and environmental uncertainty［J］. Research Policy, 2010 (2)：239–253.

[63]　任胜钢, 胡春燕, 王龙伟. 我国区域创新网络结构特征对区域创新能力影响的实

证研究[J].系统工程,2011 (2):50-55.

[64] 于明洁,郭鹏,张果.区域创新网络结构对区域创新效率的影响研究[J].科学学与科学技术管理,2013 (8):56-63.

第六章
区域产学研协同创新的应用——应用型高校视角

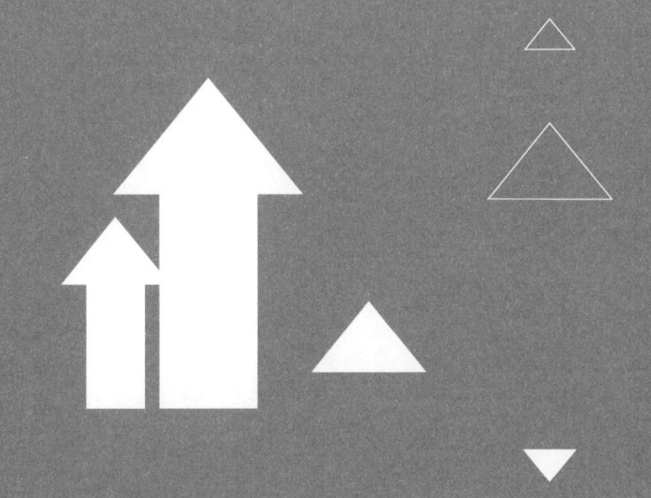

第六章 区域产学研协同创新的应用——应用型高校视角

任何大学想要在经济发展中发挥强大的作用，只有当其活动受到机构范围和区域范围的指导时，才会对区域经济产生持续的积极影响。大学参与区域产学研协同创新表明，大学的目的在于调整其教育、研究来支持区域行业需求的服务活动，以及满足其他参与者和个人的需求。由于区域性高等教育机构（不同地区大学）所扮演角色与地区差异性有关，故而：从地方大学（地方应用型大学）的视角考察区域产学研协同创新的应用情况。

早在2011年，《教育部 财政部关于实施高等学校创新能力提升计划的意见》决定实施"高等学校创新能力提升计划"（简称"2011计划"），即强调引导和支持高等学校与各类创新力量开展深度合作，探索创新要素有机融合的新机制，促进优质资源的充分共享，加快学科交叉融合，推动教育、科技、经济、文化互动，实现人才培养质量和科学研究能力的同步提升。以机制体制改革引领协同创新，以协同创新引领高等学校创新能力的全面提升，推动高等教育的科学发展，加快高水平大学建设步伐，促进国家自主创新、科技进步和文化繁荣。以达到充分发挥高等学校多学科、多功能的优势，积极联合国内外创新力量，有效整合创新资源，构建协同创新的新模式与新机制，形成有利于协同创新的文化氛围。推动知识创新、技术创新、区域创新的战略融合，支撑国家创新体系建设。

根据教育部网站数据，截至2018年，我国本科院校一共1243所，其中公办本科大学有817所，民办本科学校有417所，中外合作办学学校有7所，内地与港澳台地区合作办学学校有2所。本科院校中除去100多所研究型大学与特色研究型大学，绝大多数本科院校属于地方本科院校。当前中国高等教育结构正发生深刻的变化，根据2015年《教育部 国家发展改革委 财政部关于引导部分地方普通本科高校向应用型转变的指导意见》，众多地方本科院校正积极向应用型院校转型，办学思路转向服务地方经济发展，将大学定位为应用型高校。由于应用型高校起到联接少数研究型高校与广大高、中职业院校的作用，加之本身数量众多，所以应用型高校在区域产学研协同创新中的作用具有关键的理论意义和实践价值。

过往国内外学者对产学研协同创新对提高区域创新绩效的共识，主要源自产学研各方的独特作用及互动效应。本章目的是希望从应用型高校的视角，分析产学研协同创新中应用型高校对区域创新的独特作用，更深入探讨应用型本科院校教育改革方向、路径与人才培养模式等学校发展核心问题，加深区域产学研协同创新对区域创新绩效作用的认识和理解。

第一节

应用型高校产学研协同创新与区域产业对接机制

当代创新研究得出的核心发现之一表明，创新主要来自企业之间以及企业与科学机构之间的互动，而且知识资源的互联性同时发生在不同的空间尺度上。简单地说，区域主要的创新动力来自企业、高校、科研机构等各种异质性知识资源体的相互联系——形成区域产学研协同创新知识网络。这种区域知识网络可以促进特定区域各种异质性知识资源的优化配置并创造新知识，从而成为区域经济竞争力与发展潜力的重要相关因素，这也是形成区位优势的关键因素。国外关于高等教育机构在区域发展中作用的文献已经相当广泛，国内也已经进行了一定的研究，但仍有许多有关高校的研究将高校看成纯粹是学术知识的来源（第一角色）和学术教育的提供者（第二角色），而不是区域创新系统建设者（第三角色）。无论是决策者还是科学家都一致认为，目前高等教育机构的区域嵌入远远不是最优的，高校形成所谓"沙漠中的大教堂"，即学术知识与直接促进经济发展的生产知识之间的不匹配，导致了创新悖论。也就是说，高校研发对一个地区或国家的社会和经济创新和增长的贡献是有限的。许多学者强调为了缓解创新悖论，需要改善高等教育在创新系统中的贡献。高校为这一悖论提出的解决途径，是从应用型高校的角度，通过"双创融合"实施产教融合，打通高校专业教育与区域产业之间的割裂，通过产学研协同创新等手段与区域产业形成有效对接机制，引领区域现代产业体系与高等教育资源协同发展。

一、应用型高校界定及使命

（一）应用型高校界定

目前我国高等学校类型分为研究型、应用型与职业技能型三种高等学校，本文的应用型高校包括一般应用型本科院校与职业技能型高校。从高等教育结构与人才培养的角度看，我国传统的研究型、应用型与职业技能型的高校三分法自从2017年"双一流"高校建设名单的确定已经事实上有所改变——国内高校被分为两大"阵营"。一方面"双一流"大学基本是原有"985""211"以及一些部属研究型高校；另一方面是数量上占据更大比例的地方本科高校及广大高职院校，这一数量众多的高校即是本文所界定的应用型高校。"双一流"大学的定位是争创世界一流或全国一流高校。应用型高校的定位虽然在实践上各校还存在模糊，处于发展两难的境地，但在理论上应该是清晰的。相对于"双一流"大学，应用型高校战略定位无疑应该是差异化定位战略，根据自身传统与区域特点，定位为区域高水平大学或区域特色院校。应用型高校应该结合区域特点，体现"应用型"，成为区域社会经济发展的助推器。这就要求应用型高校在人才培养方面主要为区域经济社会发展培养高水平应用型人才，在科学研究方面注重与区域行业企业进行协同创新，开展适应区域产业发展的应用型技术为主的科研活动，在社会服务方面为区域产业体系结构升级、提升区域产业科技含量而努力。

实际上，由于历史惯性的缘故，很多应用型高校的现状仍然是热衷排名、追求学科全面发展。在日常管理中，仍将学校看成纯粹是学术知识的来源和学术教育的提供者，而不是区域创新系统的建设者。这种现状造成众多应用型高校根本体现不出"应用型"特点，学科专业与区域产业严重脱节而无法对接，人才培养无法满足区域产业需求，科学研究对区域产业升级与科技含量提升贡献度远远不足。在当今创新驱动的经济社会中，应用型高校如何有效融入区域创新系统的产学研协同创新知识网络，是今后所有应用型高校需要认真思考的重大课题。

（二）应用型高校在区域创新系统的使命

国外三螺旋理论认为，在开放式创新体系中，三螺旋结构中的大学、产业与政府三方在发挥各自独特作用时能够产生多重的互动效应，其中各主体均可以主导引领产学研协同创新活动。在国家引导支持高校产学研协同创新的背景下，目前我国高校产学研协同创新的实践才刚刚开始，尚处于探索与初级阶段，应用型高校应该思考自身在区域产学研协同创新的准确定位及使命。根据自身传统与区域特点，应用型高校作为区域社会经济发展助推器，决定了其产学研协同创新面向行业产业和面向区域发展的使命。由于历史与体制等原因，以往应用型高校在专业设置、课程安排、科学研究等方面与研究型高校并没有很明显的差异化，这种现状非常不符合当前国家对应用型高校创新活动的实际要求，也不利于解决高等教育机构的区域嵌入不足及创新悖论问题。实际上，高等教育结构与人才培养的细分化与多样化要求，与经济社会的现代产业体系结构的细分多样化、产业科技含量增加的要求相照应。从国外先进国家在应用型高校产学研协同创新取得的成功经验可以看出，高校应把与产业密切合作作为学校的办学使命，将产学研协同创新融入应用型大学的办学宗旨。当前我国应用型高校的主要办学困境之一是没有体现出"应用型"特点，其主要原因在于高校教学科研等工作与市场需求脱节。所以要加强高校"应用型"特点，首先需要良好理念的引导。这些理念中最主要的是市场导向理念，我们应当学习借鉴国外先进的应用型高校办学思路与办学导向，即高校教学科研等工作应主要面向国内社会急需解决的管理和科技问题，在服务区域社会经济理念的引导下提升应用型高校的科研、教学创新能力。在此基础上，还需要学习国外高校先进的产学研协同理念，同地方政府、企业、科研院所、中介机构等各方主体开展合作，发挥各自优势，实现协同创新的目的。在新形势下，我国应用型高校要加强科技成果转化与产业化，增强协同创新理念，在人才培养、科学研究与社会服务三个方面均贴近区域发展和行业需求，找准自身办学定位，积极开展区域产学研协同创新合作，坚定地通过走产学研协同发展拓宽应用型高校的办学之路。

我国应用型高校应该借鉴学习国外产学研协同创新的先进实践经验，以"产学研协同创新"为突破口，主动与政府、企业等机构紧密合作，与地方经济与产业发展密切联系，重点从人才培养、创新模式和成果转化等方面进行改革创新。在办学理念上树立市场导向；在产学研模式上探索适合我国应用型高校的产学研协同创新模式；在应用型人才培养上创新教学科研机制与方法，探索高校学科专业建设、人才培养与区域产业协同发展。另外，积极培育创建产学研协同创新中心等中介平台，深入推动应用型大学与地方政府、当地企业、行业协会等机构的合作，促进大学与地方政府以及本地各类企业建立不同层次的知识转移长效机制，逐渐形成有序的政产学研协同创新链条，使应用型大学成为区域创新系统中产学研协同创新链条或网络的重要节点。

二、应用型高校"双链融合"实施基础与参与模式

"双链融合"是指产业链与创新链的深度融合对接,以创新链为驱动力形成引擎效应,在产业链条形成产业结构优化效应,完成创新成果转化对接耦合,实现创新项目价值,变成现实生产力,形成创新引领的现代化产业体系与创新驱动发展模式。"双链融合"的支撑理论是创新系统理论,创新系统理论的核心之一是产学研合作理论,产学研合作理论构成了"双链融合"的直接理论基础。本书的应用型高校包括地方应用型大学院校和高职院校。应用型高校在区域产学研协同创新中具有关键作用,其参与区域产学研协同创新,实施"双链融合",有其自身的理论实施基础与特定参与模式。

(一)应用型高校作为区域创新系统建设者的理论基础

应用型高校作为区域创新系统建设者的最主要的理论基础是产学研合作理论。产学研合作理论是指高校(包括研究机构)与产业之间的相互作用在高等教育体系和以鼓励知识和技术交流为主要目标的产业之间进行交流,作为构建组织知识库的一种手段。产学研合作一直被广泛认为是一个有前途的提高开放式创新组织能力的工具——组织使用外部网络发展创新和知识,作为传统内部研发的补充选择。

高校在区域创新系统中的作用主要基于三螺旋理论以及高校参与区域创新方式。高校、产业和政府关系的三螺旋模型概念化了一种非线性的交互式创新方法,其中高校、产业和政府之间的相互作用实现了创新过程,该过程涉及所有参与者的利益。每个参与者都在应该做好本职角色同时扮演另一个角色,例如,高等教育机构充当企业组建的来源,行业充当培训和研究的开发者,而政府通过调整监管体系来支持这些发展。

（二）应用型高校进行产学研协同创新的作用和参与模式

应用型高校可以为区域产学研协同创新活动培养大量高素质应用型人才。目前地方应用型高校的办学宗旨一般都立足地方，围绕当地省份、城市，突出应用型的发展思路，致力建设具有特色的高校。产学研协同创新中最重要的因素是创新人才培养，而应用型高校在人才培养目标方面坚持以高素质应用型人才培养为中心。另外，地方应用型高校可充分利用学科优势，结合当地区域特色产业与优势产业，促进产教融合，校地互动，形成学校与地方融合互动发展。地方应用型高校合理定位，并主动与地方经济社会发展进行对接，可加速区域产学研协同创新三方主体的融合发展。此外，应用型高校科研基地可以成为产学研协同创新的重要平台，其科研基地与实践（实训）基地是高校进行校企合作、校所合作的一个重要平台，也是区域产学研协同创新的重要支撑，可以作为产学研协同创新的试验田和孵化器。

高校参与区域产学研协同创新主要有三种参与模式：政府主导型、高校主导型和企业主导型。国内大学的参与模式主要集中在前两种。政府主导型的产学研协同创新模式见图6-1，高校主导型的产学研协同创新模式见图6-2。应用型高校参与区域产学研协同创新的主要模式可以在这两种模式中进行自主选择或市场自发选择。

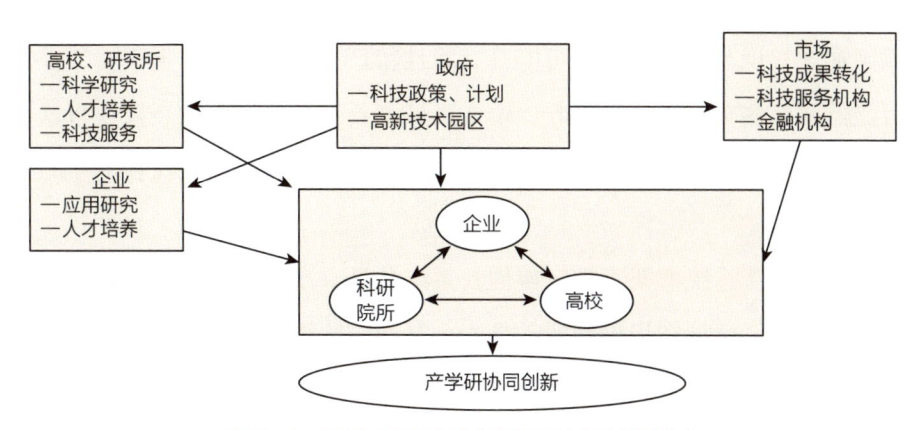

图6-1 政府主导型区域产学研协同创新模式

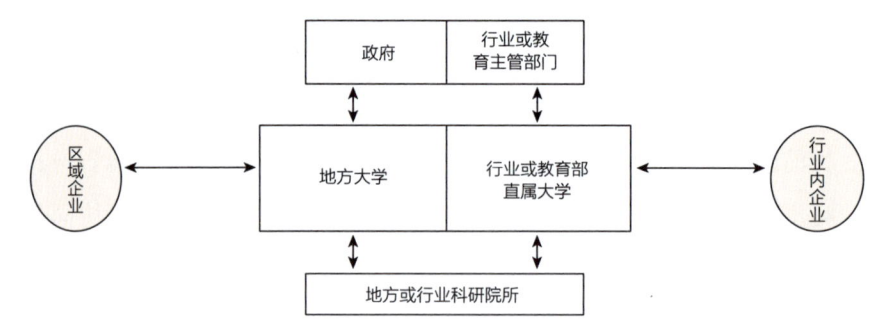

图 6-2　高校主导型区域产学研协同创新模式

相比国外而言，国内企业主导进行产学研协同创新的案例不算很多，典型的如深圳华为与中国科技大学等知名高校建立联合研发中心与创新中心，开展产学研协同创新活动。但是这种企业一般具有行业领导地位，选择的对象一般为国内外著名的研究型大学或研究机构。作为应用型高校，在产学研战略方面应该采取差异化战略，主动与地区中小企业或细分行业主导企业进行广泛且深入的产学研合作。

三、应用型高校产学研协同创新与区域产业对接机制分析框架

根据企业基于资源和知识的观点，创新和长期生存需要获得外部知识。然而很多知识不是免费提供的，或者不能简单地在市场上购买，主要原因在于知识与信息相反，可能具有隐性特征，高度特定于上下文，并且可能需要某些功能才能被吸收。融入区域创新系统可以帮助企业获得这些知识。实证研究表明，知识可能会从嵌入系统中并在与系统伙伴的空间接近中受益。

区域创新系统框架下的区域创新系统是具有产学研协同创新属性的知识生产系统。区域知识创新活动是一个复杂的网络系统行为，可以视为高校（或科研机构）与企业等异质性组织之间知识流动的过程，可以将知识创新活动分为知识共享、知识创造和知识优势三个阶段。本文根据以往学

者研究及区域创新系统分析框架，可以将区域知识创新活动大致分为知识生产与知识应用两个阶段，其中高校等（包括研究机构）机构主要负责知识生产活动，产业中企业部门主要负责知识应用活动。根据这样的逻辑，我们认为，应用型高校应主要定位为区域知识生产单元，服务对象应主要面向区域产业的知识应用。应用型高校与区域产业对接机制的关键在于，通过多种产学研协同创新运行机制，有效打通知识创新活动两个阶段的顺利转换，实现知识生产到知识应用的知识流动与转移等创新行为。构建了区域创新系统框架下应用型高校产学研协同创新与区域产业对接机制，模型见图6-3。

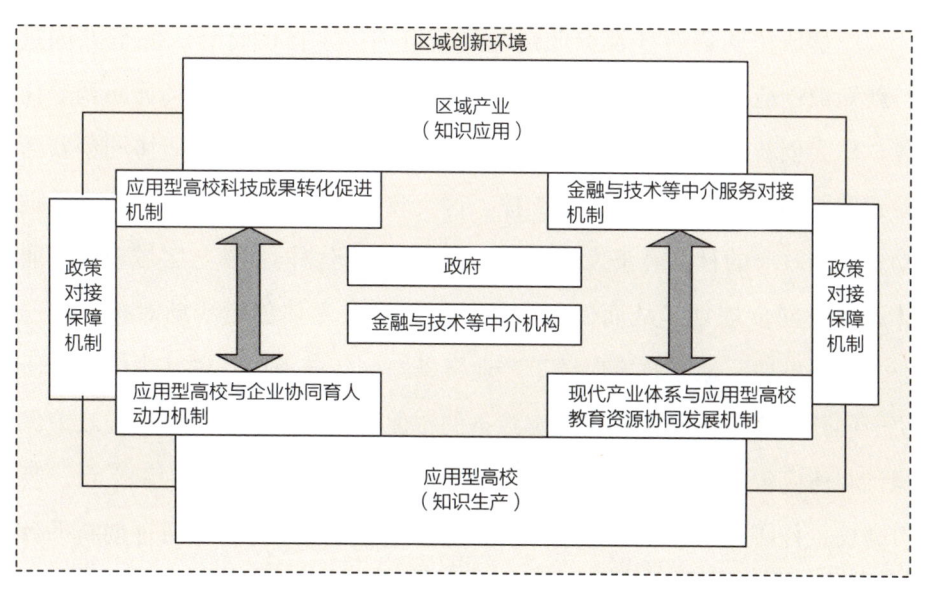

图6-3 应用型大学产学研协同创新与区域产业对接机制模型

四、应用型高校产学研协同创新运行机制

目前国内应用型高校参与区域产学研协同创新活动的意义与重要性已达成共识，主要是缺乏更有效的开展途径与合理的机制保障。如何打通高

校专业型知识与产业知识之间的割裂，如何进行高校产学研创新与区域产业有效对接，引领区域现代化产业体系与高等教育资源协同发展，成为摆在国内应用型高校面前的现实问题。"双链融合"的本质是通过各种机制实现产业链与创新链内各主体（政府、高校和科研机构、企业与中介机构等）异质性知识资源的有效合理配置与交换，实现协同创新。所以应用型高校顺利参与产学研协同创新的有效保障是建立健全相关运行机制，这些运行机制主要包括以下几个方面的机制建设。

（一）产学研协同创新的政策对接保障机制

产学研协同创新涉及产业链与创新链内多主体的合作，它们共同进行新知识创造及应用，过程复杂且涉及多方主体利益分配、沟通协调等任务。作为创新链条的主要主体，应用型高校为有效开展产学研协同创新活动，需要相应政策保障机制为支撑。这类政策保障机制首先需要政府的推动。地方政府的社会经济发展规划应该将产学研协同创新与区域现代产业体系建设同步规划，从而使得高校等创新链条主体创新活动对接区域产业，协同发展。地方政府应统筹产业链条与创新链条内各创新主体产学研协同创新的战略、政策及相关实施条例，促进"双链融合"。这类政策保障机制还应包括建立产学研协同创新平台，通过打造完善的创新平台，吸引高校、科研机构、政府科技园区、企业等各方协同合作。通过创新平台的灵活组织机构形式，构建宽松自由的创新学习环境，开展以打通产业链与创新链为目的的产学研协同创新活动。最后，这样的政策保障机制还应该包括建立健全关于产学研各方主体利益平衡、知识产权归属、项目资金管理、风险分担等各种法律保障机制。

（二）现代产业体系与高等教育资源协同发展机制

发展现代产业体系是"十九大"报告构建现代化经济体系的重要组

成部分与关键内容。现代产业体系与传统产业体系不同，它以创新为发展动力，是以信息（数据）为主导的现代服务业与高端制造业为核心的"新经济"体系，其对于高等教育资源的依赖更加显著。与此同时，高校等高等教育研究机构原有的教学、科研模式均受到冲击与挑战，原有人才培养模式与知识创新模式都无法满足日新月异的现代化产业发展需要。这就要求高等教育资源要与现代产业体系实现合理对接，协同发展。实际上，现代产业体系是一种产学研协同创新的生态系统，这种生态系统一般既要求系统内部拥有良好的创新知识生产子系统，即发达的创新链要素，包括高校等高等教育机构与科学研究机构；也要求拥有良好的创新知识应用子系统，既高效的产业链要素，包括企业、中介机构等组织。现代产业体系与高等教育资源协同发展机制就是要将创新要素与资源形成协同集聚效应，融合产业链、创新链、资金链等，形成产教有机融合。

（三）应用型高校与企业协同育人动力机制

"双链融合"背景下应用型高校人才培养模式需要改变，创新链中的高校传统人才培养要注重学术知识的学习，这与产业链中企业方对能直接促进经济发展的生产应用型知识的需求之间产生了不匹配，出现了创新悖论。改变这一创新悖论的一个重要手段就是改革传统高校人才培养方式，形成高校与企业协同育人的动力机制。作为应用型高校，更有责任与义务首先主动进行改革，对接知识创造与知识应用之间的鸿沟。这一协同育人机制首先应该构建产学研协同创新联盟，联盟是由产业链与创新链中的各类异质性资源主体构成，包括政府、高校、企业、中介机构等。协同创新联盟由政府出台相关政策，高校与企业通过产学研合作项目等方式联合培养创新人才。协同育人机制应包括改革传统教师评价体制与科研评价体制，要求应用型高校从"顶天"的高深理论研究向"立地"的应用研究拓展，高校教师的科学研究与教学都应该面向企业的实际需求，改变传统高校教学科研与企业实际需求"两张皮"的现象，形成产学研协同育人的格局。这一协同育人机制还应包括改革传统人才能力评价方式，变成由应用型高校与行业企业共同制定专业人才能力评价标准。传统大学生能力评价主要由校方制定，缺乏对企业需求的对接，而协同育人机制要求大学生能力鉴定应由企业、校方、行业协会等中介组织的各方专家形成共同的能力评价标准来决定。

（四）高校科技成果转化促进机制

针对高校科技成果转化不足的问题，首先应形成基于"双链融合"的高校科技成果转化促进机制。这类促进机制首先应该包括产业链条中的企业与创新链条中的高校主动参与机制，调动高校与企业各自的资源和优势，促进高校创新科技成果的转化。第二，这类促进机制应包括对产业链与创新链中各相关主体的利益分配机制。通过公正合理的利益分配机制解决高校与企业等主体在科技成果转化过程中的创新成果利益分歧问题。第三，该类促进机制应包括产业链与创新链中各主体的信息交互协同机制。创新链条中高校与产业链条中企业等主体存在知识异质性，会存在创新知识的信息不对称等问题，需要在协同创新过程中进行高效的信息沟通交流。第四，这类促进机制还应包括科技成果转化评价机制。高校与企业等进行产学研协同创新的科技成果必须由高校与企业共同评价，其中商业应用性是最主要的评价标准。

（五）金融与技术等中介服务对接机制

区域创新系统中高校开展产学研协同创新活动与区域产业对接机制中，还应包括金融与技术等中介服务对接机制。金融与技术等中介服务组织在区域创新系统中起"润滑剂"与"催化剂"作用。由于政府、高校、企业三大创新主体具有知识异质性特征，各主体目标也具有差异性，加之创新活动过程中的信息不对称，各方主体在产学研合作过程中会产生目标不一致的现象，导致协同创新难以实现。创新中介服务组织则可以弥补产学研协同创新中的信息不对称，使得产学研各方主体目标趋同，助力协同创新。应用型高校与区域产业对接开展产学研协同创新，就需要建立健全金融与技术等中介组织的对接机制，充分发挥金融机构、其他技术中介为创新主体的支持促进作用。金融与技术中介有助于快速提升知识和创新的过程转换和市场化。产学研投资具有投资大、回收期长、风险大、多阶段等特点，融资渠道的畅通与否至关重要。金融机构可以开发促进产学研协同的金融产品，并提供融资渠道和资金支持渠道等其他金融工具。同时，金融机构提供的风险规避与转移、公司治理、激励约束、价格发现、流动性供给等功能，可以为技术的发展提供功能保障。技术中介对产学研一体化的形成和发展也起着重要的作用，可以帮助区域知识被迅速调动，提升科学技术的改造，推广科技成果，加强资源流动，消除导致产学研合作障碍的信息不对称。它们还有利于降低交易成本，优化配置资源，提升创新效率。

五、应用型高校产学研协同创新实施路径

（一）产教融合推进应用型高校产业学院建设

"双链融合"实施产学研协同创新的路径之一，是构建适应产业需求的应用型人才供给载体——产业学院。应用型高校建设产业学院的模式是校企合作办学的高级阶段，是产学研协同创新的可操作性实施路径与重要载体。产业学院与高校传统二级学院不同，一般由高校与企业双方投资兴建（或者政府、高校、企业三方投资），管理、利益主体、办学模式、运行机制等方面都具有自身的特点。兴建产业学院的出发点正是基于打通传统高校学术性、学科性知识与产业应用性知识的偏差与不匹配，弥补高

专业教育供给与区域产业发展需求之间的隔离落差，实现产教融合。这就要求应用型高校的产业学院一方面在人才培养方面，对标本区域产业对创新性应用型人才的实际需求，从专业规划、人才培养方案、教学大纲制定、教材编制、实训基地建设、教师队伍管理等方面由产业链与创新链中产学研各方面的主体一起参与制定。同时在管理体制方面，打破传统政府主办的公立大学的行政化管理体制，有别于企业作为单一办学主体的民营私立大学的管理体制，而是由政府、企业、高校、行业协会、研究院所等各方主体参与的"教育共同体"。这一"教育共同体"的使命就是通过灵活的运行机制与组织架构，积极推进知识生产、知识传播与知识应用的三者有机融合，实现产业链与创新链深度融合对接。产业学院这种"教育共同体"也是混合所有制的经济体，采用理事会管理制度下的院长负责制开展实际运行。应用型高校层面对产业学院的监督管理不同于一般二级学院的管理方式，主要采用产出导向，以服务地方产业成效为主要指标进行评价。

（二）围绕高校打造产学研知识经济圈

区域创新系统理论与产学研理论都将高校作为一个区域或国家创新生态系统的重要组成部分，是创新生态系统中知识创新的主体和源泉之一。相比研究型高校，应用型高校是衔接高校学术性知识与行业生产应用性知识的理想载体。利用区域地理邻近性，围绕应用型高校，吸引所在区域的地方政府、主导行业企业、其他高校与研究机构打造高校知识经济圈，促进区域产学研协同创新活动。这种知识经济圈可以发挥集聚效应、协同效应与规模效应，促进区域创新链与产业链的相互融合。具体做法可以由地方政府主导进行统筹规划布局，以区域产学研协同创新作为引领区域经济社会发展的龙头，依托区域内主要的应用型高校为核心来规划建设产学研知识经济圈。知识经济圈主要还包括区域特色主导行业企业等，可根据高校的特点，选择相适应的行业企业集聚。此外，吸引科技金融、法律咨询、专利产权保护等中介组织进入知识经济圈，逐渐形成具备地区应用型高校与区域主导行业知识特色的独特产学研知识经济圈，这样的圈层因为地区位置、高校专业知识特点与区域产业禀赋不同而不同。不同的知识经济圈层之间同时具备竞争与合作的属性，最终构成区域产学研协同创新知识网络体系。

（三）注重大学科技园在技术转移中的角色定位及服务模式优化

从20世纪90年代初开始的大学科技园，目前已成为我国科技创新的重要力量之一。2019年科技部、教育部印发《关于促进国家大学科技园创新发展的指导意见》（简称"意见"）指出，大学科技园是国家创新体系的重要组成部分。为顺利达成《意见》中要求的大学科技园在集成高端科技创新资源、推动科技成果转移转化、促进科技创业繁荣发展等方面的目标，大学科技园在"双链融合"背景下的角色定位就显得更加重要。作为应用型大学，也应充分利用大学科技园这一平台，做好技术转移沟通桥梁和优化服务模式。具体做法可以建设应用型大学科技园孵化器，利用其作为区域产学研知识经济圈层内技术转移的中介平台，吸引区域内地方政府、行业企业、金融机构等产学研各方面资源，合力助力科技园孵化器内孵化企业的顺利孵化成长，完成技术转移过程。在上述技术转移活动中，要明确应用型大学科技园的定位，要从一个服务企业孵化的中介平台角色过渡到以服务区域经济产业发展需求的创新基地的角色。通过科技园企业孵化平台，构建合理有效的运作机制，充分聚集区域内产学研各方异质性资源，共同完成技术转移与知识转移工作。进入大学科技园孵化的企业可以是大学校内学生或教师创业团队创立的项目或公司，也可以是区域内社会初创企业。大学科技园在明确自身角色定位的基础上，还应该在服务模式上进行优化。以往的大学科技园在服务模式上主要以房屋出租、政府项目申报、工商税务代办等较低层次的直接服务为主，今后需要在管理咨询、财务税收筹划、法律咨询、专利申请、投融资中介服务、产学研合作中介等较高端的增值间接服务中提供更多项目。

（四）推进"双链融合"的应用型高校特色产业技术研究院建设

大学产业技术研究院是区域创新系统的组成部分，是推进"双链融合"产学研协同创新的有力桥梁。当前国内高校产业技术研究院存在体制机制限制、注重基础研究轻视应用研究、科技成果转化率不高、产业技术研究缺乏区域特色等发展问题。作为应用型高校产业技术研究院，应该与区域社会经济发展紧密相连，发掘区域特色产业优势，在地域特色与技术上与国内"双一流"高校产业技术研究院实现差异化发展，打造特色产业技术研究院。具体而言，可以在以下几方面突出自身特色：首先，作为地方应用型高校的产业技术研究院，需要对所在区域的产业特色进行深入调研分析，挖掘区域特色产业链条上企业的共性核心技术需求。其次，基于产业链与知识创新链各自的特点，创新应用型高校产业技术研究院的运行模式与机制。该运行模式与机制应该在管理机制、项目遴选机制、技术共享机制与利益分享机制等方面进行一定创新，构建适应"双链融合"产学研协同创新既要运作灵活，又能匹配区域产业特色的一套模式与机制。最后，对接区域特色产业的共性核心技术需求，特别满足中小企业对共性核心技术的需求，密切加强与区内企业合作，共同开展产学研协同创新活动，帮助本区域产业换代升级与企业技术升级改造，通过技术创新带动生产运作活动，推动区域社会经济发展。

六、结论及启示

应用型高校在区域创新系统框架下应当努力扮演第三角色——区域

创新系统建设者，在这一过程中，产学研协同创新起到了关键促进作用。前文所述的区域创新系统下应用型高校产学研协同创新与区域产业对接机制分析框架模型，可以为我国广大应用型高校与区域产业开展产学研协同创新活动提供理论指导，实现创新链条与产业链条的有机融合。当前，我国应用型高校的主要办学困境之一是没有体现出"应用型"特点，主要原因在于高校教学科研等工作与区域产业需求脱节。所以要加强高校"应用型"特点，需要良好的市场导向与产业对接理念，应用型高校教学科研等工作应主要面向区域产业急需解决的管理和科技问题，在对接服务区域产业下，提升应用型高校的科研、教学创新能力。在此基础上，还需要学习国外高校先进的产学研协同理念，同地方政府、企业、科研院所、中介机构等各方主体开展合作，发挥各自优势，实现协同创新。我国应用型高校要加强科技成果转化与产业化，增强协同创新理念，在人才培养、科学研究与社会服务三个方面均贴近区域发展和行业需求，找准自身办学定位，积极开展区域产学研协同创新合作，坚定地通过走产学研协同发展拓宽应用型大学办学之路。

我国应用型高校应该借鉴学习国外产学研协同创新的先进实践经验，以"产学研协同创新"为突破口，主动与政府、企业等机构紧密合作，与地方经济与产业发展密切联系，重点从人才培养、创新模式和成果转化等方面进行改革创新。在办学理念上树立市场导向；在产学研模式上探索适合我国应用型高校的产学研协同创新模式；在应用型人才培养上创新教学科研机制与方法，探索高校学科专业建设、人才培养与区域产业协同发展。另外，积极培育创建产学研协同创新中心等中介平台，深入推动应用型大学与地方政府、当地企业、行业协会等机构的合作，促进高校与地方政府以及本地各类企业建立不同层次的知识转移长效机制，逐渐形成有序的政产学研协同创新链条，使应用型大学成为区域创新系统中产学研协同创新网络的重要节点。

第二节

美国高校产学研协同创新实践对我国应用型高校的借鉴

《教育部 财政部关于实施高等学校创新能力提升计划的意见》强调"引导和支持高等学校与各类创新力量开展深度合作,探索创新要素有机融合的新机制,实现人才培养质量和科学研究能力的同步提升。以协同创新引领高等学校创新能力的全面提升,加快高水平大学建设步伐,以达到构建协同创新的新模式与新机制,形成有利于协同创新的文化氛围。"

我国高等教育结构目前正面临深刻的变化,根据教育部有关文件[①],国内许多地方院校正积极向应用型高校转型,办学思路转向服务区域经济发展,定位为应用型院校[②]。国内学者史秋衡(2015)认为:"目前我国产业结构已经比改革开放初期成熟了许多,层次类别都完善和提升了许多,若高等教育还是处于双稳态,一端是研究型为主的高校,另一端是长期弱势的高职院校,是不够的。因此,大量院校提出要建应用型高校,在近期政府更提出要建应用技术大学,是有它的合理性。这是高等教育结构与人才市场越来越细分、越来越多样化的要求,与产业结构越来越完善、技术含量越来越提升的经济社会要求相照应。"

在上述新的时代背景下,应用型院校在产学研协同创新中的定位、功能、作用等就具有重要的理论意义和实践价值。美国高校在产学研协同创

---

① 2015年《教育部 国家发展改革委、财政部关于引导部分地方普通高校向应用型转变的指导意见》。
② 目前我国高等学校类型分为研究型、应用型与职业技能型三种高等学校。

新发展历程中具有相当成熟的经验与运作模式，可以从中汲取宝贵经验供当前我国应用型院校借鉴。

一、目前我国应用型高校在产学研协同创新中的主要问题

（一）产学研协同创新动力不足，科研基础和科技创新实力亟待提高

我国高校受传统高教体制约束，普遍存在产学研合作动机不足的先天缺陷。由于绝大多数高校属于公办，与国外高校多为私立的办学体制不同，国内高校普遍缺乏主动进行产学研协同创新的动机。国内应用型高校处于研究型高校与高职院校两类主体之间，导致国内很多应用型高校办学定位不明，容易陷入"中部塌陷"和"夹心饼干"的办学窘境。也容易受到传统高校体制下与市场中行业、企业联系较少，各自形成较为封闭的绩效评价体系，导致出现高校参与产学研协同创新动力不足的现象。

高校深厚的科研基础与创新实力是开展产学研协同创新的基础。国外高校之所以成为产学研协同创新的主角，正是其每年产生数以万计的科技专利成果并得到有效转化，孵化出了大量高新技术企业。相比国内外研究型大学，国内应用型高校自身的科研基础与科技创新实力还远远不足。

（二）参与产学研协同创新的模式单一，科技成果转化率低

与国外高校相比，国内高校参与产学研协同创新的模式比较单一，大多使用国外高新技术企业孵化器、科技园区等几种产学研合作模式。近年来虽然取得一些成果，但总体上形式大于内容，深入开展产学研协同创新的高校较少。国内应用型高校也往往简单照搬研究型大学的产学研模式。但由于自身研究基础与实力不足，适用于研究型高校的产学研模式往往在应用型高校不很适用。高职院校的产学研模式虽然相对容易复制，但由于

高职院校"轻知识、偏实用"特点使其产学研协同创新模式的创新链条过短，协同创新深度不足。简单复制高职院校的产学研模式将阻碍应用型高校产学研协同创新的深入开展与可持续发展。积极探索适合应用型高校的产学研协同创新模式成为国内应用型高校面临的现实问题。

多年来，产学研协同创新发展受阻主要来自体制、机制问题，这导致高校与科研院所研究成果实际转化率低，对企业技术与非技术创新的推动作用有限。这里既有教育改革顶层设计和宏观管理体制的问题，也有高校、科研院所与企业三方的组织协调和利益分配等问题。从高校本身角度来看，原有的教学科研与当地经济产业发展脱节，形成高校科研与企业应用"两张皮"的现象。传统教学科研体制、机制不利于产学研协同创新活动。

（三）产学研协同创新的中介服务体系不够完善

近年来，国内高校的科研成果相比国外高校并不算少，但是科技成果转化率远远低于国外发达国家高校。造成这一现象的一个重要原因在于产学研协同创新的中介服务体系很不完善。高校与企业、政府等产学研主体在科技成果信息交流等方面存在较严重的信息不对称现象。高校科研导向没有贴合市场需求，应用型较少，不能为企业解决实际问题；另一方面，企业不了解自己的技术有哪些高校在相关领域有研究进展与动态。政府在产学研协同创新的公共技术平台建设滞后，市场化的产学研中介服务机构也很缺乏。总体而言，国内产学研协同创新的中介服务体系还没有完全建立。

相比研究型高校与高职院校，国内应用型高校在产学研协同创新的进展不够，除了市场导向意识不足，中介服务组织的缺乏是一个重要原因。目前一些国内研究型高校和高职院校都成立了校内促进产学研合作的部门，应用型高校在这方面的实践较落后。市场中介机构与学校自身产学研协同联系部门的缺乏，是导致应用型高校产学研协同创新活动不足的重要原因之一。

二、美国高校在产学研协同创新上的实践经验

（一）美国高校产学研协同创新模式特点

美国是产学研协同创新的发源地，其中美国高校在产学研创新体系中的作用非常突出，可以说，美国著名的创新区域与体系主要是以高校为中心的产学研协同创新系统。具体而言，美国高校参与产学研协同创新的基本模式有以下三种：一是科技园区模式。例如，以斯坦福大学为中心的硅谷科技园就是全球著名的产学研协同创新典范，还有以麻省理工学院为中心的波士顿128号公路高科技园区等。二是工业/大学合作研究中心模式（简称"I/UCRC模式"）。该模式以大学为基地创建，并由大学承担主要管理职能，由大学分别与企业建立协同研究关系，以签订协议的形式与科研院所、大企业、联邦实验室等机构建立项目研究合作关系。三是科技企业孵化器模式。相比一些以著名研究型高校为中心的科技工业园区或合作研究中心的产学研协同创新模式，美国的一些应用型院校在产学研协同创新方面有自己的特点，它们在与企业合作的选择与定位方面更加注重与中小企业的合作，在高校内部设立科技企业孵化器，它是专门为中小企业与新产品诞生与成长的产学研协同组织模式，是附属于高校的非营利实体，例如，美国乔治亚理工学院的"最新技术开发中心"已孵化出几十家中小企业。

（二）美国高校与政府、企业合作紧密，加快成果转化

美国高校在产学研协同创新中作用显著，原因在于它们首先与政府的合作密切。政府通过制定如《拜杜法案》《史蒂文森-威德勒技术创新法》

等相关法规，支持产学研协同创新活动。美国许多大型科技计划都是由美国联邦政府、州政府给予高校强有力的资金支持，设立专门基金支持高校参与产学研合作。其次，美国高校与企业合作十分紧密，通过科学研究与人才培养等方面与企业积极展开合作。高校与企业的"产—学"结合是促进高校科研活动与科研成果转化的典型方式，其中高校出人才与技术，企业出项目与资金。在与企业展开合作过程中，美国应用型院校非常重视为所在区域企业培训各种人才，根据市场、行业与企业的需求设置新专业，调整专业课程设置与教学大纲，有针对性地培养与市场、行业、企业相适应的专业技术人才。

美国高校一般通过专门的中介服务机构与企业等机构建立合作。该类中介机构为政府、高校、企业等机构的产学研协同创新提供专业的社会化服务，促进科技成果转化。美国高校自身一般都成立这类产学研中介机构，设有类似"企业联系部"[①]的日常产学研办事机构，专门负责与校企合作等产学研协同事项。这类中介机构为高校的科研成果寻找市场合作方，负责高校与企业等外部组织之间的沟通联系，并将高校具有市场应用前景的科技成果快速推向产业界。

（三）设置应用型专业，教学与科研方法不断创新，产学联合培养应用型人才

美国高校有严格的分层分类办学标准，不同层次和类型的高校人才培养的目标、规格和标准不同。美国的技术学院、技术教育大学、社区学院、工程教育院校等四类院校主要承担为美国社会经济发展培养应用型人才的任务。这类院校都十分强调产学研协同创新，培养区域应用型人才。

---

① 不同高校中这类机构的名称不同，例如咨询公司、联络办事处、大学专利公司、技术转让办公室和综合服务机构等。

例如，罗斯—霍曼理工学院的理工类学科设置的专业紧密对接地方产业。波士顿的东北大学办学定位是立足城市，产学研深度协同，成为美国东海岸首选的应用型人才培养的本科大学。佐治亚理工学院作为一所理工类应用型高校，主要培养制造工程与工业方向人才，培养了大量与美国经济社会发展相适应的应用型工科人才。

美国高校在培养应用型创新人才的教学方法与科研思路方面都有着丰富经验。在教学上，提出了"基于问题的学习法"（PBL）与"翻转课堂"（FCM）等多种教学创新方法，强调大学生的自主性学习和探究性教育，使得大学生改变了以往仅注重理论知识学习，忽视解决问题与实践能力培养的状况。这些教学方法改革增强了美国大学生的创新精神和创新能力，培养了适合产学研协同创新活动的大量应用型人才。在产学研协同创新的人才培养方面，美国高校在训练大学生科研能力方面也有成功之处。导师制是最常用的训练手段，通过与导师一起做科研课题，来培养学生的科研能力与兴趣。另外，美国高校一般从本科生开始就开设《科学研究方法》等基础课程，组织学生参加讲座等实行本科生科研基础训练计划，为培养应用型创新人才夯实基础，为将来进行产学研协同创新活动提供后劲。

美国很多高校也积极与企业合作，开展"联合培养模式"。由于美国高校与企业合作十分紧密，一些美国企业在市场上招不到合适的人才，就主动与高校联合培养自己所需的应用型人才。企业往往承担实训、实习等提高大学生应用能力的实践教学环节任务。例如，塔夫斯大学、波士顿美术博物馆学院和波士顿美术博物馆三家联合开设的美术学士学位，就是美国典型的产学研协同培养应用型创新人才模式。通识课程由塔夫斯大学开发讲授，专业见习、实习由波士顿美术博物馆学院设计指导，波士顿美术博物馆则接纳学生参加实践实习。

三、美国高校产学研协同创新对我国应用型高校的借鉴

（一）树立市场导向理念，积极开展产学研协同创新合作

美国高校产学研协同创新取得成功的秘诀在于，高校将与产业合作作为学校的办学使命，将产学研协同创新融入大学的办学宗旨。当前我国应用型高校的科技成果转化率较低，主要原因在于高校教学科研等工作与市场需求脱节，要提高高校科技成果转化率，首先需要良好理念的引导。这些观念中最首要的是市场导向理念，我们应学习借鉴美国高校的办学思路与办学导向，即高校教学科研等工作应主要面向国内社会急需解决的管理和科技问题，在服务区域社会经济理念引导下提升应用型高校的科研、教学创新能力。在此基础上，还需要学习借鉴美国高校的产学研协同理念，同地方政府、企业、科研院所、中介机构等各方主体开展合作，发挥各自优势，实现协同创新的目的。只有逐渐完善市场导向机制，才能从根本上改变应用型高校科技成果转化率低下的现状。

新形势下，我国应用型高校要加强科技成果转化与产业化，增强协同创新理念；在人才培养、科学研究与社会服务上要突破原有封闭的模式，应从经济社会发展和行业企业需求出发，注重对人才适应性的培养；准确自身办学定位，积极开展产学研协同创新合作，建立长期、稳定的产学研合作联盟，坚定地通过走产学研协同发展拓宽应用型高校办学之路。

（二）探索产学研协同创新的新模式，培育产学研协同创新中心

工业/大学合作研究中心模式、科技园区模式等美国高校产学研协同创新模式已经广为流传，其中工业/大学合作研究中心模式已经为我国一些研究型高校借鉴，科技园区模式也被一些地方政府模仿借鉴。目前我国应用型高校在产学研协同创新中的推动作用相较美国同类高校差距较大，可以

借鉴科技企业孵化器模式与所在区域中小企业加强合作,在高校内部设立高新技术孕育中心。我国应用型高校要善于利用自身优势开展形式多样的产学研协同创新活动。首先,实施"差异化"战略,相较研究型高校在基础研究的优势,国内应用型高校应加强应用型技术研究能力与转化能力,与企业合作也更多地定位新企业、中小企业,对基于高校科研成果的高新技术中小公司、新公司主动进行应用型技术培育扶持,并通过多种方式实现应用型科技成果的转化;其次,立足地方,以市场为导向,实施"区域性"战略。应用型大学应紧紧围绕地方需求,与地方社会经济产业融合发展,努力走科技型、创新型高校之路。并以此为宗旨创新产学研协同创新育人模式,提高应用型人才培养质量与提升服务地方能力。广泛与地方政府建立合作关系,与地方政府签订全面合作协议;与所在区域建立"产—学"合作关系,积极与本地产业对接,与本区域各行业企业展开产学研协同创新活动。

应用型高校应立足地方,融入地方经济产业,通过与地方政府、企业、科研院所等各产学研主体开展产学研协同创新工作,建立与完善多方合作交流平台。实训基地与科研基地是校企合作的重要平台,也是应用型高校参与区域产学研协同创新的重要基础。应用型高校可以已有实训基地与科研基础为依托积极培育创建面向区域发展的产学研协同创新中心和面向行业产业的产学研协同创新中心[1],这两类协同创新中心均有利于集中各主体创新资源,组建协同创新团队,自主选择合理产学研协同创新模式;既有利于通过产学研协同创新以项目合作形式开展产学研协同创新,又有利于提升应用型高校的学科专业特色,加强高校面向区域与行业产业发展进行专业建设对接,优化学科结构,完善创新人才培养模式与方案。

---

[1] 目前国内的 2011 协同创新中心主要以研究型大学与科研院所为主,应用型大学协同创新中心较缺乏。

（三）创新教学科研机制与方法，探索高校学科专业与区域产业协同发展

国内应用型高校可以借鉴美国高校在教学方法方面的创新，学习"基于问题的学习法"与"翻转课堂"等多种教学创新方法，还可以借鉴美国高校在培养应用型人才方面与企业合作采用"联合培养模式"，培养适合产学研协同创新活动的应用型人才。同时，国内应用型高校要主动创新科研机制，以"校企结合""校所结合"为导向促进科研工作，积极开展特色科研。要紧紧围绕区域经济社会发展特点，统筹科研工作与主攻方向，以产学研合作项目为基础打造特色科研，积极探寻与区域产业经济一体化的协同创新"接口"，科研课题应以融合当地经济社会产业发展为主要方向。特色科研活动与成果，是应用型高校参与区域产学研协同创新的要素和接口，也是建设产学研协同创新平台的基础。在此基础上，以特色科研促进教学，才能形成以科研支撑的教学，科研教学才能都"接地气"，实现与地方社会经济发展相适应的高素质应用型人才培养目标。

应用型高校为更好实现服务地方社会经济发展的办学宗旨，应积极探索学科专业集群建设和产业集群发展规律，研究分析自身学科专业集群与当地产业集群的匹配度、协同创新机制、机理与模式，探索以当地产业集群为导向，促进应用型高校的学科专业集群建设体系构建，以及以产业链协同创新为导向的学科专业链协同建设体系构建。只有改革以往那种专业建设与地方产业发展相互脱离的现象，探索构建以区域产业发展为主导的学科专业建设综合体系，才能实现高校学科专业与区域产业协同创新发展模式。为实现此目标，可以从学科专业链与区域产业链协同以及学科专业集群与区域产业集群协同两个层面开展协同创新，逐渐完善地方高校向应用型高校转变的学科专业建设体系，应对知识经济时代产业发展、学科专业发展与人才培养三者高度匹配的必然趋势与要求。

总之，我国应用型高校应该借鉴学习美国高校在产学研协同创新方面的实践经验，以"产学研协同创新"为突破口，主动与政府、企业等机构紧密合作，与地方经济与产业发展密切联系，重点从人才培养、创新模式和成果转化等方面进行改革创新。在办学理念上树立市场导向；在产学研模式上探索适合我国应用型高校的产学研协同创新模式；在应用型人才培养上创新教学科研机制与方法，探索高校学科专业建设、人才培养与区域产业协同发展。另外，积极培育创建产学研协同创新中心等中介平台，深入推动应用型高校与地方政府、当地企业、行业协会等机构的合作，促进高校与地方政府以及本地各类企业建立不同层次的知识转移长效机制，逐渐形成有序的政产学研协同创新链条，使应用型高校成为区域产学研协同创新链条或网络的重要节点。

第三节

应用型高校产学协同育人模式创新——基于"双元制"与"三明治"模式的借鉴

人才是国家与区域的核心竞争力，人才素质高低直接影响区域经济产业发展。

英国高等教育历史悠久，教育质量得到世界公认，其"三明治"教育模式起源于英国桑德兰大学（原名为桑德兰技术学院），其特色鲜明的人才培养与教学模式已经成为产学研合作的典范。该模式目前已经成为英国最普遍的职业人才培养模式，得到广泛的社会认可与国际影响。德国"双元制"职业教育则是第二次世界大战后德国工业重新崛起的秘密武器，这是一种企业和学校同为办学主体的职业教育模式。"三明治"和"双元制"模式有其共同点，但又各有特色。在中国地方本科院校积极面向应用型本科院校转型的时代背景下，地方本科院校要学习借鉴这两种模式的成功之处，兼取两者长处，探索创新自己的教育模式，更好地服务地方，为所在区域（特别是所在城市）提供更匹配市场的创新资源。

一、德国"双元制"模式的成功因素

德国"双元制"职业教育为"德国制造"培养输送了大量优秀技能人才，发达的职业教育成为德国第二次世界大战后工业与经济腾飞的秘密武器。德国职业教育成功的因素可以简单总结为以下几点。

（一）人才市场职业导向，重视职业资格认证

德国人才劳动力市场的职业导向特征明显，人才的招聘与流动以及收入高低主要以职业资格为依据。比较而言，中国人才招聘与流动主要以学历为依据，学历高低很大程度决定着人才收入高低。德国人才市场职业导向的特性为职业教育的繁荣发展提供了得天独厚的条件，从而使得高校职业教育与就业市场的关联性更加紧密。在德国，年轻人要从事一个行业工作都必须接受职业培训与职业资格认证考试，即使是农民也要通过相关资格认证考试才能上岗工作。德国职业资格的等级分为高、中、低三档，取得较高职业资格等级的技工收入不比大学生少，通常还要高。重视职业资格的社会氛围也是促使德国职业教育成功的关键因素。

（二）企业办学高参与度

德国"双元制"模式实质上市德国企业传统学徒制模式的一种改进模式，相较传统学徒制模式，"双元制"增加了对学生（学徒）的大学理论学习时间与内容，增强了学生的综合素质。德国企业有自身培养学徒的传统，而培养学徒的最大动力正是企业自身发展的需要。德国制造一向通过高品质的产品赢得世界市场，企业格外重视对技术工人的培养，而自身培养学徒有助于企业拥有高质量的员工，这也正是德国企业的核心竞争力之一。由于以上原因，建立在传统学徒制基础上的"双元制"模式天然具有企业主导动力，企业甘愿投入资金等资源积极参与职业教育。企业的高参与度是提升德国职业教育办学质量的必由之路，也为"双元制"模式的成功提供了保障。

（三）培养高度职业认同感

德国制造业成功的关键之一是德国人的爱岗敬业精神。敬业精神的背

后折射出德国人高度的职业身份认同。在德国，孩子们从小就接触各种工作环境（有些是通过参观工业博物馆这种形式接触），培养孩子的职业气质，当孩子们长大进入职业教育领域学习时，大多能找到自己喜欢的职业类型（很多孩子受家庭影响从小立下了职业愿望）。进入企业后，师傅们也会帮助他们进行职业规划，培养职业认同感及高度工作责任心。由此可见，职业认同也是职业教育走向成功的重要因素。

（四）职业教育提前到义务教育阶段

将职业教育提前到义务教育阶段，这是德国教育体制最富有特色的地方。德国奉行经济适用职教主义，小学就实现人才分流。从小学开始，就不断为孩子们创造机会接触各种工作。德国小学生四年级后就进行分流，分别对应普通中学和实科中学，后者课程具有浓厚的职业导向。这种小学后即分流的教育体制，能够更合理利用教育资源，使得职业教育有了更扎实的基础。

二、英国"三明治"模式的成功因素

英国的职业教育体系是世界上最成熟、最全面、最灵活的职业教育体系之一，其职业教育协同育人模式突破了传统的人才培养方式，形成了政府、行业协会、企业界和职业院校多方参与，产学研三位一体的创新型育人模式，是一种"理论—实践—理论"或"实践—理论—实践"相结合的培养模式，学生在校学习与在企业实习交替形成"三明治"的课程设置模式，这对于我国现代高等教育新型人才培养模式的完善具有重要的借鉴意义。英国"三明治"教育模式成功的因素可以简单总结为以下几点。

（一）以职业与市场需求为导向，重视核心能力的培养

工学结合的"三明治"教育模式之所以经历百年而不衰，首先归功于它切实的教育理念：以职业为导向、以市场需求为目的培养学生实际就业竞争力，帮助学生学以致用，提升其综合能力。英国"三明治"教育涉及的核心能力具体包含读写能力、计算能力、制图能力、解决问题的能力、研究能力、处理事务的能力、独立能力、动手能力、个性和道德的修养、物理环境和技术环境。进入21世纪后，英国教育与就业部、英国工业联盟和资格与课程署共同将核心能力进一步浓缩为六项，即沟通、数字运用、信息技术、与人合作、提高自我学习和增进绩效以及解决问题的能力，这也成为当前英国国家资历标准框架体系中的六项核心能力。

（二）实行现代学徒制，工学结合的人才培养模式

"三明治"教育采用"理论—实践—理论"工学结合交替式的人才培养模式，强调实践的课程体系结构；同时，英国政府主推"现代学徒制"计划，旨在通过为16—24岁的青年人提供一种工作本位的学习路线，培养理论联系实际的新型劳动者。该制度对培养目标进行了层次划分，分为基础、高级现代学徒制，分别培养具有初级职业技能、熟练职业技能的从业人员。完成高级现代学徒制可以获得国家职业资格（NVQ）三级水平和关键技能二级水平及相关的技术证书。现代学徒制的课程包括关键技能课程、国家职业资格课程和技术证书课程。通过课程的学习，可以获得从事职业所必备的职业和工作能力、职业资格证书、评价具体职业知识和理解力，并为国家职业资格的获得提供基础知识的技术证书。现代学徒制实行工读交替的教学模式，学徒期一般为四年到五年，第一年学徒脱产到继续教育学院或训练中心学习，其后的培训主要在企业中进行，学徒可利用企业学习日实现每周一天或两个半天带薪学习，或参加部分制课程。学徒训

练计划完成后通过考核即可获得相应的职业资格证书。

（三）政府积极推动、强化产学研的合作

在英国"三明治"教育模式走向成熟的过程中，英国政府发挥了极其重要的作用，英国政府始终扮演着引导者和管理者的角色。在政策支持方面，政府发挥自身优势，在社会中积极引导学习对象参加职业技术学习，通过政策和宣传提升职业技术教育在整个社会中的地位，颁布《产业培训法》《1988年教育改革法》《面向21世纪的教育和训练》等政策法律，为"三明治"教育模式的推广提供强大的法律政策支持。在经费支持方面，2005年开始的"国家雇主培训项目"，以雇主需求来主导培训；采取"培训券"制度，一方面为低技能工人和中学后青年提供免费培训，另一方面由学员选择学校和课程，把经费带入质量高、学生喜欢的学校和课程，促使学校和培训机构努力提高自己的水平和质量。

（四）双导师制和全过程的考核评估

重实践、重技能、重应用的"三明治"教育模式得到广泛推广，学生在企业实习期间，实行"双导师"制，教师有机会与企业界接触，促进教学与生产实际结合。学校能根据企业反馈信息调整专业结构、更新教学内容，从而增强学校的应变能力。学生在学校进行理论学习需要接受学校理论的考核评估，接受高校"导师"的指导与考核，在企业实践学习阶段还要接受企业"导师"指导与考核。

三、"双元制"与"三明治"对中国应用型高校教育模式的借鉴思考

地方性本科院校毕业生与重点高校生相比，理论深度不足，与职业技

术学校毕业生相比，在实践操作技能上又处于下风。人才市场中的用人单位不满意重点高校"重学科体系而忽视技能"——理论与实践脱节；也不满意职业技术学院"重操作技能而忽视理论"——学生后劲不足。对于一个地方性本科院校而言，如何培养学生，提高就业率，成为一个非常重要的问题。改革开放以来，我国经济飞速发展，对人才的需求不断提高，尤其在当前经济转型的背景下，高水平应用型人才非常缺乏。目前应用型高校教育机制下培养的学生，无法满足"重技能、重理论"的需求。

通过比较发现，德、英两国在发展高职教育过程中始终坚持以"职业和能力"为核心的质量观，在培养模式上有着共通之处。中国地方性本科院校人才培养模式改革可以从前面"三明治"与"双元制"两种模式的成功经验中得到一些借鉴。

（一）坚持职业取向，注重培养学生"关键能力"的教育理念

无论是"双元制"还是"三明治"模式，德国与英国的职业教育能力培养的实质理念是凸显学生的能力本位，其培养目标是使学生掌握基础理论知识和专业实践技能，成为能够将科技成果转化为产品的应用型工程师或具有较高管理水平的企业型工程师，因而强调"关键能力"的培养。

1974年，德国社会教育学家梅腾斯（Mertens）中首次提出，关键能力是一种"普遍的、可迁移的、对劳动者的未来发展起关键性作用的能力"。马庆发（2002）认为"关键能力是指与纯粹的专业性职业技能和职业知识无直接关系、超越职业技能和职业知识范畴的能力，如独立学习、终身学习、独立计划与实施、独立控制与评价的能力等"。为了培养学生"关键能力"，原有参照研究型高校专业与课程体系的设置应该改革为以职业和能力为导向的专业与课程结构。可以预见，随着新兴、交叉职业的涌现，今后地方应用型高校在培养目标上应当由单项技能传授转向综合能力培养，在价值取向上更多考虑用人单位的人才规格。具体而言，可以一方

面设置新专业，发展交叉和边缘学科；另一方面，通过学生跨校选课等校际合作方式扩大专业知识范围，拓宽专业方向。

课程设置应以现代科学技术为基础，以职业为核心，分为理论课程、实训课程和实践课程三类。目前国内很多地方性本科院校的课程改革都涉及理论课程与实训课程两类课程，但是相比德国与英国，国内的课程缺乏关键一环——实践学习。"双元制"与"三明治"模式一个共同核心在于学校与企业共同培养学生，其中企业的办学积极性与人才培养参与度很高，学生可以更多在实际企业中进行实践学习，实践学习环节对学生的关键能力培养具有重要作用。

（二）创新科研教学体制机制，产学协同育人模式，完善人才培养模式

多年来，地方性本科院校人才培养改革受阻主要来自体制机制问题，这导致产学合作培养人才动力不足。这里既有教育改革顶层设计和宏观管理体制的问题，也有高校、政府与企业三方的组织协调和利益分配等问题。从高校本身角度来看，原有的教学科研与当地经济产业发展脱节，形成高校科研与企业应用"两张皮"分离的现象。传统科研体制机制不利于产学联合培养人才，因此，地方本科院校要主动创新科研体制机制，以"校企结合"为导向促进科研工作，积极开展特色科研。应紧紧围绕区域经济社会发展特点，统筹科研工作与主攻方向，以产学研合作项目为基础打造特色科研课题，科研课题应以融合当地经济社会产业发展为主要方向。特色科研活动与成果是地方应用型本科高校参与区域产学合作的要素和接口，也是产学合作共同培养人才的基础之一。在此基础上，以特色科研促进教学，才能形成以科研为支撑的教学，科研教学都"接地气"，实现与地方社会经济发展相适应的高素质应用型人才培养目标。

地方本科院校应依托现有科研基地，紧紧围绕地方需求，与地方社会

经济产业融合发展，并以此为宗旨创新产学研协同创新育人模式，提高应用型人才培养质量与提升服务地方能力。具体而言，可以与当地支柱产业或特色产业的企业建立战略联盟，以签订校企合作办学等方式开展订单式培养，开展包括联合人才培养、项目科学研究、基地共建等全方位协同。还可以与当地企业与科研院所建立共性技术创新研发平台，强化学生校外实习实训。此外，在协同创新方面，应该以多方项目合作为纽带，逐步建立"成果转化+学科建设+人才培养"三位一体的协同创新模式。这种以当地经济产业需求为抓手的产学研协同育人模式，能够建立地方本科院校独特的竞争优势，学校发挥人才培养、科学研究与服务社会三大职能的主动性与积极性都进一步增强，可以用成果转化带动科学研究，并以科研反哺教学（学科建设+人才培养），将应用型人才培养质量大大提高。

（三）地方政府具体制定管理办法推进校企联合培养人才模式

多年来，德国政府通过制定相关法规保障了在"双元制"模式下学校和企业双方各自职责的履行，而英国从《珀西报告》《克劳瑟报告》的发布到《工业训练法》《就业和培训法》的出台，同样体现了在高职教育中法律法规的作用和国家干预主义倾向。目前中国类似的相关法律法规远远不足，各地方政府可以先行动起来，主动为推动本地区校企联合培养人才模式制定支持性管理办法。比如，可以借鉴德国政府为鼓励企业参与"双元制"培养应用型人才的积极性而设立的政府补贴基金，对于地方院校合作培养学生并提供实践工作岗位的企业（尤其是中小企业）给予一定资金支持。对行政管理下的地方本科院校与企业合作培养人才方面给予政策支持与牵线搭桥，主动发挥地方政府调动各方资源的先天优势与能力，积极引导高校与企业双方的合作。

（四）改革职业资格证书制度

德英两国都具有科学规范的职业资格证书制度。在德国"双元制"模式下，学生既要学习职业技术，还要学习普通文化知识（实际上德国高职院校在招生资格上就规定学生须有相当的文化基础），而英国普通国家职业资格证书制度的初衷就是要打通职业教育与普通教育之间的隔阂，两者都体现了通识教育、文化教育在高职教育中的重要意义。中国高等教育由于传统模式与社会认同感影响，更看重学历的高低，对于职业资格证书的重视程度远远不如德国与英国。未来在职业资格的认定与管理方面各方（政府、行业协会、高校）应该更积极沟通合作，共同制定行业资格取得与等级考试制度，改革创新中国职业资格制度。具体改革方向可以从两方面着手：一方面，改革大学生在学校学习期间取得职业资格证书的相关规定，强化学生毕业前必须取得有关职业资格证书的规定，对等级与数量做出具体相关规定。另一方面，提高职教教师准入资格，重视师资建设，强化教师继续教育，并规定教授实践课程的高校和企业有关教师的职业资格证书级别。总之，要逐渐形成大学毕业生入行工作必须持有相关行业资格证书的意识，改变社会唯文凭论的偏见。

（五）加强院校协同，注重同研究型高校与高职院校的衔接

社会人才类型在宏观结构上大体分为技能型、技术型、工程型和学术型四类。高职院校以培养专科层次技能型人才为主要目标，应用型本科院校以培养本科层次的技术性和工程型人才为主要目标，研究型本科院校则主要以培养学术性人才为主。目前中国"普通高等教育"和"高职教育"两条腿是"瘸跛腿"：普通高等教育把理论学术型和技术应用型都囊括其中，专科、本科、研究生层次完整，而高职教育仅有专科层次。与国外相比，中国高等教育人才培养在结构方面尚存在诸多需完善的地方，其中人

才结构方面最主要的问题是技能应用型人才与学术性人才在学历方面存在衔接真空，社会对应用型技能人才也停留在专科以下低学历层次的认识当中。实际上，人才培养与科技创新一样，需要"顶天立地"，既要注重原始理论创新人才的培养，也应注重培养大量本科以上高层次应用型创新人才以提高科技成果转化率，服务区域社会经济发展。地方应用型本科院校在衔接研究型高校与高职院校方面具有天然的体制优势，应利用这方面的优势主动与区域研究型高校及高职院校合作，协同创新培养人才，形成从大专、本科至研究生层次的完整应用型人才培养体系。

四、结论

通过借鉴英国"三明治"与德国"双元制"教育模式，中国地方应用型本科院校可以在学生"关键能力"培养、创新科研教学体制机制、产学协同育人模式、地方政府支持、改革职业资格证书制度、加强院校协同等多方面进行一定改革，创新教育模式。各地方应用型本科院校今后也需要加强顶层设计与战略规划，重点在产学双方合作培养人才长效机制、协同育人机制等多方面进行创新，借鉴国外先进产学研合作教育模式进行多元化的改革创新，推动高校应用型转变进程，为迅速提升国家与区域创新能力与绩效发挥重要作用。

本章参考文献

[1] Philip Cooke. Regional innovation systems: general findings and some new evidence from biotechnology clusters [J]. The Journal of Technology Transfer, 2002 (27): 133-145.

[2] David Doloreux, Saeed Parto. Regional innovation systems: Current discourse and unresolved issues [J]. Technology in Society, 2005 (27): 133-153.

[3] Philip Cooke, M G Uranga, G Etxebarria. Regional systems of innovation: an evolutionary perspective [J]. Environment and Planning, 1998, 30 (09): 1563-1584.

[4] Elvira Uyarra. Regional innovation systems revisited: networks, institutions, policy and complexity [R]. The Role of the Regions, 2011: 1-17.

[5] David Doloreux. What we should know about regional systems of innovation [J]. Technology in Society, 2002, 24 (03): 243-263.

[6] Etzkowitz H, Leydesdorff L. The dynamics of innovation: from National Systems and "Mode 2" to a Triple Helix of university–industry–government relations [J]. Research Policy, 2000 (29): 109-123.

[7] K Morgan. The learning region: institutions, innovation and regional renewal [J]. Regional Studies, 2007, 31 (05): 491-503.

[8] A Lagendijk, R Rutten. Associational dilemmas in regional innovation strategy development [M]. Londen: Routledge, 2003: 204-226.

[9] B Dankbaar. Embeddedness, context, proximity and control [J]. European Planning Studies, 2004, 12 (05): 691-701.

[10] Dimitris K. Despotis n, DimitrisSotiros, GregoryKoronakos. A network DEA approach for series multi-stage processes [J]. Omega, 2016 (61): 35-48.

[11] Guan, J. C., & Chen, K. H. Modeling the relative efficiency of national innovation systems [J]. Research Policy, 2012 (41): 102-115.

[12] ETZKOWITZ H, LEYDESDORFF L. *The triple helix: university-industry-government relations: a laboratory for knowledge-based economic development*［M］. 1995: 12-36.

[13] 史秋衡. 不同院校应走分类发展之路［N］. 人民政协报，2015-08-19（010）.

[14] 教育部、国家发展改革委、财政部关于引导部分地方普通本科高校向应用型转变的指导意见［EB/OL］. http://www.moe.edu.cn/srcsite/A03/moe_1892/moe_630/201511/t20151113_218942.html.

[15] 吴中超. 地方应用型本科院校在区域产学研协同创新中的作用、参与模式与发展策略——以成都大学为例［J］. 成都大学学报，2019（08）：93-100.

[16] 涂振洲，顾新. 基于知识流动的产学研协同创新过程研究［J］. 科学学研究，2013，31（09）：1381-1390.

[17] 赵文平，杨海珍. 基于DEA的西部区域创新网络效率评价［J］. 科研管理，2016（09）：393-400.

[18] 崔卫生. 论高等教育发展与科技革命的关系逻辑［J］. 高教探索，2019（09）：20-25.

[19] 张国昌，胡赤弟. 场域视角下的高校协同创新模式分析［J］. 教育研究，2017（05）：55-61.

[20] 糜志雄，张斌. 产学研协同创新的现状、问题与对策［J］. 宏观经济管理，2019（10）：46-51.

[21] 洪林，夏宏奎等. 产学研协同创新的政策体系与保障机制［J］. 中国高校科技，2019（04）：74-79.

[22] 袁旦. 地方高校创业型创新人才培养研究［J］. 中国高等教育，2019，（06）：39-41.

[23] 洪林，夏宏奎，等. 高质量发展需要创新和产业"双链融合"［N］. 江西日报，2019-11-14（7）.

[24] 胡文龙. 论产业学院组织制度创新的逻辑：三链融合的视角［J］. 高等工程教育研究，2018（05）：13-17.

[25] 科技部、教育部关于促进国家大学科技园创新发展的指导意见［EB/OL］. http://www.most.gov.cn/mostinfo/xinxifenlei/fgzc/gfxwj/gfxwj2019/201904/t20190415_146090.htm

[26] 李滋阳，李洪波，范一蓉. 基于"教育链-创新链-产业链"深度融合的创新型人才培养模式构建［J］. 高校教育管理，2019 (11)：95–102.

[27] 王玉宝，杨永佳. 产教融合背景下的高职教育发展浅探［J］. 江苏高教，2018 (12)：116–118.

[28] 孔祥年. 基于创新链与产业链融合的产业技术研究院运行机制及建设路径［J］. 中国高校科技，2019 (10)：86–89.

[29] 黄彬，姚宇华. 新工科现代产业学院：逻辑与路径［J］. 高等工程教育研究，2019 (11)：37–43.

[30] 潜睿睿. 专业学位研究生科教协同培养模式构建研究——基于产业技术研究院的探索与实践［J］. 学位与研究生教育，2015，6 (15)：22–26.

[31] 曾蔚，游达明，刘爱东. "产学研合作教育"培养学生创新能力的探索与实践——以C大学为例［J］. 大学教育科学，2012 (10)：63–70.

[32] 马廷奇，李蓉芳. 知识生产模式转型与人才培养模式创新［J］. 高教发展与评估，2019，35 (09)：8–16.

[33] 杨应慧，杨怡涵. 产教融合背景下高职院校产业学院发展研究［J］. 职教论坛，2018 (12)：114–118.

[34] 张辉. 产教融合的方法学研究：机理与逻辑［J］. 中国职业技术教育，2019 (31)：30–35.

[35] 南海. 新中国70年职业教育产教融合的发展历程——基于新时代马克思主义哲学发展观的审视［J］. 职业技术教育，2019，40 (33)：7–11.

[36] 王莉. 高职院校产教融合评价体系优化探析［J］. 教育与职业，2019 (22)：98–101.

[37] 吴伟，蔡雯莹，蒋啸. 美国大学市场化技术转移服务：两种模式的比较［J］. 复旦教育论坛，2018，16 (01)：106–112.

[38] 管庆智. 开展产学研合作教育培养应用型创新人才［J］. 教育科学研究，2000 (02)：21–26.

[39] 李谭. 产业学院：校企合作新兴路径［J］. 教育评论，2017 (11)：27–30.

[40] 教育部财政部关于实施高等学校创新能力提升计划的意见［EB/OL］. http://www.

moe. gov. cn/srcsite/A16/kjs_2011jh/201203/t20120315_172765. html.

[41] 史秋衡，康敏. 探索我国高等学校分类体系设计［J］. 中国高等教育，2017 (02)：40-44.

[42] 全继刚. 美国高校产学研合作创新实践及其启示［J］. 中国高校科技，2015 (06)：66-67.

[43] 刘志文，郑少如. 美国应用型院校的特色发展之路——罗斯-霍曼理工学院的经验与启示［J］. 江苏高教，2015 (07)：60.

[44] 李长萍，尤完，刘春. 中外高校产学研协同创新模式比较研究［J］. 中国高校科技，2017 (08)：14-17.

[45] 李兆友. 美国高校参与产学研合作的基本经验及对我国的启示［J］. 社会科学家，2014 (04)：4-8.

[46] 何根海. 应用型院校参与区域协同创新的思考及策略［J］. 中国高等教育，2012 (15)：21-23.

[47] 刘璐，李剑玲，周艳. 产学研协同创新研究的启示［J］. 中国高校科技，2016 (07)：34-36.

[48] 鲁武霞. 高职专科与应用型本科衔接的观念桎梏及其突破［J］. 高等教育研究，2012 (08)：59-64.

[49] 余传玲. 德国双元制大学教育模式的特点及对我国地方本科院校转型的启示［J］. 职业教育研究，2018 (11)：88-92.

[50] 原波，何显运. 德国双元制职业教育经验研究与借鉴［J］. 教育教学论坛，2019 (01)：247-248.

[51] 张越. 德国职业教育质量管理体系对我国的启示［J］. 南方职业教育学刊，2018（09）：11-16.

[52] 陈莹. 破解德国双元制成功密码［N］. 中国建设报，2019-01-16（006）.

[53] 彭熙伟，徐瑾，廖晓钟. 英国高等教育"三明治"教育模式及启示［J］. 高教论坛，2013 (07)：126-129.

[54] 陈鹏磊，李郡. 英国职业教育协同育人模式的经验借鉴——基于"三明治"教育模式与现代学徒制模式［J］. 职业教育研究，2015 (07)：84-87.

[55] 樊大跃. 再谈英国三明治教育模式的特点及启示 [J]. 深圳职业技术学院学报, 2016 (05): 69-73.

[56] 张继明. "双元制"与"三明治"——德、英高等职业教育模式的比较 [J]. 职业技术教育, 2006 (12): 54-57.

[57] 颜建军. 美国、英国、德国、日本高等教育体制变革的比较研究及启示 [J]. 理工高教研究, 2004 (08): 61-63.

[58] 蒋伏心, 华东芳, 胡潇. 产学研协同创新对区域创新绩效影响研究 [J]. 江苏社会科学, 2015 (05): 70-78.

[59] 刘凤朝, 马荣康, 姜楠. 区域创新网络结构、绩效及演化研究综述 [J]. 管理学报, 2013 (01): 146-151.

[60] 白俊红, 蒋伏心. 协同创新、空间关联与区域创新绩效 [J]. 经济研究, 2015 (07): 174-187.

[61] 朱兆斌, 李建清. 论高校科研基地在产学研合作中的地位与作用 [J]. 中国高校科技与产业化, 2009 (05): 66-67.

[62] 陈宝明. 中国当前产学研结合中存在的若干问题与政策建议 [J]. 中国高校科技与产业化, 2009 (11): 42-45.

[63] 何郁冰. 产学研协同创新的理论模式 [J]. 科学学研究, 2012 (02): 165-174.

[64] 汪馥郁, 李敬德, 文晓灵. 产业集群呼唤学科集群——谈产学研协同创新 [J]. 中国科技产业, 2010 (06): 62-65.

[65] 单宝乐, 原毅军. 演化视角下的产学研技术联盟组建模式研究 [J]. 科技与管理, 2011 (09): 29-34.

[66] 彭旭. 应用型人才培养视角下的地方本科院校产学研模式探析 [J]. 科技管理研究, 2010 (13): 143-145.

[67] 代国忠, 刘爱华. 基于创新型人才培养的产学研合作教育研究与实践 [J]. 长春理工大学学报, 2011 (03): 117-119.

[68] 杨金土, 等. 对发展高等职业教育几个重要问题的基本认识 [J]. 教育研究, 1995 (06): 7-15.

第七章 区域产学研协同创新网络结构优化及区域创新绩效提升策略

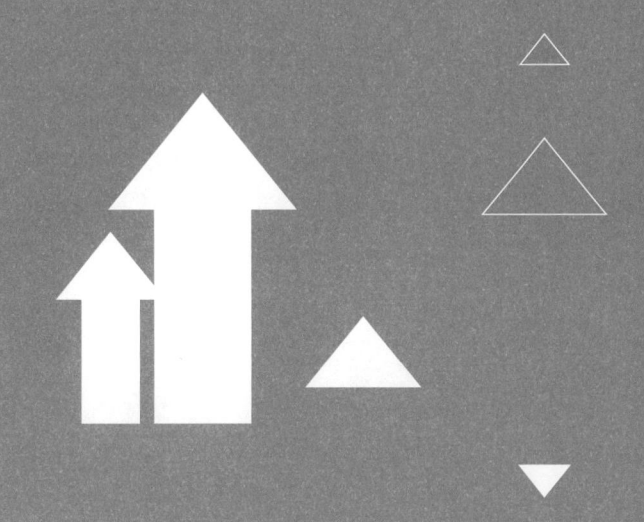

第七章 区域产学研协同创新网络结构优化及区域创新绩效提升策略

当今社会，科学技术为经济发展做出贡献已成为区域和国际竞争的源泉。区域创新实践表明，有针对性的科技创新政策设计提升了创新绩效，经济增长和国家福利取决于基本创新。根据国外先进经济体的区域发展经验，发达国家的区域创新政策正在向网络化和地方政府为主导转变，区域科技创新能力与绩效的提升都需要以政府为主导，制定一揽子创新政策来推动。本章将在前文章节的基础上提出较为完整的我国区域创新网络结构优化措施，提出加强区域产学研协同创新活动、促进创新绩效提升的完整政策建议。

第一节 区域产学研协同创新网络结构优化措施

我国存在区域产学研协同创新网络与区域创新能力地域不平衡的发展现状，东部地区总体明显强于中西部地区，东部沿海省份平均创新绩效排名靠前，表现出较高的创新技术效率水平；中西部省份总体创新绩效较低，还有较大提升空间；一些西部省、市及自治区如贵州、重庆、四川的区域创新绩效得到较大提升，说明近年这些西部地区在产学研协同创新、创新基础设施及依靠科技创新促进产业升级等方面均取得很大进步，这也给其他相对落后的地区提供了宝贵的发展经验。

因此，各区域应该根据自身地域的发展方式与特点，进一步缩小地区间创新水平差异并推进各区域联动，共同提升我国整体创新能力与创新绩效。本节将就我国区域产学研协同创新网络的结构优化措施提出政策建议。

一、加强区域网络规模

本书的实证研究证实各省区域高校数量与区域创新绩效存在正相关，实证结果验证了网络规模的假设，即产学研协同创新网络规模将与区域创新的技术性能相关，即网络规模越大，区域创新绩效越高。网络规模的第二个指标说明各省区域研究机构数量与区域创新绩效存在负相关，实证结果没有验证网络规模假设，说明我国区域研究机构在产学研协同创新方面发挥的作用很小，没有对区域创新绩效的提升发挥应有作用。实证研究表明各省高新技术企业数量（网络规模的第三个测度指标）与区域创新绩效存在正相关，实证结果验证了网络规模的假设。理论上讲，网络规模的扩大将有助于网络内各节点相互交流机会增多。产生协同创新的机会越多，创新能力可能越强。所以加强区域产学研协同创新网络规模是结构优化的首要任务。具体而言可以从企业数量、高校数量、科研院所数量和创新中介机构数量等几方面开展。

企业要在科技创新上面有突破，需要有充足的资金实力投资科研项目，一般只有大型企业才有实力组建自己的科研机构或独自开发高科技项目。中小型企业科技创新上面要有所作为，一个理想的途径是融入区域产学研协同创新网络体系。企业作为区域创新网络的主体，地方政府应该根据各自的产业规划，创造良好的创新环境与氛围，积极吸引区内外产业企业。尤其是要使科技型企业形成产业集聚，利用集群的虹吸效应使得区域内集群数量和企业数量大大增加，为产业集群进化到知识集群，进而产生区域创新网络建立创新主体的规模优势。

在产业集群的形成过程中，地方政府还应该加大对进入区域集群内的中小企业进行科研启动资金的资助。我国中小企业占比很高，但是总体科技创新动力不足，一个最重要的原因是中小企业往往自有资金少，融资又困难，企业运营资金基本都投入生产或营销过程中，没有更多资金投资新产品研发等科技创新领域；另一方面，科技创新本身的风险性也使得众多中小企业不愿意冒高风险去尝试创新。如果地方政府愿意投入更多财力去支持集群内的中小企业，并鼓励金融机构给予其更方便、成本更低的融资，那么区域内产业集群中的中小企业的创新积极性就会大大增加，进而提升自己的竞争力，并进一步形成集群虹吸效应，吸引更多企业入驻集群，这对区域内企业规模的增加又起到促进作用。在区域增加产业集群企业总体数量的同时，尤其要注重增加高新技术企业数量。国内外区域发展表明高新技术企业是区域创新网络中创新动机最强的企业群体，在促进区域创新水平提升方面的贡献是最大的。

区域内高等院校的数量往往是衡量一个区域知识经济整体水平的重要指标，高校数量与区域经济发展水平也往往正相关。知识经济时代，区域的发展来源于知识的创新，而非简单的资源积累。高等院校作为区域知识的生产性组织，对于区域的创新驱动具有重要引领作用，典型的案例就是美国硅谷、波士顿128号公路和北卡罗来纳研究三角园等产学研创新网络，高等院校对于区域创新的推动作用早已被国内外产学研合作实践证实。高校的数量越多，区域知识生产越多，更会与区域内其他异质性创新主体如企业、研究院所产生知识交流和知识溢出，从而带来创新。丰厚的教育资源可以成为区域招商引资、开展协同创新的磁铁石，所以大学往往被视为区域的特殊资源，这类特殊资源是一种知识资源，是区域核心能力的主要构成要素。高等院校的数量规模反映了这类知识资源的多寡。

在区域产业集群进化到知识集群，进而产生区域创新网络的过程中，高等院校数量的增加会大大增进知识集群的产生并增加创新网络规模。所以，加强区域创新网络规模的一个重要方面是多建设高等院校。高等院校的建设不仅仅要注重研究性大学的建设，而且应该注重应用型大学的建设，应用型大学对于地方经济不但可以输送大量应用型人才，而且对于新知识和新技术的成果转化应用具有天然的优势。

在加强区域高校数量的同时，也应该增加区域内科研院所的数量。科研院所作为创新知识的产生机构，与高校主要产生基础知识为主不同，科研院所的研究能力与性质往往决定其在某些专业领域的深入研究。如果研究院所的研究方向与区域产业集群主要产业布局相吻合，研究院所与产业集群中企业的协同创新就更可能发生。所以，区域规划应该把科研院所研究方向与主要的重点产业方向相匹配，增加与现有（或规划中）产业集群方向相同的研究院所数量。

区域创新网络规模的增加还需要区域创新网络内的创新中介机构的增加。创新中介机构以专业知识、专门技能为基础，与各类创新主体和要素市场建立紧密联系，为科技创新活动提供重要的支撑性服务，在有效降低创新创业风险、加速科技成果产业化进程中发挥着不可替代的关键作用。这类创新中介机构包括传统的金融机构、科技情报信息机构、生产力促进中心、科技企业孵化器、科技咨询和评估机构、技术交易机构、创业投资服务机构等，还应包括创新决策和管理咨询机构、技术与知识产权中介服务机构等各种新型创新中介机构组织。

我国的科技创新中介机构虽然经过多年的发展，成为经济建设中不可或缺的重要力量，但是仍然是我国创新体系中的一块短板。科技创新服务业尚处于发展初期，没有真正形成产业化和规模化。今后我国各区域还需要在创新中介机构的市场化方面深入发展，并快速增加各类科技创新中介机构的数量，加大对各区域创新网络主体的服务，推动产学研协同创新活动。

二、加强区域网络开放性

研究证实了网络开放度与区域创新绩效存在正向关系，区域产学研协同创新网络系统的开放度越高，区域创新绩效越好。区域产学研协同创新网络开放性程度越高，各创新主体越容易从网络系统内外获取互补性知识、信息与新技术等创新要素，提升自身的创新能力。同时客观上网络开放性也实现了创新在区域范围内的扩散，从而增强区域创新能力，最终促进区域创新绩效的整体提升。

首先，通过加强网络开放性，可以吸引更多的区域外人才，加大区内外新知识与新技术的沟通交流，促进创新协同与扩散。在加强区域创新网络开放性的具体政策上面，吸引更多的区域以外资本直接投资成为推动区域创新活动的重要环节。其次，构建区域内较完整的产业链的工作也是加强网络开放性的基础工作之一。产业链条完整的区域，更容易吸引到区域外资金、相关产业人才和产业链上下游的企业进驻区域，逐渐形成产业集群，然后再通过产业集群的虹吸效应，进一步与区外企业、高校、研究院所、中介机构等相互交流沟通，形成多层次、多方位的产学研创新网络。最后，创新网络开放性也要求区域政府进行改革，区域政府要更具有服务意识与态度，为区域创新网络的开放性出台更便利的创新政策，支持人才、资金等各种创新要素资源的交流开放。逐渐打造区域外向型经济，鼓励开放式创新。

加强创新网络开放性特别需要充分利用信息技术和数据的作用，随着新一轮技术革命的深化推进，数据作为一种新的生产要素正在全面地影响和参与创新活动。数字化不但会引入数据这一新的生产要素，同时还会增强多主体间的协同合作与推动要素间的关联和重组。随着新一代信息技术的快速发展以及网络和平台载体的大量涌现，创新主体之间实现了更加高效的交互协同。所以，区域数字化水平的提高对于产学研协同创新与区域创新绩效水平的提高都有正向促进作用。今后，我国各区域应该从数字化接入（数字化接入体现了一个区域内主体间信息网络的连通性）、数字化装备（数字化装备反映了区域数字基础设施的丰裕程度）、数字化应用（数字化应用主要反映了信息技术应用能力，是指信息技术在新产品开发过程中的应用能力）和数字化平台建设①等方面大力提高数字化水平，充分加强产学研协同创新网络开放性。

三、加强区域网络密度

本书的实证研究证实产学研协同创新网络密度与区域创新绩效更高水平的技术性能相关。网络密度越大，区域创新绩效越高。这一结果表明了产学研各方相互加强协同创新的重要性，此举措对促进区域创新绩效提升有明显的作用。通常来讲，产学研协同创新网络密度越大，网络节点之间联系强度也越大。这说明产学研各方主体之间开展协同创新的动机越强，互补性信息、知识资源等在异质性创新主体之间共享程度可能越高，越有助于提高各方创新能力，进而促进区域创新绩效的提升。

在区域创新网络的形成过程中，加强创新网络密度可以一开始先从产业集群的区域密度上重点布局，形成多个交叉的产业集群，再从多个产业集群发展过渡到多个知识集群。通过构建产学研协同创新体系，加强区域产学研之间的联系强度，促进各知识主体之间人才、信息、知识、技术、经验的相互交流，在多个知识集群的基础上进一步构建形成完整的区域创新网络。

加强区域创新网络密度还需要注重知识成果转化的需求，提高创新效率，加强区域创新基础设施建设，通过多种形式促进产学研交流并促成合作，完善科技机制，减少研发过程中的风险，鼓励产学研合作并协同创新开发项目，更好地实现科技成果向经济成果转化从而实现经济效益。在此

---

① 数字化平台是数字化创新的重要载体，其数量可以在一定程度上反映区域对于数字化建设的重视程度，数字化平台的建设水平可以反映数字化创新载体的发展程度，在一定程度上有利于创新绩效的提升。

基础上，还要注重加强知识产权等制度建设，实现知识技术的资本化，促进高等院校和科研院所与行业企业有偿交流分享科技成果和专利技术，从而加强区域创新网络密度。

四、加强区域网络结构洞

区域产学研协同创新网络结构洞越多，越有利于信息与知识在异质性创新主体之间流动，从而有利于协同创新活动的产生，促进区域创新绩效提高。从区域创新网络构建的实际操作来讲，各区域应该多促进科技创新中介机构的发展，构建网络结构桥梁。由于科技体制等历史原因，目前我国各区域的创新中介机构总体还处于发展不足的状态，大多数中介机构都是由政府支持设立的。这类中介机构一般规模较小，运作资金比较短缺，也很难吸引到综合素质较高的人才加盟。科技创新中介组织在资金和人才的双重约束下，科技服务水平很难大幅提升，很难发挥创新网络"中间人"的角色定位，这直接影响到产学研合作效果与科技成果转化的综合效率。对于以上情况，政府相关部门应当出台政策提高这类行业的吸引力和地位，并有效降低中介机构的交易成本，从而吸引更多的高素质人才加盟科技中介服务机构。

除了政府设立的中介机构，还应该鼓励多种产权形式的科技中介机构的设立，并利用电子商务等手段推动科技服务的数字化平台建设，充分发挥区域创新网络"中间人"角色定位，促进产学研各类异质性知识主体的协同创新活动。理论上讲，创新网络中各主体均可以成为"中间人"角色，这与各区域的创新网络类别有关系。所以，各区域还应该根据自身的产业集群、知识集群和创新网络类型培养更多符合各区域特征的网络"中间人"，形成更多的网络结构洞，促进信息与知识在异质性创新主体之间流动与学习，实现协同创新活动，提升区域创新绩效。

第二节
加强我国区域产学研协同创新的政策建议

区域创新绩效的提升与产学研协同创新网络的形成以及区域创新基础设施等都有很大关系。本节主要从政府、高等院校和企业的不同视角，对加强我国区域产学研协同创新活动提出一些更全面的政策建议，为今后区域创新政策的提出与完善提供更加全面的理论支持。以便促进我国区域产学研协同创新活动促进区域创新绩效的提升。

一、政府的参与

三螺旋理论公开承认政府是产学研协同创新的一个关键成员。政府在三螺旋中的角色应该是温和的而不是控制的，其目标是确保三螺旋运行良好，包括大学—政府、大学—行业、行业—政府双螺旋，以及三个单螺旋。在某些情况下，政府可能是创造"共识空间"的最佳人选，可以让相关参与者集思广益并实施创新项目。政府在创建和维护框架方面发挥着重要作用，也在区域创新和竞争力的重大政策问题和相关区域创新战略制定方面发挥主要作用。在考虑到这些基本政策问题时，各地区可以发展自己的区域创新系统，适当考虑发展水平、产业专业化、当地劳动力市场、当地商业环境、当地金融体系等鲜明的区域特征。

认识到知识型产业作为 21 世纪区域增长新动力的重要性，建立知识创造、创新和创业的地域性创新体系是 21 世纪区域发展的重要政策问题。在基于地域的创新体系中，企业、大学和政府相互影响，成为知识转化和创新循环中的参与者。此外，地区、网络和知识经济在基于地域的创新系统中相互关联。在中国，经济发展和创新主要由政府政策引导，国家创新体系非常重要。近年来，随着经济进程全球化，在区域创新体系对区域发展变得越来越重要的背景下，政府和地方创新环境的作用也越来越大。

（一）我国的产业政策演变

理解中国产业政策的演变是理解中国创新政策的先决条件。自1953年启动第一个国民经济和社会发展"五年计划"以来，中国政府在推动部门和空间产业政策方面发挥了主导作用。我国产业政策一词最早正式出现在第七个"五年计划"中（1986年）。我国的产业政策从当初（20世纪50年代初至70年代后期）为了弥补工业基础薄弱进行重点布局重化工业，优先发展钢铁、电力、煤炭、石油、有色金属和机械设备制造等产业，初步形成了我国工业布局的雏形架构。到后来（20世纪70年代末至90年代末）为充分发挥劳动力资源丰富的比较优势而大力发展劳动密集型产业，重点布局东部地区承接世界产业转移。产业布局开始向东部倾斜，然后逐步向中、西部梯度推进。这个时期产业政策的基本思路是促进短线产业和进出口产业的发展，但是抑制了长线产业的发展。20世纪90年代后期至今，我国实行的是区域协调发展的产业布局战略。伴随区域协调发展的战略布局，各区域重点发展城市群，都市圈的区域发展战略与之对应。在区域协调发展战略指导下，21世纪我国产业布局是积极培育新的增长极。产业一体化是城市圈经济发展的必然趋势。

当前我国产业政策重点鼓励战略性新兴产业的发展。本质上近年来我国产业政策已经转变到促进知识密集型产业的发展上，以便在贸易和资本流动方面全面开放，重组经济与产业结构升级，并使劳动力市场更加灵活。

伴随着这些产业政策的演变，中国创新驱动政策也开始逐渐出台。各地政府建立了许多工业园区与科技园区，形成了大大小小的不同生产集群。以工业园区发展为重点的产业政策可以看作是建立国家生产体系的战略。然而,工业城市中的工业园区往往仅与有限的地方企业联系,工业园区只是生产活动的集聚区,并没有显著的区域内生产网络。

部门和空间产业政策对经济空间结构的影响具有重要意义。一方面,政府的产业分权政策导致了空间分工,金融机构总部集中在北京、上海、广州等中心城市,而将生产功能分散到非资本地区。另一方面,由于北京、上海、深圳等地区对高新技术产业的区位优势,自20世纪80年代中期以来,以高科技为重点的产业政策引发了中心城市的产业重新集中。包括研发活动在内的高科技产业和先进服务在北京、深圳等地区的集中,加剧了我国生产体系和空间经济的空间分工。与此同时,20世纪90年代中期以来多个地方政府做出了重大努力来吸引知识型产业。然而,由于高素质和熟练劳动力的可获得性、先进的信息基础设施、容易获得金融和其他先进生产性服务等有利因素,知识型产业仍以压倒性优势集中在北京、深圳、上海等地区。尽管通过政府的产业政策在中国很多地区开发了新的工业区,但我国地区经济中知识型产业发展的区域差异仍然存在。

(二)创新政策与创新体系

在20世纪50—60年代的早期工业化阶段,我国科学技术政策主要侧重于基础技术设施,例如,建立中国科学院和中国科学技术大学,初步建立高等教育体系。1956年中央召开"全国第一次科学技术大会",出台了第一个全国科学技术发展规划("十二年科学技术发展远景规划")。1961年国家制定了《关于自然科学研究机构当前工作的十四条意见》,这是我国第二个科学技术发展规划。20世纪70年代初期,我国"两弹一星"的成功研制证明了我国科技工作已经具备相当水平。中华人民共和国成立初期到20世纪70年代这一阶段我国的科技政策属于"政治导向型"。

20世纪70年代末,以美国、日本等发达国家为首的高科技革命蓬勃兴起，后逐渐扩大到其他国家和地区。1978年，我国制定了改革开放政策，从此我国经济与科技又步入新的发展时期。在新时期和新的国际经济和科技发展形势下，过去计划经济体制下的科技政策体制弊端明显。"十四大"以后，中国科技体制开始由"政治导向型"向"政府引导性"的创新体系转型。20世纪80年代以前，科技政策的重点是扩大技术和工程领域的教育，在促进重工业发展的同时，建立了一批政府支持的重工业研究机构。通过建立政府发起的研究机构，国家创新体系开始随着产业发展而逐步形成。

从1985年开始，我国进行了科技体制改革，到1995年首次提出科教兴国战略。我国科技政策开始强调经济、社会发展向依靠科技进步和提高劳动者素质的轨道转变，加速科技成果向现实社会生产力转化。强调大力提高国家自主科技创新能力，把高科技产业发展提到国民经济和国家产业政策的优先位置。

2005年以来，国家明确提出了建设创新型国家的重要战略。近些年来，我国的科技政策主要围绕建设创新型国家展开，比如，深化科技体制改革，改变教育模式，建立创造力教育模式，提升国民创新素质，营造良好创新环境，建立创新保护和鼓励机制等。

政府在20世纪70年代至90年代主动推动创新。在此期间，政府支持的研究机构在改进工业技术方面发挥了带头作用。大多数企业对工业化国家的技术转让更感兴趣，而不是促进国内的研发活动。企业通过专注于进口技术的学习过程提高了技术水平。大学在创新体系中的主要作用是为技术开发提供人力资源。因此，20世纪70年代至90年代的国家创新体系主要由政府的科技和产业政策主导，支持技术向企业转移和引进技术的学习过程。在此期间，外商直接投资对创新体系发展的影响并不显著。相反，引进技术是这一时期技术发展的最关键力量。

自20世纪90年代以来，研发和创新的主要角色从政府转移到了企业。

随着这种转变，许多企业建立了自己的研发中心，并显著增加了研发支出。企业近年来在国家创新体系研发活动中具有以下显著特征：①大型企业与全球高科技企业建立战略联盟；②国有、民营大企业积极建立研发中心和实验室；③技术先进的大企业积极参与并购发达国家高新技术企业，并保持原始创新。中小企业在中国经济发展中扮演区域创新系统的重要角色，中小企业开始越来越多地参与研发活动。

总体而言，大型企业和中小企业供应商之间的企业间网络、企业间的合作以及与同行业的行业协会的合作已成为我国中小企业创新的重要机制。大企业通过与中小企业的供应商建立合作网络，在形成公司间网络方面发挥着关键作用。对于一些中小企业来说，与高校、政府资助的研究机构和其他公共机构的合作也是技术发展和创新的重要因素。

（三）对我国产学研协同创新政策建议

从前文中介绍的我国产业政策的演变和科技创新政策的出台过程可以看出，伴随着世界科技革命的浪潮以及我国科技政策与科技体制从"政治导向型"向"政府引导型"转变，为了实现建设创新型国家的国家战略目标，引导中国产业向知识性产业布局转型，探索今后如何深化我国科技体制改革、建立创造型教育模式、营造良好创新环境等方面的问题，需要对我国科技创新政策的研究更加深化，特别需要探讨促进创新和区域竞争力的政策问题。我国政府部门在制定科技创新政策或战略方面可以从以下几个方面进行完善。

1. 促进区域特定的集群

在以知识为基础的经济中，尽管有时可以预测全球化的分散效应，但知识密集型产业或服务业仍会聚集在某个地区，预计这些集群将成为区域增长的下一个动力。区域性集群与动态经济空间中地域生产系统和创新系统的发展有关，产业集聚是产业发展和创新的先决条件之一。近年来，集群方法对支持工业和技术政策的创新政策和分析工具具有重要意义（经济合作与发展组织，1999）。传统上产业集群的概念被理解为类似于产业集聚和区域生产系统的概念，它们代表了生产增值链上相关企业之间的生产网络。由于集群的交互和联系非常重要，因此空间邻近度被认为是集群降低交易成本的重要因素。近年来，"集群"意味着一个更广泛的概念，其中包括创新网络。根据经济合作与发展组织报告（1999），集群是相互依存的企业、知识生产机构（高校、研究机构、技术提供机构）、桥接机构（例如技术或咨询服务的提供者）和客户的网络，它们连接在一个创造附加值的生产链中。经济合作与发展组织采用的概念从两个方面扩展了传统的集群概念：首先，它包括各种用于知识转移和创造的网络——以前的概念侧重于企业间网络；其次，它考虑了传统部门分析之外的集群支持系统，利用扩展的集群概念，建立区域特定集群是发展区域创新体系的前提。在区域产业集群基础上促进区域知识集群的形成，逐步构建起由多个集群网络组成的区域创新体系，形成覆盖整个区域的区域创新网络。不同地区可以考虑的几种策略如下：

（1）支持现有行业的专业化。应该专注于在企业与高校或研究机构之间，沿着价值链的企业之间提供专业服务和建立网络。特别是金融、会计、法律和咨询服务等专业服务对于促进创新非常重要，这些专业服务对于在我国北京、上海、广州、深圳等一线大城市以外地区相对落后。

（2）建立科技园。如果目标区域没有产业专业化或产业集群，政府可以建设科技园，以促进或吸引高科技公司、专业服务提供商、研发机构、创新孵化器等。科技园与传统工业园有很大不同，前者强调组织间互动、集体学习过程和创新网络，而后者则侧重于生产活动的集聚。

（3）改造传统工业园区。为了提升传统产业园区创新潜力，"创造性破坏"是必需的。应通过加强产学合作、技术转让和人才培训，将新技术融入现有产业。还应对劳动力进行再培训和构建信息化建设中心，将信息和通信技术纳入现有企业可以促进区域产业的重组。另外支持孵化企业、高科技企业、研发活动和公司间网络的政策也很重要。

2. 建立集体学习和创新网络

创新是一种互动学习过程，和网络本身已经成为一种有效的创新技术。除了用于成功创造和应用新知识的内部研发活动和公司内部网络，公司越来越依赖与各种参与者的互动，例如作为供应商、客户、竞争对手、专业服务提供者、高校和其他机构。最近的创新趋势清楚地表明，企业很少自行创新，而集体学习过程对创新至关重要，通过集体学习过程和企业间网络，企业可以更好地获取信息、知识、技能和经验，并且能更快速有效地发展创新网络。网络还可以降低风险、道德风险以及信息和交易成本。知识经济社会时代通过集体学习发展起来的学习经济也远比规模经济重要。本地化和网络可以促进创新和技术在公司之间的传播，由于渐进式创新和本地具有弹性的经济，导致了区域竞争优势。不同地区促进集体学习和建立创新网络的一些策略如下：

（1）应该促进企业间的合作和联盟，消除或减少阻碍形成合作网络的法律和监管障碍。

（2）应为产业和高校之间合作研究以及不同参与者之间的共同资助提供激励措施。

（3）应为企业提供易于获取知识的密集的专业服务途径。为高科技风险投资公司和孵化器提供先进的生产者服务支持对于创新网络的形成至关重要。

（4）劳动力之间的非正式网络是隐性知识交流和转移的重要来源。应通过各种研讨会、正式会议和非正式会议来促进各种行为者之间社交网络的形成，促进集体学习与网络内知识传播。

3. 打造学习型地区和区域创新网络

政府在考虑科技创新政策的影响时，应在竞争与合作之间取得平衡。

竞争是创新的重要驱动力。然而，在知识经济中，企业之间的合作也很重要，因为企业的竞争优势是建立在持续创新的基础上的，创新过程被视为社会和地域性互动学习过程。竞争为创新提供了激励，但地方、国家和国际层面的合作对于提高创新能力也很重要。合作有助于改善企业创新时的经济绩效且降低创新成本，合作还可以形成可能的规模经济和范围经济，从而共享风险和研发成本，并实现更大的灵活性。实际上，相比竞争而言，在某些情况下国内合作对于维持企业和地区的竞争优势至关重要，因为当外国竞争对手在其产业集群的基础上进行创新，并且已经获得了可持续的竞争优势时，更多的国内竞争不会产生全球竞争优势。

另外，在竞争与合作中，本地和全球网络都很重要。创造技能的过程以及对创新过程和改进速度的重要影响是高度本地化的。本地网络和本地企业间的互动以及产学研各主体之间的互动，对于隐性知识的交流和新知识的产生可以作为基础创新。基于密集的地方竞争和合作网络的区域嵌入集聚经济则可以促进渐进式创新。

因此，我国各级政府在制定产学研协同创新相关政策时，应该加强企业、高校、政府以及各类中介组织之间的互动学习过程，有意识地促进本地区形成"学习型地区"。同时，引导产学研各组织通过学习合作逐渐形成区域创新网络。但是，也要注意创新网络封闭锁定的情况发生。因为如果发生锁定的情况，封闭的本地网络，会成为中小型企业改变技术轨迹能力的障碍，该地区可能会失去其竞争优势和技术发展能力。特别是在锁定的情况下存在强大的工业氛围来挤压工资以保持竞争力时，它不会导致持续的创新（例如我国不少地区过去低端制造加工网络已经形成了网络锁定或刚性，导致过分依靠低成本劳动力的路径依赖）。为解决这种锁定效应，区域创新政策制定需要引导本地区域创新网络积极与全球经济空间中的非本地网络进行合作交流，这对于新技术的发展非常重要。从而将竞争和合作网络从地方层面扩展到国家层面与全球层面，为创新系统从地方层面、国家层面和全球层面的发展提供了一个模式。打造学习型地区和促进区域创新网络的一些策略如下：

（1）地方和国家政府应该有激励措施用于改善网络环境基础设施因素，例如监管框架或金融系统，并支持本地网络的形成和增强。本地化创新集群的成长应成为吸引国内和国外研发投资和人员的刺激因素。

（2）应通过政府间合作开发跨境学习区域。通过区域之间的经济合作，探索以知识经济为基础的跨境学习区的可能性。

（3）作为跨境学习区域的补充，应推广区域间协作技术网络。经济空间中的区域间合作网络需要技术的开发和转让，应支持和加强区域间研发合作。

（4）应促进地区和国家层面从最佳实践中学习。各地区在创新政策机构的能力和传统方面存在显著差异。各地区可以在国家和地区实现共同目标方面的成功经验和失败教训中相互学习，改善本地区的创新网络效率。中西部落后地区尤其应该利用"后发优势"赶上更先进的地区。

4. 为创新和创业创造栖息地

为了促进持续创新和可持续发展通过集群在区域层面发展，文化创新和创业的商业环境应该在该地区嵌入或发展。为了鼓励创新和打造创新创业的栖息地，我国各区域至少应初步推进以下四项战略：

（1）应促进高校作为知识、技术和人力资源以及创新网络中心的作用。应通过人力交流、实习和培训、合作研究、鼓励产学兼用等方式加强产学研合作。

（2）应提供激励措施以吸引专业服务提供者，如管理和技术顾问、会计师、律师、猎头等。专业服务提供者是支持知识经济创新环境的关键行为者。

（3）为高科技初创企业和创业企业的各个成长阶段提供天使投资、风险投资、企业资本、政府资金等多种资金来源。

（4）政府应提供有利的业务和具有灵活劳动力市场的文化氛围、基于能力和绩效的薪酬体系以及有利的商业规则。政府应该消除创业的监管障碍和其他创新障碍。

除了以上策略，考虑到每个地区的特点和发展水平，还有许多其他战略可以制定。

5. 全面加强创新基础设施建设

缺乏足够的基础设施服务是阻碍经济发展的主要问题之一，技术和创新是经济增长的引擎。随着贸易和投资的全球化，技术能力是竞争优势的来源。虽然基础设施和技术的发展是发展政策中最重要的两个领域，但从业者和学者都倾向于将它们视为单独的问题。近年来，基础设施建设的重点已从单纯的物理设施建设转向提供适当的服务。环境和社会因素已成为基础设施发展和规划的一部分。然而，大多数基础设施项目并未明确与技术开发工作相关联。

相关研究表明，区域创新基础设施是决定区域创新绩效的重要影响因素。建设区域创新基础设施也是欧洲和美国率先普遍采用的一种新的区域商业发展方式。区域创新基础设施是指促进区域创新行为，提高区域产学研创新绩效的环境因素，为区域创新活动开展提供良好平台，能够对区域创新水平的提升产生积极作用。经济环境基础设施主要包括区域经济增长水平、信息基础设施和产业结构。产学研各主体地位主要包括研发投入强度、政府支持强度和企业创新活力等方面。社会文化环境包括地理区位、市场开放程度等因素。不同地区政府部门加强创新基础设施建设的一些策略如下：

（1）改善区域信息基础设施水平。信息基础设施是区域技术创新和创新知识流动的载体，可以为一个地区的创新活动提供良好的平台。一个区域内信息基础设施越完善发达，越有利于该地区产学研协同创新活动，对区域创新绩效也有正向影响。所以各区域政府部门可以努力改善信息基础设施水平,促进区域创新活动和知识流动。

(2)加大区域研发投入强度。区域研发投入强度一般指该地区研发经费支出与地区生产总值之比。发达国家实践经验与实证研究均表明该指标越高,区域创新绩效也越高。本书的研究也证实了这一结论。所以,各区域政府部门应该在原来研发经费支出基础上再继续加大区域研发经费支出,特别是产学研合作方面的经费支出,完善技术市场,直接支持该地区产学研协同创新活动。

(3)打造利于协同创新的社会文化环境。社会文化环境基础设施包括地理区位、市场开放程度等。地理区位这类先天的环境因素不可改变,但是市场开放程度反映了一个地区市场化水平和区域的开放程度。大量创新研究表明,区域开放鼓励创新的社会文化环境对于该地区的创新创业活动具有重要的促进作用。所以各区域政府部门应该出台更多有利于产学研各主体合作创新的政策,扩大区域开放程度,鼓励区域创新创业活动,吸引区域内外的产学研各主体落户区域,营造创新氛围,增强区域科技人才吸引力。

(4)完善产学研合作专利保护制度。加强知识产权保护、提高自主创新能力已经成为加快转变经济发展方式、实施创新驱动发展战略的内在需要。目前我国专利制度尚存在缺陷,政策制定者使用的制度模式需要更新。我国现行的《中华人民共和国专利法》于1985年施行,进行过三次修正,对鼓励和保护发明创造、促进科技进步和创新发挥了重要作用。随着形势发展,专利领域出现了一些新情况、新问题。为了进一步解决实践中存在的问题,有必要修改现行《中华人民共和国专利法》,特别是关于产学研合作创新的共同专利保护制度的完善以及高校科技成果转化的专利保护。

(5)积极出台政策推进"数字中国"建设。数字经济有助于提升中国企业自主创新能力,进而提高经济发展的质量效益和核心竞争力。因此,各级地方政府应积极出台政策推进"数字中国"建设，提升区域数字经济发展水平。一方面，着力构建数字经济的区域产业生态，加大数字经济同传统产业融合的深度和广度，加快推进数字技术在传统产业中的应用，实现传统产业组织形态、经营模式、生产方式的根本性变革，助力传统产业转型升级。另一方面，根据区域比较优势，围绕创新链、应用链和价值链打造数字经济的产业高地和创新高地，通过产业园、孵化器、众创基地等形式聚集数字技术资源，加速数字技术应用场景扩展和新兴产业形成。相关部门应借助数字技术进一步促进创新组织方式的网络化和生态化，促进产学研协作创新。

二、高等教育和企业的参与

一项侧重于对美国各州创新活动之间差异的研究表明，区域技术基础设施与区域创新效率之间存在联系（费尔德曼，1994）。文化和教育方面作为区域的知识基础是区域技术基础设施的重要组成部分。在过去的几十年里，高校在区域创新系统中的作用的理论已经从创新系统方法演变而来，该方法强调了高校在区域知识空间中的知识溢出对发展的重要性，高校在其中扮演的第三种角色促进了区域经济和社会发展。其他研究也证实高校研究活动对一个地区创新范围具有积极影响。企业的集中也证明了一个地区的创新活动，表明制造过程中产生的技术进步会实现创新产出的增加。高等教育机构与企业都属于一个国家或一个区域创新体系的主体身份，并激发了创新绩效。地区之间的多样性是创新的重要来源。高校与企业的参与加强了区域独特性，增强了区域竞争力。

（一）高等教育的参与

长期以来，高校一直被公认为通过其研究和相关活动为产业创新提供基础科学知识。越来越多的区域发展是在各种开放系统和复杂的网络中进行的。开放系统的方法采用了诸如共同生产和共同创造的方式；共同生产意味着正在实施的服务及其内容是与客户一起定义的，而共同创造是指与客户一起计划。理论和实践的主导思想是协同各种力量参与者，而区域竞争力一直是发展新的主要网络化的动力。为实现这一目标，竞争力需要新的、创新的合作模式。这通常被视为需要公共、私营、第三方部门行为者和服务用户之间的合作，以及高等教育机构的深入参与。网络也越来越多地用在区域创造创新能力上。在网络中，一项创新不应被视为一个参与者的产品，而是几个参与者之间相互作用的结果。然而，在区域创新网络中，最常被视为关键参与者的是高校，这些参与者应该是我们关注的焦点。

高等教育的参与通过正式和非正式网络、高等教育机构和社区之间的各种形式的合作活动进行。在区域层面，越来越需要发展决策方面的合作技能，目的是制定长期愿景和解决方案，而不是部分优化。特别是，区域创新已经发展到创新网络和生态系统的概念。在创新生态系统中，重点是建立与当地参与者的高度交流和创造性合作网络。我们将创新定义为一种互动学习过程，因为它是在学习经济的背景下理解的，它在社会和地域上是嵌入的，在文化和制度上是背景化的。反过来，围绕各种参与者、物质资源和人力资本形成一个创新生态系统，以实现技术或服务的开发和创新，这些生态系统通常包括高等教育机构。生态系统方法的特点是通过它们之间的学习交流和合作来进行创新。

区域发展是一个不断发展的互动过程，区域发展通常被视为构建区域优势和集群的挑战。实现这一目标的首选方法是通过围绕这些参与者建立创新系统来加强产学互动。在大都市区域内的区域创新活动中，融合尤其体现在实施三螺旋理论思维的合作模式中（埃茨科维茨，1993）。三螺旋网络是指研发合作、信息共享、知识交流以及专注于在高等教育机构与其他研究提供者、政府和私营部门之间创造新事物的运营文化。这种发展对高等教育机构的角色和功能提出了挑战。比如，协作是如何发生的？如何设定目标以及如何创建共同目标？利益相关者之间存在冲突观点的程度，以及他们能够在存在分歧和冲突时创建的解决方案。

从高等教育参与度的角度来看，为满足参与多方面的合作网络的利益相关者的需求，以支持不同行为者之间的合作，高等教育部门应该扮演好以下角色：

（1）办学理念倡导创业创新，向"创业型大学"角色转变。第二次学术革命融合了经济和社会发展的使命，正在将传统的教学研究型大学转变为"创业型大学"。三螺旋理论假设大学—产业—政府之间的互动是在知识型社会中改善创新条件的关键。创新不仅仅是在企业中开发新产品，也是在制度领域之间创造新的安排，从而为创新创造条件。创业型社会是指以知识为基础的创业已经成为经济增长、创造就业和竞争驱动力的地方。在此背景下，"创业型大学"作为知识生产者和传播机构发挥着重要作用。我国大学改革今后需要适应这样的背景，特别是一些地方应用型大学应该向"创业型大学"转型。

（2）成为区域创新网络中重要的环节。积极加强与其他高校、区域内外企业、政府机构、研究院所、各种中介机构的信息交流、知识学习与扩散传播，积极嵌入本地以及更广泛的网络并形成区域创新网络。

（3）与中学、民营及公共研发机构开展密切合作。我国大学应该与中学在技术、指导、职业支持和课程方面进行合作发展，专注于让学生更多地接触科技。另一方面，大学也可以与民间及公共科研机构开展密切合作，这有利于新知识与新技术的创造。

（4）有意识地办好成人教育和职业教育培养体系。区域创新网络的当地人力资本水平是决定区域创新绩效的一个重要因素，成人与职业教育是区域人力资源水平整体提升的一个重要补充方面。

研究表明，开放环境下的区域创新管理中创造力、信息共享、行动和学习一起被视为并且正在成为区域发展的关键成功因素。特别在利用高等教育机构掌握的知识方面，发展越好的地区做得就越好。生态系统的利益相关者之间交换信息和想法创造了一个社会学习过程，在这个过程中认知被定位、分布和培养，并最终嵌入。这些不仅仅是技术过程，它们需要在私人和公共组织以及高等教育机构形成的创新网络内部进行新的管理、学习和协作理解。"创业型大学"可以通过技术转让在三螺旋结构中发挥关键作用，孵化新企业，引领区域更快、更新发展。

网络知识和互动学习具有内在的时间和空间限制，其重要性要求高校的教学和研究与当地区域知识需求更加紧密地联系起来，特别是高校充当了通过教学课程将具有国际和国家性质的研究转移到特定地区的渠道。此外，随着经济监管机构变得更加区域化，高校在国家建设中的历史作用也必须进行调整。高校通过其人才、技能和知识资源基础，影响了该地区的教育基础设施，在区域网络和机构能力建设中发挥着越来越重要的作用。因此，高校参与方法的中心是学习经济的交叉点以及生产和监管的区域化。

（二）企业的参与

已有研究发现，企业技术创新活动是内生技术进步推动经济增长的关键环节，对实现经济高质量内涵式发展具有重要影响。随着全球化的发展，对于来自知识经济时代背景的企业来说，只有通过新的、创造性的或原创的产品和服务才能获得新的市场份额，这些企业的竞争力高度依赖于它们的创新能力。企业家精神是创新的动力，企业则是创新的主体，是实现创新和技术变革的核心参与者。在区域创新系统中，高等院校和研究院所为主体构成区域知识创造系统，企业为主体则构成区域技术创新系统。可以说，企业是新知识应用和技术创新的直接主体，对区域创新绩效具有直接推动作用。企业擅长应用研究，更贴近市场，对于市场上的用户主体需求更了解。高等院校与研究院所擅长知识创新、传播与人才培养。通过企业与高校、研究院所相互合作与协同创新，对于区域的创新活动与创新产出就产生更大的促进作用。

讨论经济增长和发展的文献广泛研究了创新对区域发展的贡献，指出创新在促进区域经济增长中发挥着重要作用。对创新活动的区域视角的兴趣是基于对经济效率、竞争和创新之间存在密切联系的认识。这种认识导致了一项新的区域政策，旨在促进现有企业采用和创造新技术，同时鼓励建立新的高科技公司。一个区域的企业越多，特别是高新技术企业的数量越多，就越对该地区的产业结构升级与吸引更多的人才具有直接促进作用。

一个地区作为创新孵化器的发展通常伴随着新的经济活动、市场扩张和新技术应用的出现。这些地区成为高技能劳动力的首选目的地，它们从其他地区迁移到这些地区。这些条件促进了主要企业总部的发展和迁入，随后影响了该地区的教育基础设施和辅助服务。创新通过增加市场份额、提高竞争优势和促进经济增长，为新企业的发展提供了基础设施。因此，假设以高创新率为特征的地区将比其他地区享有更大的经济增长空间。经济活动集中在这些地区提供的条件，包括大型高科技公司的总部、研发设施、信息中心和其他要素，有利于创新的产生。相比之下，外围地区的创新能力通常较低。

大企业过去被认为是创新的主要驱动力，但近年来人们的兴趣已经转移到中小企业和公司网络上。人们已经认识到，中小企业以特定的方式进行创新，但它们面临着规模的障碍。中小企业能够依赖创新合作伙伴并参与区域或国家创新系统对区域创新至关重要。研究结果表明，获得创新支持的中小企业比没有获得创新支持的中小企业更成功。中小企业应该通过创新网络对接和扩大企业在区域内外的关系，开发不同创新支持工具来解绝非创新型中小企业的创新不足等问题。

实证结果表明，在过去二十年中，网络内企业之间的创新关系显著增加。从统计上看，这可以通过研发合作、联盟或合资企业的数量来衡量（经济合作与发展组织，1999）。还可以在广泛的交互类型中看到供应商—用户—合作、外包和合同研发。实证研究证实，合作程度高的公司比合作程度低的公司更具创新性。企业在创新网络中可以更好地获取信息、知识、技能和经验，并在创新网络中实现更快速有效的交流：有更好的机会学习、非正式交流和缩短新产品和流程的上市时间；参与企业作为客户、供应商和分包商交流信息和经验，并相互学习。企业要想取得成功，越来越需要集群合作。因为合作可以降低成本并获得外部知识，创造更多的学习机会。从一个区域视角来看，这可能使规模经济和范围经济成为可能，从而能够共享研发成本和风险，允许更大的灵活性，并缩短新产品的上市时间和流程。

近年来，伴随新一代数字技术的群体性突破，由其与实体经济融合形成的数字经济正在深刻改变企业的创新活动。数字经济的出现不但重塑了传统创新活动的资源配置方式和组织形式，而且对企业技术创新能力产生了多维度的影响。近年来，学者们关注到数字技术应用对企业创新活动产生的积极作用，数字技术应用不仅能提高创新网络的连通性，还可以通过重新分配控制及增加跨时间和空间的知识协调需求扩展现有的创新网络，加速知识的创造和整合。企业数字化能够通过提升企业的信息共享能力来帮助企业整合内外部资源，从而优化企业的创新技术资源，激励企业进行创新。数字技术的应用将拓展创新资源配置空间，促进创新生态系统内企业、高校、科研院所等多元创新主体共同参与跨区域、跨领域的协同创新活动。事实上，数字经济具有高度的渗透性、融合性及生成性，已经影响到社会经济生活的各个方面，其对企业技术创新活动的影响也不只局限于具体数字技术的应用。

区域数字经济发展水平对企业技术创新具有明显的正向促进效应。在创新驱动高质量发展的过程中，企业无疑扮演着重要角色。从区域创新系统主要参与者的角度来看，为提升区域创新水平与创新绩效，我国企业部门应该扮演好以下角色：

（1）企业理念倡导创新与新技术应用，向"创新型企业"角色转变。我国的企业特别是中小企业数量众多，但是创新型企业数量远远不足，这制约了区域的创新发展。我国各区域企业应积极向创新型企业转变，企业文化更需要强调新技术创造与新技术应用程度，加大科技研发资金投入。

（2）成为产业集群与区域创新网络中重要的环节。企业要想取得成功，越来越需要集群合作。积极加强与其他企业（包括大型和小型承包商和分包商、设备和组件供应商）、用户或客户（尤其是刺激创新的领先用户）、竞争对手、政府机构、高校和研究院所、各种中介机构的信息交流、知识相互学习与扩散传播，积极嵌入本地以及更广泛的网络，形成产业集群与区域创新网络，成为区域经济发展的重要枢纽。

（3）与高校和研究机构开展更密切的合作。作为技术的应用主体，我国各区域企业应该更主动与新知识创造主体的高校和研究机构开展更密切的合作。这种合作对各地区企业的集体学习和战略调整、创新创业都有积极影响。

（4）中小企业应建立以本地化战略为导向的企业创新体系。企业选择创新战略应该根据其规模、业务领域、技术领域和能力而有所不同。由于中小企业全球化优势不大，该类企业应适应本地特征和客户偏好的强大压力，以当地市场或本国市场为主来提高当地的影响力。所以，中小企业创新应建立以本地化战略为导向的自身创新体系上。以产出为导向，重点关注与区域市场和客户紧密联系的产品开发，注重区域研发以适应区域市场需求，贴近本地化领先用户以调整生产过程。

（5）大型企业应建立以国际化战略为导向的企业创新体系。大型企业由于具有较强的规模经济与创新基础条件，可以选择建立以国际化战略为导向的自身创新体系。我国大型企业一般具有国家（国有）或地区（国有或民营）身份，它们不仅仅担负区域经济发展的重任，还承担着民族产业振兴的责任。这类企业创新体系建设应该锚定世界一流的科技水平，积极参与并融入以最新技术应用为主的区域创新网络、国家创新体系甚至全球创新系统。

（6）通过加快推进企业数字化转型，加强区域数字经济发展水平。数字经济不仅能直接优化企业创新过程，而且还通过创新协同效应和技术吸收效应增强企业对外部异质性知识的获取和吸收，进而推动企业创新水平的提升。所以我国各区域企业应该加快自身的数字化转型，借助新兴的数字技术进行数字化变革，提升企业的数字化水平。企业应利用数字化技术加强企业内外部信息共享平台的建设，促进企业信息共享水平的提升。

三、结论

21世纪，随着中国向知识经济的转变，知识型产业和创新是经济增长、社会发展的驱动力，也可以为中国各地区创造大量就业机会。知识在经济活动中的关键作用涉及对区域发展理论以及区域和产业政策的挑战。在20世纪90年代之前，我国创新系统较少，生产系统更重要，因为产业政策更侧重于技术转让和扩大生产基地。自20世纪90年代以来，政府通过建立科技园，鼓励区域创新集群的发展。20世纪90年代中期以后，我国区域创新体系实现不断发展。

区域发展通常被视为构建区域优势和集群。实现这一目标的首选方法是通过围绕这些参与者建立创新系统来加强产学研互动，并利用创新网络管理理论。从这个角度看，区域发展是一个不断发展的互动过程，其中改革和学习基于广泛的信息流、经验和过程。要发展这种区域参与模式，需要新的领导形式，因为这是个人和组织必须面对矛盾并适应新现实的过程。作为范式转变，关键资源是面向学习的互动结构，以及所有参与者之间更广泛甚至"非官方"的合作结构，而不是自上而下的行政解决方案。

在实施基于区域的创新战略、开放系统和产学研创新网络时，应仔细考虑全球经济空间，以避免本地嵌入可能产生强大的网络锁定效应。还应该指出，区域、国家和全球创新系统可以而且应该共存于这个全球化和知识经济时代。最后，我们应该认识到创新体系具有区域和国家特色。各地区或国家在产学研间合作的程度、性质和动机方面存在差异。政府、高校和研究院所、企业与技术基础设施之间的互动模式因地区或国家而异，这反映了制度框架和公共政策组织的差异。与区域外或国外参与者合作的倾向受到区域与国家规模和行业专业化、企业的位置和战略以及地区或国家特定公共政策的影响。

一个地区或一个国家要想在国际上获得影响力，就应该在全球增值链中占据有吸引力的位置。因此，一个地区或一个国家的政策应该建立在它自己的专长之上。它应该改善固定因素，例如特定技能、监管框架或金融体系并且培养集体认同感和信任，以支持地方网络的形成和发展。为了在全球化进程中取得成功，区域创新网络必须变得更强大。要获得高创新绩效，必须扎根于区域集群，拥有强大的区域知识库，并具备特定因素（如特定技能）的禀赋、知识基础设施、适当的（机构和监管）框架和金融体系，以及技术先进的国内市场。

本节从政府、高校与企业的不同视角出发，提出了一些相关区域创新战略和区域创新产学研重大政策问题的一般准则策略。产学研协同创新作为区域创新发展的新范式，各区域还需要从实现区域性产学研战略协同、构建区域性政产学研协同机制和营造有利于开展协同创新的外部环境等方面出发，增强区域自主创新能力。在我国完善区域协同创新体系中，地方政府、行业企业、高校、科研院所以及中介服务机构等需要相互配合形成合力，共同支撑区域创新体系。每个地区都可以根据发展水平、工业专业化程度、当地劳动力市场、当地商业环境、地方金融体系等独特的区域特征，发展自己的区域特定创新系统与产学研协同创新网络。然而，应该指出的是，在中国，将区域创新系统与创新网络等作为政策工具存在一些局限性。因为已有的区域创新政策和工具主要基于知识经济成功地区的经验。考虑到政治体制对经济体制的影响作用，策略建议还需要具体考虑我国区域经济发展不平衡的现状与我国的政治体制特征。